中国传统文化概论

主　编　周妮　周劲廷　尹文秋

副主编　刘婕　刘欣　刘毅　魏驰　吴婷

中国财经出版传媒集团

中国财政经济出版社

图书在版编目（CIP）数据

中国传统文化概论/周妮，周劲廷，尹文秋主编. --北京：中国财政经济出版社，2021.11
ISBN 978-7-5223-0678-0

Ⅰ.①中… Ⅱ.①周…②周…③尹… Ⅲ.①中华文化-概论 Ⅳ.①K203

中国版本图书馆 CIP 数据核字（2021）第 145133 号

组稿编辑：谷　文　　　　　　　责任校对：徐艳丽
责任编辑：周桂元　　　　　　　责任印制：张　健
封面/版式设计：卜建辰

中国传统文化概论
ZHONGGUO CHUANTONG WENHUA GAILUN

中国财政经济出版社　出版

URL: http://ckfz.cfeph.cn
E-mail: cfeph@cfeph.cn

（版权所有　翻印必究）

社址：北京市海淀区阜成路甲 28 号　邮政编码：100142
营销中心电话：010-88191537
天猫网店：中国财政经济出版社旗舰店
网址：https://zgczjjcbs.tmall.com
北京密兴印刷有限公司印刷　各地新华书店经销
成品尺寸：185mm×260mm　16 开　17.5 印张　311 000 字
2021 年 11 月第 1 版　2021 年 11 月北京第 1 次印刷
定价：50.00 元
ISBN 978-7-5223-0678-0
（图书出现印装问题，本社负责调换）
本社质量投诉电话：010-88190744
打击盗版举报热线：010-88191661　QQ：2242791300

前言

中国传统文化是我们中华民族精神、气质的结晶，是我们华夏儿女精神家园的内核。联合国教科文组织在《学会生存》一书中指出："人类要发展，一方面要面向未来，另一方面要回到人类的源头，向我们的先辈汲取智慧。"世界历史上各民族或国家每一次文化的复兴都有一个规律，那就是必须回到文化的源头上，温故而知新，吸取知识营养再前进，才能绽放出无比灿烂的光辉。我国要实现民族文明的复兴，就必须抓住道德文化的复兴，因为道德文化是中华民族文化的根文化。如果说欧洲的文艺复兴是把目光投向其文化源头古希腊，使欧洲文明燃起新的光辉，对世界产生重大影响。那么，我们也要继承和发扬中国传统文化，提高人文素养，拓宽知识视野。

《中国传统文化概论》着眼于全景式介绍中国传统文化，构建以思想启迪、审美陶冶和写作借鉴为导向的主要内容。在编写目标上，坚持"能力本位"，注重培养学生的人文素质。我们希望让学生在文学中聆听心声，在历史中体悟壮怀，在哲思中感受睿智，在艺术中得到熏陶。在教材内容上，做到思想性、人文性兼顾工具性。

全书由单元导语、知识精讲、文化沙龙三个板块构成。文化沙龙又由调查研究、争鸣空间、妙笔生花、旧壶新酒、知识拓展五个模块组成。作者力图实现"生活处处皆文化"的教学理念。

本书由湖南商务职业技术学院周妮、湖南环境生物职业技术学院周劲廷、常德职业技术学院尹文秋担任主编并统稿。参与编写的人员及分工是：湖南商务职业技术学院周妮：第一单元；湖南环境生物职业技术学院周劲廷：第二单元；湖南商务职业技术学院刘婕：第三单元；湖南商务职业技术学院刘欣：第四单元；湖南商务职业技术学院吴婷、湖南财经工业职业技术学院刘毅：第五单元；常德职业技术学院尹文秋、中共常德市委党校魏驰：第六单元。其中，刘婕同志还协助担任了部分改写和统稿工作。在书编写过程中，我们还参考了许多学者和同仁的著作、教材和研究成果，在此对他们深表敬意和感谢。

当然，尽管编写组力求本书体例合理、内容新颖、文字规范，但由于编者水平有限，书中难免疏漏之处，恳请阅读本书的专家、同行及读者批评指正，以便进一步修订，使之日臻完善。

编者
2021 年 6 月

目 录

第一单元　绪论 …………………………… 1
　　单元导语 ………………………… 1
　　知识精讲 ………………………… 2
　　第一节　传统文化的发展历程 ……… 2
　　第二节　传统文化的类型与特点 …… 19
　　第三节　传统文化的基本精神 ……… 26
　　　　　　文化沙龙 ………………………… 33
　　　　一、调查交流 ………………… 33
　　　　二、争鸣空间 ………………… 34
　　　　三、妙笔生花 ………………… 34
　　　　四、旧瓶新酒 ………………… 34
　　　　五、知识拓展 ………………… 35

第二单元　中国传统哲学 ………………… 37
　　单元导语 ………………………… 37
　　知识精讲 ………………………… 38
　　第一节　中国传统哲学的发展脉络 …… 38
　　第二节　中国传统儒家思想 ………… 41
　　第三节　中国传统道家思想 ………… 57
　　第四节　中国传统佛家思想 ………… 62
　　　　　　文化沙龙 ………………………… 69
　　　　一、调查交流 ………………… 69

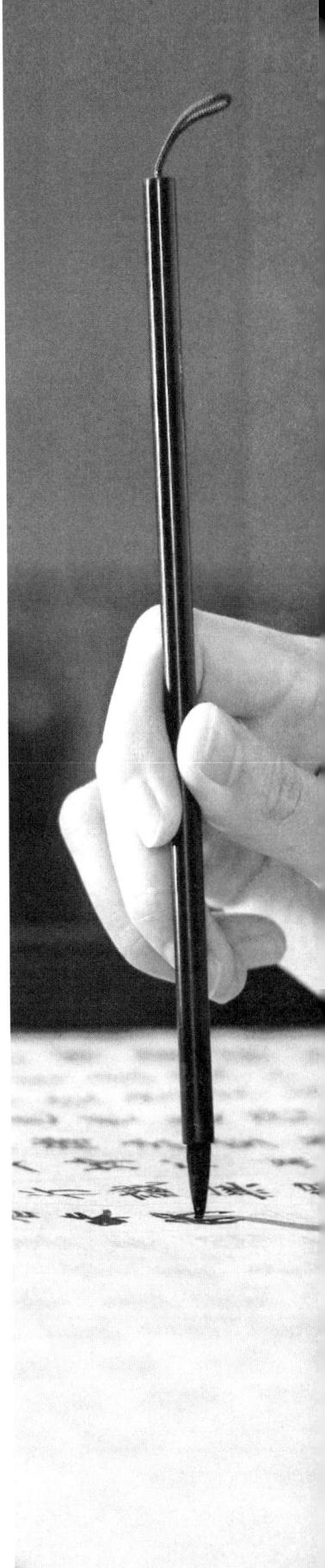

二、争鸣空间 ··· 69
　　三、妙笔生花 ··· 69
　　四、旧瓶新酒 ··· 69
　　五、知识拓展 ··· 70

第三单元　中国传统文学 ··· 71
　　单元导语 ··· 71
　　知识精讲 ··· 72
　第一节　中国传统诗歌 ··· 72
　第二节　中国传统散文 ··· 87
　第三节　中国传统戏剧 ··· 110
　第四节　中国传统小说 ··· 117
　　文化沙龙 ··· 120
　一、调查交流 ··· 120
　二、争鸣空间 ··· 121
　三、妙笔生花 ··· 121
　四、旧瓶新酒 ··· 121
　五、知识拓展 ··· 122

第四单元　中国传统艺术 ··· 123
　　单元导语 ··· 123
　　知识精讲 ··· 124
　第一节　书法艺术 ··· 124
　第二节　绘画艺术 ··· 138
　第三节　音乐艺术 ··· 151
　第四节　玉器、陶瓷艺术 ··· 160
　　文化沙龙 ··· 173
　一、调查交流 ··· 173
　二、争鸣空间 ··· 173
　三、妙笔生花 ··· 174
　四、旧瓶新酒 ··· 174
　五、知识拓展 ··· 174

第五单元　中国传统教育 ································· 177
　　　　单元导语 ································· 177
　　　　知识精讲 ································· 178
　第一节　传统教育模式 ································· 178
　第二节　传统教育思想 ································· 190
　第三节　古代科举制度 ································· 208
　　　　文化沙龙 ································· 220
　　一、调查交流 ································· 220
　　二、争鸣空间 ································· 220
　　三、妙笔生花 ································· 220
　　四、旧瓶新酒 ································· 221
　　五、知识拓展 ································· 221

第六单元　中国传统生活 ································· 223
　　　　单元导语 ································· 223
　　　　知识精讲 ································· 224
　第一节　中国传统服饰 ································· 224
　第二节　中国美食天地 ································· 231
　第三节　中国古代建筑 ································· 248
　第四节　中国传统节日 ································· 261
　　　　文化沙龙 ································· 268
　　一、调查交流 ································· 268
　　二、争鸣空间 ································· 268
　　三、妙笔生花 ································· 268
　　四、旧瓶新酒 ································· 268
　　五、知识拓展 ································· 269

参考文献 ································· 270

第一单元 绪论

单元导语

我国是一个拥有5000多年历史的文明古国，在历史的长河中，我们的祖先创造了星光璀璨的文明，确保了民族文化的一以贯之，连绵不绝。这种文化和文明，在地域空间上幅员辽阔，并对周边和世界产生了巨大的影响。同时，她既有鲜明的个性，更有傲立世界民族文化之林的伟大气魄。中国优秀传统文化应该是我们引以为傲的先民的伟大成就，也应该是我们确立国家、民族、社会、个人主体性的根本文化资源，更应该是建立文化自信的充分缘由。

知识精讲

第一节 传统文化的发展历程

《说文解字》中说:"文,错画也,象交文。"其引申为包括语言文字在内的各种象征符号以及文物典章、礼仪制度等。"化"本义为变易、生成、造化,所谓"万物化生",其引申则为改造、教化、培育等。中国古代的这些"文化"概念,基本上属于精神文明范畴,往往与"武力""武功""野蛮"相对应,它本身包含着一种正面的理想主义色彩,体现了治国方略中"阴"和"柔"的一面,既有政治内容,又有伦理意义。

文化有广义和狭义之分。广义的"文化",指人区别于动物、人类社会区别于自然界的本质特征,是人类生活的总和,包括精神生活、物质生活和社会生活等极其广泛的方面。狭义的"文化",则是排除了人类社会历史生活中有关物质创造活动及其成果的部分,即只包括精神创造及其成果,是意识、观念、心态和习俗的总和。我们通常利用和研究的文化,主要指狭义的文化。中国文化是中华民族在生息繁衍中形成和创造的文化。"传统"是指世代传承的具有自身特点的社会历史因素,是历史延传下来的思想文化、制度规范、风俗习惯、宗教艺术乃至思维方式、行为方式的总和,具有时间上的历史性、延续性以及空间上的拓展性和权威性特点。中国传统文化不仅是指"文化",更是强调"文化"与"传统"的结合。

将"传统"与"文化"有机结合起来的中国传统文化,从纵向来看,主要指本国传统社会的文化,即从远古到清朝晚期之前的文化。从横向来看,主要指中国传统社会中民族的整体生活方式和价值体系,既包括儒家、道家、法家和佛教育学说,还包括自然科学、人文科学的各个门类,如艺术、法律、哲学、道德等以及历史、地理、医药学、天文、农学等古籍文书。总之,中国传统文化可概括为"以中华民族为创作主体,于清晚期以前,在中国这块土地上形成和发展起来的,具有鲜明特点和稳定结构的、世代传承并影响整个社会历史的宏大的古典文化体系"。它是中华文明演化并汇集而成的一种反映民族特质和风貌的民族文化,是民族历史上各种思想文化、观念形态的总体表征,是居住在中国地域内的中华民族及其祖先所创造的、为中华民族世世代代所继承发展的、具有鲜明民族特色的、历史悠久、内涵博大精深、传统优良的文化。

悠远浩博的中国传统文化,从孕育发生到逐渐强大,有一个漫长而曲折的发展历程。这一历程是物质文化、精神文化日臻丰富的历程,也是"人不断解放自身",走向文明高峰的历程。

一、上古：原始文化的产生

"上古"时代是指发明并使用文字以前的历史阶段，而这一遥远的文化期正是中国文化发端的初始阶段。

1. 中国人起源

文化的实质性含义是"人化"或"人类化"。有了人，就开始有了历史，也开始有了文化。因此，中国文化的起源与中国人的起源实质上是联系在一起的。1965年5月，考古学者从云南元谋上那蚌村西北小山岗上发现了距今约170万年的猿人化石，定名为元谋猿人，俗称元谋人，这是中国境内最早的人类活动的历史确证。从20世纪70年代以来，人类的直系远祖腊玛古猿的许多材料，以及人类从直立人（猿人）、早期智人（古人）到晚期智人（新人）各个发展阶段的丰富材料相继发现，使世界上迄今只有中华大地在人类起源的各个环节中没有缺环。

从古猿转变到人类，是生命物质所实现的质的飞跃，而文化就产生于从猿到人的转变中。

2. 原始物质文化

在文化产生的过程中，最早出现的是工具。猿人最初使用的工具是天然和简单加工的石块，考古学上将这一时期称为旧石器时代。从元谋人直到距今约7000年前的四川资阳人均处于这一时代。

根据考古学实证，元谋人是否已学会用火，学术界尚有争议，而北京猿人文化遗址内发现的灰烬，出土的大量因烧灼而变色破裂的石块、骨骼，甚至还有木炭都确凿证明，距今约50万年前的北京猿人，已能熟练地使用火，并能有效地保存从自然界取来的火。关于火在人类历史中的作用和地位，恩格斯有精辟论述。他说："就世界性的解放作用而言，摩擦生火还是超过了蒸汽机，因为摩擦生火第一次使人支配了一种自然力，从而最终把人同动物界分开。"他又肯定地指出："甚至可以把这种发现看作人类历史的开端。"如果说制造石器使人与动物开始分手，那么，火的使用标志着人与动物的最后诀别。

从距今7000年开始，中华先民进入了新石器时代，磨制的较为精致的石器取代了打制粗糙的石器。农业、畜牧业取代采集狩猎，成为首要的生产部门。以"泥条盘筑"为主要制作方法的陶器也广泛出现。迄今为止，已发现新石器时代的文化遗址达七八千处。

3. 原始观念文化

与物质文化长足进展的同时，中国先民的观念文化亦日益丰富、深化。原始宗教与原始艺术便是其主要存在形态。

中华先民原始宗教崇拜的对象非常广泛，大致可分为自然崇拜、生殖崇拜和图腾崇拜三大类。

对大自然的崇拜（太阳、大地）是先民最原始的崇拜形式之一，在仰韶、屈家岭、马厂等文化遗址出土的陶器上，人们往往发现表现太阳图形的纹饰。江苏连云港将军崖、四川珙县、云南沧源、广西宁明的新石器时代岩画上，也清晰无误地出现了太阳神的形象。民间长久流传的"地母"之说以及古文献中"郊祀社稷，由来久矣"（《汉书·郊祀志》）的记载，则透露了先民对土地崇拜的踪迹。此外，太阳、土地以外的自然物，也为中华先民所崇信："山林川谷丘陵，能出云，为风雨，见怪物，皆曰神。"（《礼记·祭法》）自然崇拜对保护环境、维持生态平衡起到了积极的作用。

把自然物和自然力视作具有生命、意志和伟大能力的对象而加以崇拜，是最原始的宗教形式。当时人们尚未形成明确的超自然体的观念，但已开始具有将自然物和自然力超自然化的倾向。先民以人格化或神圣化的自然物和自然力等为崇拜对象，他们崇拜范围包括天、地、日、月、星、山、石、海、湖、河、水、火、风、雨、雷、雪、云、虹等天体万物及自然变迁现象。原始人认为这些自然存在现象表现出生命、意志、情感、灵性的奇特能力，会对人的生存及命运产生各种影响，因此对之敬拜和祈祷，希望获其佑护。自然崇拜与人的社会存在有着密切关系，人类原始部落群体因其生活环境不同而具有不同的自然崇拜对象及活动形式，一般都崇拜对本部落及其生存地区的社会生产与生活影响最大或危害最大的自然物和自然力，并且具有近山者拜山、靠水者敬水等地域及气候特点，反映出人们祈求风调雨顺、人畜平安、丰产富足的实际需要。原始自然崇拜，后因对其崇拜对象的神灵化而发展出更为抽象的自然神崇拜，形成天体之神、万物之神、四季之神、气象之神等千姿百态、各种各样的自然神灵观念和与之相关的众多祭拜活动。这种具有原生型特点的宗教崇拜形式自远古社会延续下来，成为流传至今的宗教信仰之一。

中华先民对于自身的繁衍非常关注，由此产生炽热的生殖崇拜。从辽宁牛河梁和东山咀红山文化遗址发掘出来的高腹丰臀、乳房硕大的陶塑女神像，在相当广阔的新石器文化遗址中发现的男性生殖崇拜物——石祖、陶祖，发现于新疆呼图壁县境内的大型生殖崇拜岩画，都展示了人们的生命崇祀的庄严情感。生殖崇拜根源于祖先崇拜，祖先崇拜包括对女性和男性的崇拜。女性被先民认为是繁殖人类的决定因素，因此，人们把女性作为创世神、始祖神加以顶礼膜拜。后来，随着男性在社会生产中的地位日益重要，便转向了男性崇拜。

生殖崇拜，是原始社会普遍流行的一种风习。它是原始先民追求幸福、希望事业兴旺发达的一种表示。所谓生殖崇拜，就是对生物界繁殖能力的一种赞美和向往。主要部位包括生殖器、乳房、臀部。原始人由于不懂得人类生殖的原因，见到从妇女腹中能生出一个新的生命，总认为其中有一种神奇的力量；同时由于当时社会生产力的极端低下，人就是生产力的全部，人口的多少、体质的强弱决定氏族或部落的兴衰，所以人们对妇女分娩十分重视。当有妇女分娩时都要举行隆重的祝祷仪式，要到野外去分娩，认为这可以使土地肥沃。如果妇女因分娩而死（这在原始社会是经常发生的），那么就要对死者举行英雄般的葬礼。古代许多民族都有生殖之神，在古希腊和罗马是普里阿帕斯，其神像的最大特点是阳物雄伟异常；中国古代的生殖之神则多为女性，如送子观音、送子娘娘等。

当人们发现了男性在生育中的作用以后，男性在生育和生产中的地位便日益得到加强。人们想到种子不再联想到女性，而是联想到男子。正是男性的播种，才使女性生育，也才能使土地丰收。据此又产生了许多令人眼花缭乱的习俗。如在爪哇一带地方，当水稻孕穗开花的季节，农民总要带着自己的妻子到田间去看望，并且就在地头性交，目的是促进作物的长成。在印尼的安汶，当丁香园的收成可能不好的时候，男人们就在夜里裸体到丁香园给那些树授精，跟他们要使女人怀孕的做法相同。在中非的乌干达人强烈地相信性交与丰收之间的关系，如果他们的妻子不能怀孕的话，他们认为会影响果园的丰收而把她休了。相反，如果一对夫妻生了双胞胎，就表明他们的生殖力特别强。在孪生婴儿出生后不久，要举行特别的仪式，让妈妈在房屋附近的茂密草丛中仰卧，采下园内一朵大芭蕉花放在她两腿之间，然后请她的丈夫来用阴茎把花挑出去。其目的在于将他们旺盛的生育力传给园内的果树。

6000多年前，也即人祖伏羲生活的时代，正是人类从母系氏族社会向父系氏族社会过渡的时代，人们"只知其母，不知其父"。伏羲一出世就神奇异常，长大后聪明过人，在征服大自然的斗争中，充分展示了自己的才华，受到人们的拥戴，成为部落首领。他带着人群，沿黄河游牧东下，在富饶的宛丘（今河南淮阳）定居下来，建都治天下。他有十大功绩，其一就是制嫁娶匹配夫妻。其婚配的方法是，每年仲春之月，打破氏族的观念，用"会"的形式，把男女青年召集到一起，会场中间放一块带"窑"（孔）的大石头，男女若互相有意，你用手摸摸"窑"，我用手摸摸"窑"，说明两人有了感情，愿成为夫妻，便把婚配固定下来。这样，生下的孩子既聪明又成活率高。从此，人类结束了群婚和族内婚的历史。太昊陵春二月庙会也由此延续下来。太昊陵自有陵以来便有了"子孙窑"。在太昊陵摸子孙窑之所以有多子多孙、子孙健康的传说，一是反映了早期社会人类对女性的崇拜，尤其是生殖崇拜；二是反映了人们对近亲结婚的弊端早有认识。

与自然崇拜和生殖崇拜相比，图腾崇拜是较为高级的宗教形式。"图腾"是美洲印第安人奥基华斯部落的语言。由于在原始思维中，类比和联想是主要方法，原始人一般都相信自己的氏族与某种动物、植物或微生物之间有一种特殊的亲密联系，并以之作为氏族崇拜的对象，这就是"图腾"。考古发掘和神话传说中有丰富的图腾崇拜资料。相传黄帝率熊、罴、貔、貅、豹、虎六兽同炎帝殊死搏斗，这六兽其实是指以其为各自图腾的六个氏族。鱼、鸟、蛙、龟、蛇、猪、马等实有自然物以及人们运用抽象的、概括的思维能力创造出来的对象，如龙、凤等，都曾是中华先民崇拜并奉为本族徽帜的图腾物。

在原始人信仰中，认为本氏族人都源于某种特定的物种，大多数情况下，被认为与某种动物具有亲缘关系，于是，图腾信仰便与祖先崇拜发生了关系，在许多图腾神话中，人们认为自己的祖先就来源于某种动物或植物，或是与某种动物或植物发生过亲缘关系，于是某种动、植物便成了这个民族最古老的祖先。

这种原始宗教是原始时代观念文化的主流。在原始观念文化中，原始艺术也有长足发展，主要艺术形式是原始彩陶、原始陶绘、原始雕刻、原始岩画等。

4. 原始社会组织

人在世界中所处的关系有两种，一种是人与自然的关系，另一种是人与人的关系。人与人之间的相互关系，在上古时代主要有男女通婚关系以及由此关系制约的氏族关系。其组织形式则包括原始群、家族、氏族、部落、部落联盟等。和世界其他民族一样，与猿类分途后的中华先民在婚姻关系上经过血亲杂交、血缘群婚、族外婚等阶段，在社会组织形式上经过母系氏族、父系氏族阶段。大致说来，母系氏族社会从旧石器时代晚期开始形成，贯穿了整个新石器时代。

父系氏族社会则已进入铜石并用时代，社会生产力进一步发展，私有制开始萌生。传说中的五帝，便生活在这一时期。五帝的组成，有多种说法。比较通行的说法是指黄帝、颛顼、帝喾、唐尧、虞舜这五位上古帝王。

氏族制后期，部落联盟产生，其首领推举方式即著名的禅让。传说，尧在位七十余载，衰老之际，知子丹朱不肖，看中了贤孝而有才的舜，经过多方考验，"令舜摄行天子之政"。舜到暮年，亦仿当年故事，禅让给治水有功的禹。上古社会关于权力嬗递的传说，并非虚幻的美妙编造，而确实是当时制度文化的折光。

禹的时代开始了今天已初显轮廓但尚有争议的"夏文化"的进程。依据考古发掘和零碎的文献资料，夏文化大致具有如下特征：工具形态由石器、陶器过渡到青铜器；农业生产已有相当发展；私有制确立；中华文化史上的第一个国家政权建立起来。阶级社会——文明社会的曙光在中华大地上初现熹微。

二、殷商西周：从神本走向人本

从人猿叩别、文化开始发端，到传说中的禹"即天子位，南面朝天下"（《史记·夏本纪》），中国文化在自身的生命运动中，迈出了巨大的一步。然而，其社会组织结构方式，婚姻演进方式，经济生活方式，以及包括图腾崇拜、灵魂崇拜、生殖崇拜、祖先崇拜和巫术在内的精神生活，与其他民族的原始文化大体一致。直至殷商西周，中国文化的特殊面貌才开始形成。

1. 殷商神本文化

商人发祥于山东半岛渤海湾。在初始阶段，商人主要从事游耕农业。大约在公元前14世纪，长期流动不定的商族在第十代君王盘庚率领下，从奄（今山东曲阜）迁徙并定都于殷（今河南安阳小屯村），在此传位八代十二王，历时273年。

在长期定都的条件下，商人的文明水平有了显著提高。兼具"象形""会意""形声"等制字规则的甲骨文的出现，标志着中国文字进入了成熟阶段。文字的发明和使用，使迁殷以后的商人率先"有册有典"。这些由掌理卜筮和记事的"贞人"书写与保管的典册，是中国最早的一批文献。这些文献虽然"诘屈聱牙"，散漫无序，但其间已包含有丰富的文化思想。文字、典籍、青铜器，以及"殷"这座目前所确认的中国最早的古都，标志着古代中国已跨入文明社会的门槛。

2. 周人的文化维新

对于中国文化的发展来说，周人入主中原，具有决定文化模式转换的重要意义。周朝建立后，一方面因袭商代的种族血缘统治办法，另一方面实行文化主旨上的转换。周人确立的兼备政治权力统治和血亲道德制约双重功能的宗法制，其影响深入中国社会机体。虽然汉以后的宗法制度不再直接表现为国家政治制度，但其强调伦常秩序、注重血缘身份的基本原则与基本精神却依然维系下来，并深切渗透于民族意识、民族性格、民族习惯之中。如果说中国传统文化具有宗法文化特征的话，那么，这种文化特征正是肇始于西周。

周代的礼制是周代制度文化、行为文化和观念文化的集中体现，它既是典章制度的总汇，又是政治生活、经济生活、社会生活、家庭生活各种行为规范的准则。"道德仁义，非礼不成；教训正俗，非礼不备；分争辩讼，非礼不决；君臣上下，父子兄弟，非礼威严不行；祷祠祭礼，供给鬼神，非礼不诚不庄"（《礼记·曲礼》）。周人所确立的"礼"，为后世儒家所继承、发展，以强劲的力量规范着中国人的生活行为、心理情操与是非善恶观念。中国传统的"礼文化",或"礼制文化",即创制于西周。

3. 夏、商、周文化的成就

在天文、历法方面,夏朝,就已经有了历法,今天的农历,又叫"夏历",就来源于夏朝。到商朝时,历法逐渐完备。一年分为12个月,大月30天,小月29天,闰年增加一个月,商朝的历法中还有农事的安排,告诉人们什么时候下种,什么时候收获,等等。夏朝时古书记录了我国最早的一次日食。

在医学方面,商朝的文字里,记载了16种疾病,周朝已经有了医学分科,如内科、外科、营养保健和兽医等,商朝文字里有关虫牙的记载,是世界上最古老的牙病记录。商朝的名臣伊尹也是一位名医。他发明了煎药,首创用汤药治病的方法。商朝的外科医生已经使用手术刀一类的器械。在河北藁城的一座商朝墓葬中发现了一个漆盒,里面装有一件形似镰刀的工具,专家认为是用来切腐肉、肿瘤或放血的手术刀。

在青铜艺术方面,商周的青铜器,有各种动物和怪兽的形象,造型美观,形态生动逼真。商朝的四羊方尊造型雄奇、工艺高超,是青铜器中名闻中外的精品;商朝的玉器也有很高的艺术水平,安阳妇好墓出土的一对玉象,形态逼真,活泼可爱;周朝的青铜礼器最有价值,如商代的司母戊大方鼎。

在音乐和舞蹈方面,夏商周几代都很重视音乐和舞蹈。传说舜作的《韶》乐在夏朝盛行,这是一种既可歌唱又可伴舞的音乐。春秋时孔子在齐国听到韶乐"三月不知肉味",一直沉浸在优美乐声的回味中。商周时期的乐器已有不同种类,有打击乐器钟、磬、鼓等,西周时有成套的乐器,音乐有表现大禹治水的大型歌舞《大夏》和表现武王伐纣的《大武》。

在文字方面,商朝的甲骨文和商周时期的金文是中国文化史上的一场革命。

三、春秋战国:中国文化的"轴心时代"

春秋战国是一个"礼崩乐坏"的时代,周天子权威失坠,诸侯们云合雾集,竞相争霸。据文献记载,春秋300年间,"弑君三十六,亡国五十二,诸侯奔走不得保其社稷者不可胜数"(《史记·太史公自序》)。战国250余年间,发生大小战争220余次,"争地以战,杀人盈野;争城以战,杀人盈城"(《孟子·离娄上》)。然而,在这充满血污与战乱的动荡时代,中国文化却奏起了辉煌的乐章。

1. 春秋战国的文化背景

春秋战国时期的文化辉煌,最根本的原因是社会大变革为各个阶级、集团的思想家们发表自己的主张、进行"百家争鸣"提供了平台，同时，它也有赖于多种因素的契合。

礼崩乐坏的社会大裂变，将原本属于贵族最底层的士阶层从沉重的宗法制羁绊中解放出来，在社会身份上取得了独立地位，而汲汲于争霸事业的诸侯对人才的渴求，更助长了士阶层的声势。士的崛起，意味着一个以"劳心"为务，从事精神性创造的专业文化阶层形成。中华民族的物质生活与精神生活注定要受到他们的深刻影响。

激烈的兼并战争打破了孤立、静态的生活格局，文化传播的规模日盛，多因素的冲突、交织与渗透，提供了文化重组的机会。

竞相争霸的诸侯列国，尚未建立一统的观念形态。学术环境宽松活泼，使文化人有可能进行独立的、富于创造性的精神劳动，从而为道术"天下裂"提供了前提条件。

随着周天子"共主"地位的丧失，世守专职的宫廷文化官员纷纷走向下层或转移到列国，直接推动私家学者集团兴起。

正是如上种种条件的聚合，为中华民族的精神发展创造了一种千载难逢的契机。气象恢宏盛大的诸子"百家争鸣"正是在这样的文化背景下应运而生。

2. 百家兴起及学派特征

所谓"百家"，当然只是诸子蜂起、学派林立的文化现象的一种概说。对于其间主要流派，古代史家屡有论述。由于社会地位、思考方式和学统承继上的差异，先秦诸子在学派风格上各有鲜明的特征。

由孔子开创的儒家学派，以"仁"为学说核心，以中庸辩证为思想方法，重血亲人伦，重现世事功，重实践理性，重道德修养。汉代以后，儒学几经变化，礼教德治的精神始终一贯，从而成为中国传统文化的正宗。以老、庄为代表的道家，是先秦诸子中与儒学并驾齐驱的一大流派。道家"历记成败存亡、祸福古今之道，然后知秉要执本，清虚自守，卑弱自持"。法家的先驱人物是齐国的管仲与郑国的子产，他们力主强化法令刑律，以达到富国理乱的效果。法家在治国方略上主张严刑峻法，在文化政策上主张"以法为教""以吏为师"，实行文化专制主义。墨家的创立者是鲁国人墨翟，其信徒多为直接从事劳作的下层群众，倡导"尚贤""节用""兼爱""非攻"。以邹衍为最重要代表人物的阴阳家，其特点是"深观阴阳消息"。创立诸子学派的孔墨老庄，都是中国文化史上的第一批百科全书式的人物，他们以巨大的热情雄伟的气魄开创学派、编撰"元典性"著作，对宇宙、社会、人生等无比广阔的领域发表了纵横八极的议论。

四、秦汉：一统帝国与文化一统

公元前221年，经过多年兼并战争，秦王嬴政终于完成了统一大业，建立了中国历史上第一个专制主义君主集权的一统帝国——秦王朝。秦王朝统治未久，便因统治政策的失误而被农民起义推翻，取而代之的是刘邦建立的汉朝。

1. 宏观的文化精神

秦汉王朝具有宏大的规模和气象，它的盛大根植于新兴地主阶级的生气勃勃、雄姿英发。由统治阶级精神状况所决定的社会文化基调也处于一种不可抑制的开拓、创新的亢奋之中。宏阔的追求成为秦汉文化精神的主旋律。万里绵延、千秋巍然的秦长城，"覆压三百余里，隔离天日"的阿房宫，气势磅礴、规模浩大的秦始皇陵兵马俑，水域总面积超过北京颐和园五倍的长安昆明池，"包括宇宙，总览人物"的汉赋，以百科全书式的恢宏眼光观照历史的《史记》，无不是在秦汉宏阔文化精神的统摄下产生出来的辉煌产物。

开拓进取、宏阔包容的时代精神作用于中华文化共同体内部，激发了工艺、学术的创作高潮；作用于共同体外部的广阔世界，则大大促进了中外文化的相互交融。秦汉时代，中国文化从东、南、西三个方向与外部世界展开了多方面、多层次的广泛交流，其中最著名的文化活动是汉武帝时期张骞通西域，开辟了丝绸之路。通过丝绸之路，中国产品远抵西亚和欧洲。西域乃至印度的文明成果，也源源不断地通过丝绸之路涌进中国。中国文化因此增添了灿烂的色调和光彩。

2. 文化统一与思想统一

秦汉统治者在建立统一帝国的同时，还致力于思想统一。

战国时代，诸侯割据，秦始皇统一天下后，雷厉风行地扫荡种种之"异"，建立统一文化，其重要措施有如下几个方面：

第一，"书同文"。下令李斯等人进行文字的整理与统一工作。李斯以周朝大篆为基础，汲取齐鲁等地通行的蝌蚪文笔画简省的优点，创制出"秦篆"。

第二，"车同轨"。定车宽以六尺为制，统一车辆形制，一车可通行全国。与此同时，秦始皇调派民夫，以首都咸阳为中心，修筑驰道。这些措施大大加强了中央与各地的联系，畅通了商业贸易和文化交流。

第三，"度同制"。颁布统一度量衡的诏书，结束战国时各国货币、度量衡标准制度混乱的局面。

第四，"行同伦"。"以法为教"，并在各地设置专掌教化的乡官，名曰"三老"，统一人们的文化心理。

第五,"地同域"。废除周代以来的封土建国制度,打破地区壁垒,通过大规模的移民,开发边境地区,传播中原文化。

秦始皇统一文化的措施固然以强化专制君主集权政治为目的,同时也有力地增进了秦帝国版图内各区域人们在经济生活、文化生活乃至文化心理上的共同性,从而为中华文化共同体的最终形成奠定了坚实的基础。

战国后期,诸子已开始尝试以自己的学说统一思想。《荀子·非十二子》《韩非子·显学》《庄子·天下》都是这种尝试性的作品。成书于秦王政八年(公元前239年)的《吕氏春秋》更系统地展示了这种努力。《吕氏春秋·不二》宣称:"听众人议以治国,国危无日矣。"思想大一统被提到了十分醒目的位置。

秦统一天下后,秦始皇采纳了李斯的建议,"下焚书之命,行偶语之刑"(《隋书·牛弘传》),从而造成中国文化史上的一次空前浩劫。战国时代蓬蓬勃勃的自由学术空气被窒息,广袤的思想原野上,万马齐喑。思想的专制必然引起思想的反抗,就连为秦始皇求仙药的方士都不满其为人刚戾自用,逃亡而去。秦始皇闻讯大怒,严令追缉,将"犯禁者四百六十余人,皆坑之咸阳,使天下知之,以惩后"(《史记·秦始皇本纪》)。焚书坑儒,开历史上君主思想专制的恶例。

西汉时,董仲舒向汉武帝建议"罢黜百家,独尊儒术",禁绝异端、发扬帝王一统意志。董仲舒以"六经"为指针,高举"崇儒更化"的旗帜,寻找到了与地主制经济、宗法—专制君主政体比较吻合的文化形态,其独尊儒学的主张因而不仅被汉武帝采纳,推行于当世,而且在汉至清的两千年间行之久远。

3. 儒学独尊与经学兴起

"罢黜百家,独尊儒术"文化政策的推行,使儒学取得了"定于一尊"的显赫地位,成为汉代文化思潮的主流。

西汉统治者既尊《诗》《书》《礼》《易》《春秋》为"五经",复"立五经博士",并推行"以经取士"的选官制度,天下学士多靡然风从,传经之学和注经之学成为专门学问。这就是汉代至清代的官方哲学——"经学"。

武帝以后,政治、思想、文化领域,都成为儒家经典的一统天下,但是,经学内部却因学术派别不一,爆发出今古文之争。

五、魏晋南北朝:乱世中的文化多元走向

汉末董卓之乱使久已摇摇欲坠的汉帝国终于崩溃瓦解。一场长达近四百年的战乱由此展开,政治舞台上角色更迭如走马灯般令人眼花缭乱。在全国范围内,先有魏、蜀、吴三国鼎立;继之而起的西晋命祚短促。随晋亡而来,在北方,先有十六

国割据，后有北魏、东魏、西魏、北齐、北周等政权的嬗递。在南方，则有东晋、宋、齐、梁、陈诸王朝的起伏更替。战乱与割据打破了帝国的一元化政治与集权式地主经济体制，定型于西汉中期的以经学为主干、以儒学独尊为内核的文化模式崩解，取而代之的是文化生动活泼的多元发展局面。

1. 玄学崛兴

玄学是魏晋时期崛起的一股新的文化思潮。玄学的产生是从两汉到魏晋思想上的一个重要变化。自从西汉时期儒学被定为一尊后，由儒家政治伦理学说与阴阳五行学说杂糅搭配而成的、包罗万象的宇宙论，成为大一统的汉帝国巩固其统治地位的理论基础。与此相辅而行的是对儒家经典进行种种烦琐解释的"经学"。随着东汉王朝的崩溃，这个包罗万象的宇宙系统论的神圣光圈黯然失色，经学也成了令人难以忍受的烦琐学问。统治阶级的腐败以及社会大动荡更有力地宣布了儒学的"不周世用"和思想的虚伪。在这样一种时代大背景下，玄学应运而生。

玄学由老庄哲学发展而来，其宗旨是"贵无"，其最高主题是对个体人生意义价值的思考。玄学在主体面貌上与两汉儒学大不相同。两汉儒学着眼于构建实实在在的王道秩序与名教秩序，玄学却以探求理想人格为中心课题；两汉儒学热衷于"天人感应"的神学目的论，魏晋玄学却从汉代的宇宙论转向思辨深邃的本体论。玄学的兴起，对魏晋文化思潮产生了深刻影响。

2. 道教创制与佛教传入

玄学的兴盛，体现出动荡时代人们对个体存在意义和价值的关注，而这样一种社会心理也成为道教与佛教兴盛的土壤。

道教是中国本土的宗教。它酝酿于东汉，发展于魏晋，至南北朝时期，北魏嵩山道士寇谦之、刘宋和庐山道士陆修静借政权之力清整民间道派，并首次使用"道教"一词统一各道派。作为宗教的一大流派，道教具有宗教上的一般性特征，但作为中华民族创立的宗教，它又具有鲜明的民族性格，这就是在思想渊源上从道、儒、墨等哲学流派以及传统星相家、医方家、谶纬家那里充分汲取思想养分；在神仙世界的构造上以古代中国尤其是流传于楚文化圈的种种神话人物为本源；在教旨上，以长生成仙为目标，讲求归本返璞、归根复命的养气健身术，民间劲治恶鬼、躲避死亡的种种迷信手段，如臂悬五彩、悬苇画鸡、桃符印印、治邪驱鬼等也网罗无遗，发展成为禁咒、印镜等法术，从而与全力关注"人死后如何"的佛教、基督教、伊斯兰教不同，道教最关心的是"人如何不死"。这一致思趋向正是中华民族重现世、重现实的民族性格在宗教观上的体现。

与道教勃兴的同时，另一支宗教大军也气势日盛地开进了魏晋南北朝文化系统内，这就是来自南亚次大陆的佛教。由此形成二学（儒学、玄学）、二教（道教、佛教）相互颉颃、相互融合的多元激荡的格局。

3. 魏晋南北朝文化成就

（1）书法艺术

东汉末年，书法逐渐成为一门艺术。魏时的钟繇开始把字体由隶书转化为楷书。东晋的王羲之，楷书、行书、草书无不擅长，代表作有《兰亭序》，后人尊之为书圣。北魏时刻在石碑上的书法，称作"魏碑"，也是流传千古的艺术作品。王羲之书法《兰亭序》《洛神赋》《十三行碑刻》都是后世流传的经典之作。

（2）绘画艺术

东晋顾恺之，史称三绝"才绝、画绝、痴绝"，被画界尊奉为中国画家四祖之首。他们的线条优美活泼，人物传神。传世名作：《女史箴图》《洛神赋图》。《女史箴》是晋代文学家张华所写的一篇旨在劝说妇女如何立身处世、修养品德的文章。梁朝张僧繇，擅作人物故事画及宗教画，创作了大量的寺院壁画。

（3）石窟艺术

云冈石窟和龙门石窟是我国雕刻艺术的宝库，为世界所瞩目。这两处石窟群里，雕刻着成千上万的佛像。石壁刻满浮雕，是雄伟精巧的艺术品，一方面继承了秦汉以来我国的艺术传统，另一方面也吸收了外来佛教艺术的优点。云冈石窟位于山西大同的武周山西麓，开凿于北魏前期。现存主要洞窟50多个，雕刻了约5万个佛像，飞天和供养人，飞鸟异兽，楼台宝塔，树木花草等浮雕图案。

六、隋唐：隆盛时代

公元7世纪，当伊斯兰教的创始人穆罕默德及其身后的"哈里发"相继攻陷麦加、耶路撒冷与亚历山大城，建立起横跨亚、非、欧三洲的阿拉伯帝国之时，在东亚大陆，杨隋和李唐相继开疆拓土，军威四震，建立起东临日本海、西至中亚细亚的隋唐大帝国，在空前壮阔的历史舞台上，中国文化进入了气势如虹、史诗般壮丽的隆盛时代。

1. "有容乃大"的文化气派

以强盛的国力为依据，以朝气蓬勃的世俗地主阶级知识分子为主体，唐文化首先体现出来的是一种无所畏惧、无所顾虑的兼容并蓄的宏大气派。在文化政策上，唐太宗李世民与以魏徵为首的儒生官僚集团，不仅在政治上实行"开明专制"，而且在文艺创作上积极鼓励创作道路的多样性，在意识形态上奉行三教并行政策，决不推行文化偏至主义。这样一种文化政策基本上为李世民的子孙们所继承。对待文化人，唐王朝也采取较为宽容的姿态，儒学可被嘲讽，诗人写诗也少有忌讳。

唐文化的宏大气魄还体现在以博大的胸襟广为吸收外域文化。南亚的佛学、历法、医学、语言学、音乐、美术；中亚的音乐、舞蹈；西亚和西方世界的祆教、景教、摩尼教、伊斯兰教、医术、建筑艺术及至马球运动等，如同"八面来风"，从唐帝国开启的国门一拥而入，首都长安则是那一时代中外文化汇聚的中心，一个具有盛大气象的世界性都市。隋唐文化对外域文化的大规模吸收，不仅在中国文化史上，而且在世界文化史上均可称为卓越范例。所谓"有容乃大"，正是唐文化超轶前朝的特有气派，是唐文化金光熠熠的深厚根基。

2. 风采辉煌的艺术成就

规模空前的统一和强盛，宽容和摄取，造就了一个丰富浓烈的艺术世界。中国文学的首唱是诗，而中国诗的辉煌巅峰则在唐代。清代彭定求等人奉敕编校的《全唐诗》中，收录作品48900余首，涉及诗人2200余位。难以数计的天才诗人们创作出了"无体不备，无体不善"的中国古典诗歌。

与中国诗歌的历程几乎一致，唐代是诗歌与书法的黄金时代。这一时期篆书圆劲，草书飞动，行书纵逸，楷书端整。欧虞颜柳四大家将唐楷推至登峰造极地步。

唐代也是绘画的极盛时期。"画圣"吴道子改造传统线描技巧，大大提高了线条在画面上组织物象及本机构的功能，丰富了线条的美感因素。在画科上，唐代绘画也是全面发展。人物画辉煌富丽、豪迈博大；山水画金碧青绿之美与清修雅淡的水墨韵味交相辉映，花鸟画也登上画坛，初具规模。

唐代的散文也有丰硕成果。韩愈、柳宗元发起的古文运动，对以后几个世纪的文学都产生了深远的影响。

中国文化发展至唐，显示出一种阶段性的集大成的灿烂风采，其辉煌令后世追慕不已。

七、两宋：内省、精致趋向与市井文化勃兴

爆发于公元750年的安史之乱，引发了潜藏已久的种种危机，以杨炎两税法的财政改革为法律标志，中国封建社会经济结构发生了巨大变迁。土地国有制——均田制崩解，庶族地主经济与小自耕农经济迅速发展，直至占据社会经济的主体地位。与社会政治、经济格局变迁的大势相呼应，中国文化亦从唐型文化转向宋型文化。

所谓唐型文化，是一种相对开放、外倾、色调热烈的文化类型，李白的诗、张旭的狂草、吴道子的画，无不喷涌奔腾着昂扬的生命活力。昭陵古雕中雄壮健伟、

神采飞扬的"八骏",透露出大气盘旋的民族自信。而宋型文化则是一种相对封闭、内倾、色调淡雅的文化类型。这一时期的各种文化样式无论是哲学、文学、艺术还是社会风气,都在不同程度上浸润着宋型文化的特有风貌。

1. 理学建构

宋代文化最重要的标志乃是理学的建构。两宋理学,不仅将纲常伦理确立为万事万物之所当然和所以然,亦即"天理",而且高度强调人们对"天理"的自觉意识。为指明自觉认识天理的途径,朱熹精心改造了汉儒编纂的《大学》,突出了"正心、诚意"的"修身"公式:"古之欲明明德于天下者,先治其国;欲治其国者,先齐其家;欲齐其家者,先修其身;欲修其身者,先正其心;欲正其心者,先诚其意;欲诚其意者,先致其知;致知在格物。"从"格物"到"致知",实质上将外在规范转化为内在的主动欲求。

2. 精致细腻的士大夫文化

词起源于市井歌谣,因文人介入而趋于雅化。与含义阔大、形象众生的诗不同,词小而狭,巧而新。它侧重音律和语言的契合,造境摇曳空灵,取径幽约怨悱,寄托要眇怅惘,极为细腻,极为精致。尽管宋代词坛还有另一番风貌的歌唱,这就是由苏轼开创的、以辛弃疾为代表人物的豪放词风,但词坛的主流始终是"婉约""阴柔",集中反映出两宋文人士大夫与唐人大不相同的心境和意绪。

宋词雅,宋画也雅。苏轼在《跋宋汉杰画山》一文中提出"士人画"这一观念,强调融诗歌、书法于绘画之中,以绘画来表现文人意趣。以此文化心理为总背景,两宋绘画富于潇洒高迈之气与优雅细密、温柔恬静之美。

两宋士大夫文化的其他领域,也无不表现出与宋词、宋画相通的性格。两宋古文舒徐和缓,阴柔澄定;宋诗"如纱如葛""思虑深沉";士人饮茶"品第之胜,烹点之妙,莫不咸造其极"。文人玩赏的瓷器脱略繁丽丰腴,尚朴澹,重意态。其服饰也"惟务洁净",以简朴清秀为雅。

3. 市民文化之勃兴

宋词、宋画、宋文以及宋代理学构筑成一个精致辽阔的上层文化世界,而在这一世界之外,别有一种文化形态崛起,这就是在熙熙攘攘的商市生活以及人头攒动的瓦舍勾栏中成长起来的野俗而生动的市民文化。

傀儡戏、参军戏是中唐以后市井间流行的歌舞小戏。一些记载描述说,当这些歌舞小戏演出时,台下观众云集,大声应和,其情景颇为热烈。明确标明以"市人"为读者对象的"市人小说"也开始在这一时期出现。在一些繁华的大都市,产生了市民文化表现自我的固定游艺场所——瓦舍。

4. 教育发达

宋代官学系统有两大特色，一是在学校教育制度上等级差别不断缩小。二是重视发展地方学校，至北宋末期，地方州县学发展到高峰，人称"学校之设遍天下"（《宋史·选举志》）。

在中国文化趋向成熟、精密化的背景下，古代科技在宋代亦发展至极盛。指南针、印刷术、火药武器三项重大发明创造是宋代科技最为突出的成果。北宋贾宪、南宋秦九韶在数学领域作出了具有世界领先水平的贡献。

天文学、地理学、地质学、医药学、冶金术、造船术、纺织术、制瓷术等方面也都有令人目眩的成就。在此前后的任何一个朝代，无论是科学理论研究，还是技术的推广应用，比起两宋来都大为逊色。

八、辽夏金元：游牧文化与农耕文化的冲突与融会

宋文化细腻丰满，但在气魄上远不及汉唐文化气势雄壮。唐太宗李世民以"天可汗"的尊称威慑周边民族，而宋代自立国之始，就为外患所困扰，长期与辽、西夏、金等游牧民族政权相对峙。

1. 游牧文化与农耕文化冲突的双重效应

契丹、党项、羌、女真以及后来的蒙古势力对宋人世界的长期包围与轮番撞击，产生了双重文化效应。一方面，北宋人因被动挨打而生的忧患多于南宋人因国破家亡而生的忧患，渗透于宋文化的各个层面。岳飞、辛弃疾、陆游、李清照等优秀词人的忧患之作与悲愤之唱，范仲淹与王安石所推行的变法，莫不是这种文化大背景孕育的产物。另一方面，契丹、党项、羌、女真等游牧民族从汉文化中吸收到丰富营养。在辽朝，孔子受到朝野上下的尊崇。《贞观政要》《史记》《汉书》等汉文化名著被译成契丹文字，广为流行。贾岛之诗成为儿童学习的启蒙读物。苏轼的诗更为辽人熟悉和喜爱。

公元13世纪，从蒙古高原席卷而来的成吉思汗"旋风"震荡着欧亚大陆，中华大地上相互对峙的金、南宋和西夏王朝，在成吉思汗及其子孙的扫荡下逐一崩溃。公元1260年，成吉思汗的孙子忽必烈在蒙古人上层贵族的争斗中获得胜利，登上大汗宝座。并取儒学经典《易经》中"大哉乾元"之义，建国号为"大元"。

2. 元杂剧及其文化意义

元代统治时期，汉族士人文化被游牧民族践踏得支离破碎。科举制度中止七八十年，以致元代文人仕途堵塞，一部分穷困潦倒者于是与盛行勾栏间的杂剧产生了亲缘联系。他们投身于杂剧创作，表达那个历史时代深沉的悲愤、苦闷与抗争。关

汉卿的名作《窦娥冤》，以及以包拯为主角的一系列清官戏，如《蝴蝶梦》《鲁斋郎》《陈州粜米》等，便表现了13世纪中国人民的郁闷与愤懑之情。

元杂剧不仅愤激地谴责黑暗，凝重地传递、倾吐内心的不平，而且以一种充满希望的热情，去讴歌非正统的美好追求。"天下夺魁"的《西厢记》就是这类作品的代表作。它不仅充满激情地以完满的艺术结构展现出莺莺与张生爱情的忠贞不渝和理想终成现实，而且高呼出向正统文化观念挑战的宣言："愿天下有情的都成了眷属。"

3. 规模盛大的中外文化交流

元代中西交通的开辟，亚欧大陆的沟通，为东方和西方旅行家远游提供了极大的方便。在公元1275—1291年的中国大地上留下了南欧旅行家马可·波罗的足迹。这位威尼斯人回国后口述了《马可·波罗游记》。书中，他用梦幻般的语言，向西方人娓娓动听地描述中华帝国的美丽、富饶和繁荣。从此，东方的中国成了西方人心目中遥远的梦。

元代中国对外部世界的大规模开放，使大批波斯人、阿拉伯人迁居内地。他们之中有不少科技人才。异邦的先进科技，尤其是当时处于世界领先水平的阿拉伯天文学、数学，以他们为媒介，传入中国科技界。元代天文学家郭守敬在发展中国传统天文学的基础上充分吸取阿拉伯人天文学成果，制定了中国历史上使用时间最长的《授时历》。

与外域文化输入中国的同时，由于蒙古人的西征，中国文化向西传播的速度也大大加快，中国四大发明之一的火药，以蒙古人和阿拉伯人的战争为中介，传入阿拉伯，再传入欧洲。中国印刷术也经由蒙古人统治下的波斯以及突厥统治下的埃及传入欧洲。中国历法、中国数学、中国瓷器、中国茶、中国丝绸、中国绘画、中国算盘亦通过不同途径，在阿拉伯、俄罗斯与欧洲其他国家广为传播，世界文化的总体面貌因此而更为辉煌灿烂。

九、明清：沉暮与开新

明代与1840年前的清代，是中国漫长的封建社会的晚期。在这几百年间，中国社会的内部结构发生了缓慢而又重大的变化。随着自耕农的普遍发展，庶族地主力量的增长，以及屯田向私有和民田的转化，传统的地权占有形式发生变更；随着租佃关系上自由租佃的出现，永佃制、押租制的发展，雇佣关系上封建性雇工向自由雇工的过渡，封建依附关系发生松解；与此相关联，某些新的生产关系的萌芽开始在封建制度母体内出现，凡此种种，皆标志着中国封建社会已进入后期阶段。

1. 空前严厉的文化专制

明清是中国君主专制制度登峰造极的时代，文化专制亦空前严酷地统治着思想文化界。明清文化专制的突出表现是文字狱盛行。明清统治者一手推行文字狱，在文化领域制造恐怖；另一手则崇正宗、灭异端。朱元璋多次诏示，士人必须"一宗朱子之书"，程朱理学被推上至尊地位。

清代统治者在推行文化专制上也不遗余力。乾隆年间，清高宗借编纂《四库全书》的机会，全力剪除危及封建统治基础的各种"异端学说"。乾隆帝还一手操纵长达19年的禁书活动，共禁毁书籍3100多种，151000多部，销毁书版8万块以上。中国文化遭到秦始皇焚书以来的又一次巨大浩劫。

2. 早期启蒙思潮

明清两代的文化，一方面是文化专制主义空前强化，程朱理学占据统治地位；另一方面，与社会形势的变化相适应，又出现了多少具有市民反叛意识的早期启蒙思潮。如以"致良知"之说打破程朱理学一统天下的王阳明，虽然就其根本意旨而言是要修补朱学僵化所造成的缺漏，但他感应明中叶以来社会氛围和心理状态的变迁，从人的主动性、能动性上顺次展开宇宙论、认识论、价值主体论，从而否认用外在规范人为地管辖"心"、禁锢"欲"的必要性，高扬了人的主体性，造成对正宗统治思想的一种反叛，成为晚明人文思潮的哲学基础。明代中后期市民文学的兴起（其理论代表是李贽的"童心说"和公安派"独抒性灵"口号的提出，其代表作品为长篇小说《金瓶梅》、短篇小说集《三言》《二拍》等），也是城市经济发展和某些新的生产方式萌芽的社会现实的反映。生动活泼、富于民间生活情趣的市民文学，较之明代前期内容空虚、徒具华丽形式的"台阁体"文学，以及前七子、后七子"文必秦汉、诗必盛唐"的文学复古运动，都是一个巨大的跃进。至于清代出现的《儒林外史》《红楼梦》等作品，则在更大的广度和深度上揭露了封建制度的弊端，将古典现实主义文学推向高峰。

3. 古典文化的大总结

明清两代进入了中国古典文化的总结时期。在图书典籍方面，明清统治者调动巨大的人力物力，对几千年浩如烟海的典籍文物进行收集、钩沉、考证、考辨，编纂了大型类书《永乐大典》《古今图书集成》，大型字典《康熙字典》，大型丛书《四库全书》。《永乐大典》被公认为世界上最早、最大的一部百科全书；《康熙字典》是世界上最早的字数最多的字典；《四库全书》则是至今为止世界上页数最多的丛书。大型图书的编纂，是古典文化成熟的征象，也包含着文化大总结的意蕴。

在古典科技方面，明清之交出现了一批科学技术巨著。如李时珍的《本草纲目》，在药物学和植物分类方面达到了当时世界的先进水平；潘季驯的《河防一览》，作为一部治理黄河的专书，总结了我国历代治河；在学术文化方面，清代乾、嘉时期的学者对中国古代文献展开了空前规模的整理与考据。

4. 西学东渐及其中断

明末清初，利玛窦、汤若望等欧洲耶稣会传教士东来。他们在给中国人带来欧洲宗教神学的同时，也将近代的世界观念以及西方文艺复兴时期的自然科技成就广泛传播于中国学术界，打开了部分中国士人的眼界。徐光启、李之藻、方以智、黄宗羲、顾炎武、王夫之、梅文鼎、王锡阐以及康熙皇帝，都在不同程度上得益于外来的科技知识。近代科学思维的重要特点是实证方法和数学语言。徐光启、方以智等通过接触西洋近代科技知识，重视"质测之学"和数学语言的应用，初步显示出近代科学思维的风貌。遗憾的是，由于宗法专制社会政治结构的强固以及伦理型文化传统的深厚沉重，"西学东渐"的过程在明末清初进展缓慢。到了雍正年间，随着耶稣会传教士被逐出国门，"西学东渐"几近中断，中国对外部世界的大门日益关闭。

明清两代，是整个世界格局发生剧变的重大时期。当封建朝廷驱逐传教士、封闭国门，陶醉于"十全武功"之时，欧亚大陆的远西端，新兴的资本主义呼唤来工业革命，瓦特发明的双向运动蒸汽机，使欧洲人获得一盏"阿拉丁神灯"。产业革命催化国际分工，资本以其魔力无穷的巨掌将全世界卷入商品流通的大潮之中，宗法农业社会的中国也在劫难逃，工业先进的西方是绝对不会放过如此巨大的一个商品倾销地、投资场所和原料产地的。中西方的冲突已成为不可避免之势。1840年爆发的鸦片战争，以血与火的形式把中国文化推入了一个蜕变与新生并存的新的历史阶段。

第二节 传统文化的类型与特点

一、传统文化的类型

中国人很早就对文化类型有所认识，古代人已将中原地区的华夏农耕文化与周边四夷的游牧文化或渔猎文化加以比较。两汉以后，又将本土以入世精神为特征的儒家文化与来自南亚出世精神为特征的佛教文化加以比较。近代以来，人们又从比较文化学的角度界定文化类型，如严复、李大钊等人把中国文化归结为"农业—宗法型"，而梁漱溟则将中国、印度和西方文化分为三种类型。而目前关于文化分类的讨论，主要有以下几种观点：

第一种观点，按地理环境区分文化类型，认为任何民族的文化，其产生、衍变、丰富和发展都是在特定的地理环境中，和独特的经济社会土壤里完成的，因而大致分为河谷型、草原型、山岳型和海洋型，而中国文化的主体是属于河谷型文化。

第二种观点，按照观念文化与一定生产方式的内在联系进行分类，将文化分为农业文化、工商文化和游牧文化等，认为中国文化属于农业文化的类型。

第三种观点，审视中国文化形成发展的路程，认为儒、道、墨、法、佛等诸家思想学说构成了中国文化的主体内容和核心。在其形成期是儒、墨、道、法并行，在其发展期是儒、道、法、佛并行，虽然各家思想相通互补、互为关联，但儒家思想始终居于主导地位。

第四种观点，认为中国传统文化是中国封建制文化。名田制是秦汉时期以军功爵制为基础的，在地广人稀的条件下制定的有关土地管理和土地利用的制度。

二、中国文化属于趋善求治的伦理政治型的文化

中国传统文化是人类历史上最成熟的伦理文化之一，2000多年前即已形成较完备的理论形态和实用性、世俗化的基本价值取向，具有积极入世的功能。而道德总是与政治问题密不可分，总是政治文化的重要内容，是为统治阶级的政治目的服务的，所以通过伦理的方式达到政治目的伦理政治性是中国文化的重要特征，这在儒家的"德治"主张中得到鲜明的体现："道之以政，齐之以刑，民免而无耻；道之德，齐之以礼，有耻且格""为政以德，犹如北辰，居其所众星拱之"。认为道德人格力量是一种比法律更为重要、更为有效的统治手段，是一种无形却十分强大的力量，所以特别强调自我道德修养的功夫，不但提出了"内省""慎独"等方法，而且还指出通过此方法而进行修养的全过程，其中"修身"是中心环节，"格物、致知、正心、诚意"是其内容，"齐家、治国、平天下"才是目的，是一个以内圣求外王、通过立德而立功、立言的过程。

三、传统文化的特点

中国传统文化中儒家伦理文化一直是中华民族文化的核心，上至华夏的原始民族，下至近代社会，上下五千年，至今仍然影响着中华民族的思想方式和行为方式。在历史的打磨下，中国传统文化逐渐呈现出以下特点：

第一，顽强的生命力。在近6000年的人类历史上，先后出现过26种文化形态，但只有一种文化体系是长期延续发展而从未中断过的文化，那就是中国传统文

化。古埃及文化、古巴比伦文化、古希腊文化、古印度文化等，虽然在人类历史上辉煌一时，但到最后还是趋于暗淡，毁灭殆尽。决定这些古文化兴衰的一般说来有两个重要因素：一是文化适应力。随着人类社会历史的不断向前发展，文化必须有一个不断调适、更新的过程，文化的自我更新能力，就是文化发展的适应性；二是文化的抗震性。即在面临外族文化侵袭时，作为本土文化自身到底有多强的抵御冲击的能力。中国传统文化在跌宕起伏中始终未曾终绝，这是对中国传统文化的文化适应力和抗震性的最好说明。为什么中国传统文化具有如此强的适应力和抗震性呢？这取决于中国传统文化的文化广容度、同化力和凝聚力。中国传统文化的广容度首先表现在中国文化本身就是一个多民族的文化共同体。在历史上中国文化可按生产方式之不同划分为农耕文化和游牧文化两种类型。长期以来北方游牧民族不断侵扰中原农耕民族，使得两种不同的文化在冲撞中不断地交融互补，增强了民族文化的大融合。北方游牧民族从农耕文化中吸收不少优秀的东西；农耕民族也从游牧文化中吸收了许多优秀成果。如战国时赵武灵王效法胡服骑射，汉唐之际开辟通往西域的丝绸之路广泛地开展文化交流活动等。这都使得中国文化自身很早就孕育着海纳百川的广容性文化因子。其次表现在中国文化对待外来文化的态度上。在中国近代以前，中国文化总体上对外来文化是兼收并蓄的。其典型的例证就是佛教在中国的传播。佛教来源于印度文化，自两汉之际传入中国后，历经魏晋南北朝时期的消化吸收，至隋唐时期佛教已完全在中国扎根。佛教不仅为中国人所普遍接受，而且与儒家、道家文化齐名，成为中国文化中的一个重要组成部分。因此，今天许多研究中国文化的学者都认为不懂佛学就不能全面弄懂中国文化，中国文化对外来文化的广容性由此可见一斑。而广容性越强的文化，其表现在文化适应力上也就越强。

中国文化所具有的"抗震性"是同其自身文化同化力和凝聚力密不可分的。在中国文化几千年的发展中，历经外族侵略而不衰，而且还有一个奇特的现象，即征服者被征服。虽然外族在地域上取得了统治权，然而就文化影响而言，却从来不是外来文化战胜本土文化，相反，两种文化磨合的结果，却历来都是本土文化同化外来文化。这种文化同化力赋予了中国文化极强的抗震性。外族在取得地域统治权和对人身的奴役权之后，往往自己又成为精神文化上的被奴役者。在文化发展上，这种现象应该说是极其正常的。因为在当时，中国文化在总体上是优于周边其他文化的，在文化的冲撞和交流过程中，总是先进文化影响后进文化。整个人类的文化发展，正是在这种先进文化的牵引下不断地向前发展。另外，中国文化的凝聚力又使得中国文化的抗震性更加巩固。中国是一个多民族国家，56个民族长期生息繁衍在华夏神州这块肥沃美丽的土地上，共同生活、共同劳动、共同抵御外来侵略，共同维护着民族的独立与自由。中华民族之所以能够团结得像一个和睦的大家庭，其根本原因在于民族凝聚力的作用。然而民族凝聚力内在的力量之源便是民族的共同文化，民族的共同文化是民族凝聚力的精神支柱。正因为中国文化所具有的广容性同化力和凝聚力特征，使得中国文化具有了超强的文化适应力和抗震性，成为世界上连续型文化的典范。

第二，伦理政治型。中国文化的伦理特征，主要源于中国古代社会的宗法制度。与世界其他国家不同，中国是在血缘纽带解体得很不充分的情况下步入阶级社会的。由社会的基本细胞家庭形成家族，由家族形成宗族，由宗族组成社会，进而构成国家。因此，整个社会血缘亲情意识是相当浓厚的。"六亲"（父子、兄弟、夫妇）"九族"（父族四、母族三、妻族二）观念深入人心。而为了维护"六亲""九族"的人伦次序和人伦关系的宗法式伦理道德观念更是在人们思想中根深蒂固。在宗法制土壤里孕育出来的中国文化因而带上了很浓厚的伦理文化色彩。而且文化自身也以严格维护宗法等级制度作为其发挥社会功能的主要体现。所谓"文以载道"，就是主张发挥文化的社会教化之功能。比如孔孟儒学，其整个体系都是围绕着人伦道德而展开的。加上宗法制度与专制制度相结合，使中国形成了"家国同构"的社会范式，以家为核心所形成的宗法伦理规范，被推而广之，由社会道德生活领域直接深入社会政治生活领域，伦理规范由此也就成了封建统治者的政治要求。伦理与政治结合的结果是伦理政治化和政治伦理化，万事均必由家族推演到国家是中国伦理政治型文化所表现出来的主要特色。比如父是一家之君，君为一国之父，那么所谓"孝"则是"孝，始于事亲、中于事君、终于立身"，因此必须"移孝作忠""移悌作顺""其为人也孝悌，而好犯上者鲜矣"。在这里"孝父"与"忠君"实质上是意义等同的概念，即所谓"迩之事父，远之事君"。儒学所宣扬的"修身—齐家—治国—平天下"的人生抱负和道德理想，其政治含义是相当浓厚的。至于强调封建统治者应实施"仁政""德政"等政治主张，则直接是为封建专制统治服务的。因此中国文化在内容上始终以伦理为中心，而在文化的社会功能方面，则处处都体现出为政治服务的目的。对此，黑格尔曾有一句十分中肯的评价："中国纯粹建筑在这一种道德的结合上，国家的特征便是客观的家庭孝敬。"中国文化的伦理特征，不仅反映在人与社会的关系中，同时也反映在对人与自然关系的认识上。中国文化在人与自然关系上主张"天人合一"，主张人与自然的和谐与统一，并且认为人的"德"出自天地自然，人与天地可以"合其德"，即所谓人出于自然，以天地为父母，以万物为朋友，其气可以与天地相通。从而把人伦观念贯穿到了天地的万物之中。正因为如此，中国文化又被称为"德"性文化，西方文化被称为"智"性文化。中国伦理政治型文化，对中国的影响是十分巨大。《礼记·曲礼上》中称："道德仁义、非礼不成；教训正俗，非礼不备；纷争辨讼，非礼不决；君臣上下，父子兄弟，非礼不定。""礼"是人们在社会生活中所应遵循的最基本的行为规范，是封建统治者维护封建等级和专制制度的重要手段。礼所维护的核心是封建家长制，封建家长是封建礼教的化身，具有至高无上的权力，掌握着对他人的生杀予夺之大权，因此"礼治"的实质便是"人治"。政治统治的"人治"传统是由中国伦理政治型文化特征所直接决定的，在这样的文化土壤里是根本不可能产生西方"法律面前人人平等"的法治思想的；重群体，轻个体。封建礼制要求人们"克己复礼为仁"，即是用群体的"礼"压抑和限制个体的自由和意志。个人在家庭、宗族和国家中的地位是极其卑微的，一言一行均得符合家族和国家意志，处处都得体现个体对群体的绝对"义务"，否则便是犯上作乱，大逆不道。因此中国伦理政治型文化对个性的压抑是极其残酷的。

第三，文化多元化。儒学在中国封建社会统治了2000余年，且自西汉中期后一直被统治阶级宣称为合理合法的正统社会统治思想，取得了"独尊"地位。因此，许多人在谈到中国文化之构成时都认为中国文化是以儒家思想为主体的文化。其实只要我们稍对中国文化历史的发展作一个简单的考察就会发现，这种说法是有失偏颇的。

中国封建社会自秦汉以来，就文化主体而言，儒、道两家都占有十分重要的地位。秦亡以后建立起来的西汉政权，在认真总结了历史的经验教训的基础上，开始推行道家"黄老"政治，主张"贵清静而民自定"清静无为、轻徭薄赋、与民休息、约法省禁、去奢省费、躬修俭节、思安百姓，于是出现了自"武帝之初七十年间，国家无事。非遇水旱，则民人给家足"的"文景之治"的大好局面。西汉中期汉武帝"罢黜百家，独尊儒术"使儒学一跃而居于社会的统治地位。一时暗淡下去的道家思想此时便开始以道教的形式在民间广为传播，取得了深厚的社会基础。魏晋南北朝时期，中国文化思想主流是魏晋玄学。玄学崇尚"清谈"，这是深受道家思想影响的结果。玄学在内容上主要是议论、解释《老子》《庄子》和《周易》三玄，因此，玄学究其实质乃是以道家思想为主体的儒道二家之融合。隋唐时期，道教再次繁荣起来，唐王朝自认是老子后裔，把老子尊为"玄元皇帝""天皇天帝"，并把道教排为道、儒、释三教之首。而至中唐以后，一些儒生开始重新肯定儒学价值，提出"三教归儒"的口号，从而开始了北宋时期的儒学复兴运动，为宋明理学的最终形成奠定了基础。尽管宋明理学使儒学恢复了其主导地位，但就理学的理论体系而言实际是儒、道、释三教之融合。由此可见，儒、道两家文化在中国文化发展史上始终是贯穿前后的两条主线，只不过二者在不同的历史时期，其地位的跌宕起伏不同罢了。

儒、道文化都对中国传统文化发展产生了深远的影响，中国文化的特质在很大程度上都与儒、道文化渊源有关。而且儒、道文化还深深地影响了中华民族的文化心理素质，其文化因子已深深地烙在了中国人的国民性格之中。因此，中国自古就有"入世为儒，出世为道"的说法，中国人普遍信奉"儒治世、道治身、佛治心"的训诫。如果说儒学对中国政治、伦理、家庭关系产生了重大的影响，那么道家文化中崇尚自然、返璞归真、放达、逍遥的思想，对中国哲学、文学、美学、艺术发展的影响却是相当深远的。陈寅恪就曾指出：两千年来华夏民族所受儒家学说的影响最深的是在制度、法律、公私生活方面；而关于学说思想方面，则是佛、道二教。可见，中国文化之大厦乃是由儒、道文化为主体的结构模式。其他文化派别虽然未占主导地位，但仍然是中国文化大厦中不可缺少的组成部分，这种文化的多元特征，使得中国文化是一个多姿多彩、气势恢宏的综合体系。南朝思想家刘勰在其著作《刘子·九流篇》中对中国文化在结构上的特征作了中肯描述，他说中国文化"道者玄化为本，儒者德教为宗，九流之中，二化为最"。这里的九流就是指的中国文化的多元性，"二化为最"则是指儒、道两家在中国文化结构中的主体地位。

第四，凸显人文性。文化的内容一般说来可粗略地划分为两个大的方面：一是涉及人与自然之间相互关系的科学文化；二是涉及人与人的社会关系的人文文化。各个民族所创造的民族文化在内容上必然包括科学文化和人文文化这两个方面，没有哪个民族的文化是完全单纯的科学文化，也没有哪个民族的文化是完全单纯的人文文化。然而，各民族的文化中科学文化与人文文化所占的比重却是不同的，是偏重于科学文化，还是偏重于人文文化，构成了不同文化的不同文化属性。如前所述，中国文化是一个伦理政治型文化，几千年的文化发展史都十分强调血缘亲情、人伦关系、尊卑序次、人际和谐；强调仁政、德政，以礼治国；强调道德修身，奉行"人皆可以为尧舜"的道德理想。在"劳心者治人，劳力者治于人""学而优则仕"等观念影响下，人们整日诵读诗书，希望有一天能入仕为官，光宗耀祖。因此，在中国从事技艺工作的"劳力者"是被人普遍瞧不起的。而对自然科学的研究，由于它从来没有在中国文化中获得自身应有的地位，因此很少有人对此感兴趣。虽然中国有令人骄傲的四大发明，虽然中国古代在天文、医学等许多领域成就突出，然而这一切都始终未改变自然科学在中国的命运，它始终是作为中国人文文化的补充物和附属品而出现的。

同中国人文化形成鲜明对比的是西方以"尚智"为特征的科学文化。在西方的文化传统中，拥有知识和智慧被人们普遍认为是人生中必须具备的"四大德"之一。同中国主张人与自然和谐统一不同，西方在人与自然关系的认识上，主张要征服和改造自然。"西方人是那样沉迷地将生命与自然对立起来，要么征服、要么毁灭。"这些文化传统极大地激发了人们研究自然规律，探索宇宙奥秘的热情，促进了自然科学在西方的极大发展。中国虽然也讲要重视对知识的学习，但中国文化中所讲的知识，不是自然科学的理性知识，而是道德知识，即所谓"知书识礼"。两种不同文化属性的文化传统，对东、西方的影响是十分巨大的。中国重人文文化、轻科学文化的趋向，导致了自然科学在中国的发展长期处于落后状态，而西方重科学文化、轻人文文化的趋向，随着人类社会的发展其弊端也日趋明显，许多社会问题成了人们难以解决的难题。如道德沦丧、价值观紊乱、随科技发展而带来的环境污染等等。可见文化的人文属性和科学属性二者之间是存在着矛盾的，任何文化若偏失于某一方面，都是一种畸形发展的文化模式。英国作家查·帕·斯诺把这种现象称为"文化分裂"。就此意义而言，中国文化要治愈自身的"文化分裂"病，就必须在继承和发扬自身优秀的人文文化的基础上，给自身文化中多注入一些理性因素，使科技在文化中找到自身的位置，获得文化上的价值认同。

第五，注重宗法集体主义文化。对集体主义的价值认同，在中国文化传统中是有深厚根基的，只不过随时代的不同，集体主义的内容却有本质上的不同。在中国漫长的封建统治中，其伦理政治型文化模式，维护以血缘为纽带的宗族集体的绝对权威性；由于宗法制度与专制制度相结合，因此，它同时也维护了以封建君主为代表的封建国家的绝对权威性。生活在社会中的个体同时受到宗族和封建国家双重集体束缚，个体必须在家服从宗法集体主义的利益要求，在外接受封建国家意志支配，毫无人生价值、平等权利和个性自由。"在家从父，在外事君"是当时宗法集体主义所要求的最基本的原则。在宗法观念下，个人被重重包围在群体之中，个人首先要考虑的不是自己的利益需求，而是自己对集体的责任和义务。因此，在中国宗法集体主义文化的土壤里是根本不可能滋生出像西方那样的个人主义的文化价值观念。马克思一针见血地指出封建宗法集体是一个"虚构的集体"，并且认为判断真实集体和虚构集体的基本标准在于两点：一是个人和集体在利益上是否具有一致性；二是个人和集体在义务上是否具有双向性。中国封建宗法集体由于与个人在利益上不具有一致性，而且在个人与集体的义务上只强调个人对集体的单向性"绝对义务",因此它是一个"虚构的集体",与社会主义集体主义价值观念有着本质的不同。

第三节 传统文化的基本精神

中国传统文化的基本精神,是指那些长期受到人们的尊崇、影响着人们的思维和行为方式,并在彼此之间进行不断的相互凝聚和整合的思想观念和固有传统,是指导中华民族长期发展,不断前进的精粹思想。

民族精神是一个民族在长期历史中逐渐形成的普遍的价值取向和共同的心理追求,是一个民族在艰难困苦的环境中得以繁衍、发展和壮大的精神支柱,是激励和鼓舞本民族成员为着自己的美好目标积极奋进的精神动力,集中体现了一个民族在一定的自然环境和社会历史条件下生存、发展的独特方式,反映了一个民族的独特性格和风貌。中华民族在漫长的历史长河中,逐渐形成了以爱国主义为核心的团结统一、爱好和平、勤劳勇敢、自强不息的传统精神。

中国许多著名的文学家、历史学家、哲学家和文化学家都从不同的方面论述中国传统文化的基本精神。比如著名的哲学家、文化学者张岱年在《论中国文化的基本精神》一文中,将中国传统文化的基本精神概括为:刚健有为、和与中、崇德利用和天人协调四点;著名历史学家郭沫若专门撰写《中国文化之传统精神》;著名的文学家林语堂也写下了《中国文化之精神》。在众多的文化专著和相关的文章中,不同学者站在不同的角度论述中国传统文化的基本精神。总体而言,中国传统文化的基本精神可以概括如下:

一、以人为本的精神

人本主义是一种以人为对象和中心的文化精神。与古希腊、古印度的文化相比较,中国传统文化中神本主义始终不占主导地位,而人本主义才是中国文化的基本精神。

中国的人本主义与西欧的人文主义相比,最根本的不同在于对人的理解。从西方的观点看中国对于人的理解,认为中国人没有形成一种独立的人格;从中国的观点看西方对于人的理解,认为西方人没有形成一种社会的人格。如果将东西方的观点合而为一:人既是独立的个体,又是社会群体的分子,也许是最合理的观点。通过比较中西方人文主义的差异,可以使我们更容易理解中国社会历史发展的过程和表现出的不同文化特征。

1. 在现实人生和鬼神上帝孰轻孰重的理解上，中国人重人生轻鬼神；西方人重上帝轻现实人生

在中国传统文化中，神本主义始终未居于主导地位。西方古典文化是神本主义文化，有着十分突出的宗教精神。当今学者普遍认为，人类精神以神话和宗教为开端，而宗教的基本功能就是通过对超自然的神灵的顶礼膜拜与狂热信仰，以求解脱现实中的痛苦和对世界的迷惑。在人类封建时代，差不多所有的国家和民族都处于宗教的统治之下，唯独中国是一个例外。

西方基督教认为"上帝是宇宙的创始者和主宰者"，上帝是最高的信仰，抵达彼岸世界是人们精神的最高寄托。人们行为的准则和生活的目标，都来自万能的主的启悟。于是把一切托付给"上帝"，人与"上帝"之间，形成一种绝对的依附关系。为此，在中世纪的西方哲学史中，许多唯心主义者都把论证"上帝存在""灵魂不死"当作哲学的重要课题。而中国传统的哲学思想，大都强调积极的入世主义。孔子采取"敬鬼神而远之"的态度，认为人的首要任务是了解人生的道理，做好现实人生的事情；如果连现实人生的许多事情都做不好，鬼神的事情怎么可能做好？老子用"道"架空了当时十分盛行的"上天"观念。其后出现了许多坚定的无神论者，他们不仅排斥宗教，而且对宗教的有神论思想进行了深刻的批判。这种无神论和唯物论的传统，给人文主义、理性主义以有力的支持。南北朝时著名的无神论思想家范缜在《神灭论》一书中，针对当时佛教所宣扬的"灵魂不灭"和"因果轮回"的观点，认为灵魂与肉体不可分离；精神和肉体的作用功能依附于肉体之中。其后，历朝历代都出现大力反对宗教迷信的思想家，比如唐代的柳宗元、刘禹锡，宋代的张载，明末清初的王夫之等，都认为神是臆想的结果，神不是力量的来源，宗教迷信没有存在的理由。

不可否认，中国社会一直存在着宗教迷信，但这种宗教迷信也是具有中国特色的。首先，古代中国人比较浓厚的宗教迷信仍然是把人世作为人的归宿。中国人迷信的"天""命"，同人世密切相连，把此岸世界与彼岸世界统一起来。西周时期出现的"敬德保民"思想，看到了"民心"比"天命"更为重要，"民心"可以决定王朝的盛衰。这同基督教和印度佛教不同，后者过多地强调人的归宿是现实世界之外的天国，否定今生，希望通过对虚幻的此岸世界的否定来达到永恒的彼岸世界，即天堂。其次，不论是秦汉以后道教的逐步建立，还是后来佛教、基督教的传入，中国人对宗教的信仰总是似信非信，这些宗教从未超越现实政权力量之上。最后，不论是中国自身的宗教，还是输入中国的宗教，都有浓厚的人文精神。中国道教与世界上其他宗教不同，道教没有把人的灵魂与肉体截然分开，也不把现实世界与彼岸世界完全对立起来；不主张灵魂的拯救，而主张自己修炼成仙，长生不老，而成仙是现实生命的延续。佛教传入中国后深受人文思想的影响，在一定程度上肯定了人的现实生活。比如代表中国佛教的禅宗，就提出了"顿悟成佛""人性即佛性"的思想，因此在中国佛教中出现了出家的和尚和不出家的和尚。

总之，中国文化一贯注重现世的人生，人一直居于核心地位，而神的地位不能与人相比。正是这种重现世人生、轻视鬼神的思想，使中国传统文化表现出充分的人文主义精神，这在一定程度上阻止了全民族的宗教迷狂，把人的眼光拉向社会，有利于中国社会的发展。当中世纪欧洲文化在基督教神学笼罩下出现生命力萎缩时，中国文化却显出了勃勃生机，创造了人类历史上最辉煌的封建文化。

2. 在整体和个人孰轻孰重的理解上，中国人重整体轻个人；西方人重个人轻整体

西方文艺复兴时期的人文主义把人的眼光从对神的关心拉回到对人自身的关注，强调人的价值实际上是强调个人的价值；他们赞美个人，把人生的意义看作本能欲望的满足；个人具有独立的地位，与整体是对立的。而在中国传统文化中，由于宗法制的严重影响，中国文化中崇尚人的价值实际上是崇尚人类的价值、人类的尊严，人是整体的人，个人不具有独立性，不主张满足个人本性的欲望，个人必须严格服从整体。并且，始终以人的道德实践为第一要义，把人放在一定的政治伦理关系中加以考察。每一个人从诞生时起便进入了一个五伦社会关系之中，即政治上的君臣关系，家庭中的父子、夫妇、兄弟关系，社会上的朋友关系。这种人与人之间的关系各有其行为典范与道德模式。每个人都要在这样一种人伦关系中寻找自己合适的位置，履行自己的责任。这样的社会文化更重视个人对群体的义务和责任，而对个人精神的自由、独立与个体自身的权利却不十分重视。在这里，"人"是"道德的主体"，一方面，个人必须担负对社会所应尽的责任；另一方面，个体又要追求一种主体道德心性的完善，这既是社会的要求，也是个体的自觉。

总之，西方人文主义把人看作独立的个体，因而强调人的自由和权利；中国文化中的人文主义却把人看作不能脱离整体的人，因而强调人对整体的义务和责任，而忽视个人的权利。这种文化精神有其合理性，能推动整个社会的发展，也能增强民族的亲和力和凝聚力，培养爱国主义情操；但这种文化精神由于忽视了个人的权利，也否定了人的自由、平等，把人束缚在等级隶属关系之中，影响了个性的解放、个人自主性的发挥。

3. 在人与自然的关系上强调天人合一

西方人文主义认为，人不仅应当独立于神，而且独立于自然，人与自然被严格地区分开。中国传统的人文思想认为,人与自然并不是两个截然分离的对立物,人的存在与自然的存在是互为包含的,人融于自然之中,自然也融于人之中,这种观念就是所谓的"天人合一"。

"天人合一"说是中国哲学最重要的观点之一,是中国文化的基本精神。这一观点大致上可以分为五类学说:孔子的"天人一德说"、老子的"天人一体说"、孟子的"天人一性说"、董仲舒的"天人一类说"、二程和朱熹的"天人一道说"。这些学说,既强调天是万物的起源,同时又强调人事的作用,因此,天人合一具有宗教神学的性质,也具有劝束皇帝和考核官员的作用。凡是出现异常的自然现象,统治者都会借助这种自然的变异和天灾来警告皇帝和考核官员。从儒学的实践看,天人合一思想成了人们的行为准则,而且成为儒家学派解释历代制度的理论依据。

总之,天人合一文化精神具有正负两方面的意义。一方面,天人合一思想强调的是人与自然的和谐协调,把整个世界看成一个大系统,这种观点从现代科学看有其合理性;天人合一思想也有利于监督封建统治者清正廉洁和实行仁政。另一方面,天人合一思想把自然和人类看作相互融通的东西,不区分二者的界限,这既影响了人们对现实社会的改造,又影响了对自然界的真实了解,阻碍了中国古代科学技术的发展进步。

二、自强不息的进取精神

中国著名的思想家张岱年在《中国文化与中国哲学》一文中指出,中国文化的主流精神是刚健有为、自强不息。

刚健有为、自强不息的文化精神可以追溯到《尚书》和《诗经》中,这是儒家文化的基本精神。儒家自孔子开始,就主张人生应该采取积极进取、刚健有为的态度。在孔子心目中,刚毅和有为是不可分割的。君子既要刚毅,又要有历史责任感和时代使命感。《易经·系辞》中对刚健的思想进行了概括性的表述,即"天行健,君子以自强不息",意思是天体运行,永无停止,君子应效法天,积极进取,自强不息,去实现崇高的社会政治理想,并在这一过程中达到个体人格的完善境界。孔子是极力提倡有为并身体力行的思想家,他一生奔波,幻想以周礼匡扶乱世,"明知其不可为而为之",结果是"发愤忘食,乐以忘忧,不知老之将至也"。孔子作为中国封建社会的"圣人",他的积极进取精神在中国历史上产生了深远的影响,激励着后人不断奋发向上。孟子从人格修养出发,提出"吾善养吾浩然之气";荀子则从天人关系角度提出"制天命而胜之"的著名论断。从汉代到清代历时2000年,"天行健,君子以自强不息"的思想深入人心,其刚健、自强不息的观点，为全社会所接受。因此，刚健有为、自强不息的精神一直是中华民族的主导精神。

正是这种刚健有为、自强不息的精神，凝聚、增强了中华民族的向心力，推动了中国社会和中国文化的发展。昌盛时期，这种精神让知识分子有一种建功立业的壮志情怀。当外族入侵时，他们不屈不挠地进行反侵略、反压迫的民族斗争。

三、崇礼治、重名誉、尚气节的基本精神

礼治精神就是把人与人或国与国之间交往的仪式经过加工改造，升华为一种社会理想，然后进行实施和推行。礼治精神的实质是坚持社会秩序，也就是儒家所提倡的君君、臣臣、父父、子子的秩序。礼治精神所主张和坚持的社会秩序是一种亲和的社会关系，而这种亲和的社会关系是建立在亲情伦理之上的，由人的血缘伦理而逐渐升华提高而成。

礼治作为基本的目标和规范指导人们应该做什么，不应该做什么，对当时和此后的社会产生了巨大的作用。礼治的实施和礼治精神的发扬不仅促进了当时社会的稳定和繁荣，也为灿烂文化的创造提供了条件；礼治的实施和礼治精神的发扬不仅构成了中华文化的一个重要方面，而且在一定程度上表现了爱国主义精神；同时，礼治精神是一套完整的社会管理理论，不仅在当时具有重要的作用，在后来的社会管理实践乃至当今的社会管理实践中都将会永远地被推行下去。

受儒家文化的熏陶，中国人普遍具有重名誉、尚气节的人格精神。《孝经》中有这样一句话："立身行道，扬名于后世，以显父母。"中国人良好名誉的获得，一定要通过自己的修养和自己不懈的奋斗与努力。崇尚气节是中国人普遍的人格精神。孔子说"杀身成仁"，孟子讲"舍生取义"，强调的都是不可屈辱的气节。一个人的名誉、气节、情操是否完整，关键还要看他能否把一种道德信念一直保持到生命的终点。不仅士大夫要注重气节，即使是普通人也不要卑躬屈膝。正如孟子所说："一箪食，一豆羹，得之则生，弗得则死，而与之，行道人之弗受；蹴而与之，乞人不屑也"。他认为以损害人格尊严为代价的赐予，即使生命攸关，也不能接受。

重名誉与尚气节的人格精神，使中国历史上出现了许许多多的民族英雄和仁人志士。因此，人们十分尊敬那些在这种精神激励下成就事业和功名的人；相反，人们强烈谴责那些卖身投敌、祸国殃民的汉奸。当然，过度的重名誉与尚气节从而形成的名誉观和节操观又有很大的局限性。封建士大夫注重名誉和节操，常常成为封建皇帝特别是暴君的可怜的牺牲品和殉葬者；而妇女过于注重名节，在封建的纲常礼教下，她们中的有些人常常丧失自己的终生幸福，成为封建礼教的牺牲品。因

此，作为今天中华民族的后代，我们在继承中华民族优秀传统文化的同时，应该辩证地吸收和看待这一精神的内涵。

四、贵和尚中、和而不同的精神

贵和谐尚中道，作为中国文化的基本精神之一，也在中华民族和中国文化的发展过程中起过非常重要的作用。中国古代的"贵和"思想，往往是和"尚中"之义联系在一起的。《中庸》说："喜怒哀乐未发谓之中，发而皆中节谓之和。中也者，天下之大本也；和也者，天下之达道也。致中和，天地位焉，万物育焉。"达到中和状态，宇宙万物和人类社会便各安其位、各得其所了。在中国历史上，有所谓"和同之辩"。西周末年的史伯说："和实生物，同则不继。以他平他谓之和，故能丰长而物归之。若以同裨同，尽乃弃矣。"（《国语·郑语》）不同事物之间彼此为"他"，"以他平他"即把不同事物联结起来，不同事物相配合而达到平衡，就叫做"和"，"和"才能产生新事物。孔子继承这种重和去同的思想，主张"礼之用，和为贵"（《论语·学而》）。他说："君子和而不同，小人同而不和。"（《论语·子路》）把"和"与"同"的取舍作为区分"君子"和"小人"的标准，表现了重和去同的价值取向。《易传》高度赞美并极力提倡和谐思想，提出"太和"的观念，它说："乾道变化，各正性命，保合太和，乃利贞。"（《象传》）"太和"即至高无上的和谐，最好的和谐状态。孟子提出了："天时不如地利，地利不如人和"（《孟子·公丑天下》）的思想，他还把"得道者多助，失道者寡助"即人心向背看作统治者是否具备"人和"的基本条件。以中为度，中即是和。提倡"贵和"思想的和谐意识，有利于处理社会各种矛盾，以保持社会的稳定，中国文化的伟大之处，是在于最能调和，是冲突之各方兼容并包，和平相处，相互调剂。注重和合，是中国文化以及中国人的特征。

和谐是中国传统文化追求的最高境界和最终目标。传统的和谐思想具有中正、中和、均衡、和合、协调的特征。但是，和谐不是消灭矛盾或差别，而是在承认有矛盾有差别基础上的和谐，是和而不同、求同存异，强调矛盾的统一与均衡，是多样性的统一。在中国传统的贵和尚中、和而不同思想表现在中国政治文化的各个方面、各个领域。例如，重视人与自然的和谐相处，追求社会的和谐和人际关系的和谐等等。当然，在这种贵和尚中、和而不同的和谐思想毕竟是传统的和谐思想，它产生于以血缘关系为基础的自给自足的小农社会里，强调的是"不患寡而患不均，不患贫而患不安"。

"和"，指不同事物之间的搭配、融合、平衡达到最为圆满程度的一种状态。

例如音乐，五音的高低疾缓臻于完美，就称为和；又如饮食，五味的多寡浓淡搭配得宜，也称为和；又如身体，阴阳之气平衡饱满，也称为和；又如德行，处事不刚不柔曰和，为古代五德之一。可见此种和的境界有三个特点：第一，它是一种至善的状态；第二，它是由不同事物之间构成的一种完美的关系；第三，这多种事物在和合的关系中保持着原有的个性，而不必舍弃个性，一刀切成一堆齐刷刷的火柴棍儿。和而不同，"和"异于"同"之处，就在于它保留了其中每一种事物的个别属性。中国文化的伟大之处，乃在最能调和，使冲突之各方兼容并包，共存并处，相互调济。

"和"是中华传统文化的核心。《论语·学而》："有子曰：礼之用，和为贵。"意思是"社会秩序的作用，贵在使社会和谐。"大家都认为和谐最好，这在中华文化中处处可见。例如一个家庭要做到"家和万事兴"；做生意讲"和气生财"；搞政治要求"政通人和"；做事业要"和衷共济""内和外顺"；与人相处要"和以处众"；对外关系要"协和万邦"。总而言之，方方面面都要追求和谐。可见和谐是中国人的普遍要求，极其深入人心。

程思远把中国传统文化重视和谐与统一的特点界定为"中华和合文化"，并认为"中华民族已经形成了运用和合概念与和合文化研究自然界的生成和人的生成，研究事物发展变化的规律，研究人与自然和人与社会的关系，研究人的身心统一规律和养生之道的文化传统"。中华和合文化，是中华优秀文化传统的精髓之一和主要组成部分，"这是一种有中国特色的整体系统思想"。中国传统文化中的这种持中贵和思想植根于农业经济，表现出一种"静态"特征：重视自然，重视人与自然的和谐，人与社会的和谐，人与人之间的和谐以及每个人内心的和谐等。它与西方文化中重视分裂对抗形成了鲜明对照。西方文化反映了商业文明，只有唯利是图、竞争、对抗，才能发家致富，才能取得个人生存发展的机会。

这种主张和谐、持中贵和的思想给中国社会带来的影响自然也是双重的：其积极方面是有利于保持社会的稳定，有利于维护祖国的统一和民族的团结。但不可否认，这种思想压抑了人们的斗争精神，使人们缺乏西方人那种竞争、进取精神，这对社会发展也带来了一定的不利影响。

五、饱蘸深情的爱国精神

"慈母手中线，游子身上衣。临行密密缝，意恐迟迟归。谁言寸草心，报得三春晖。"唐代诗人孟郊的这首讴歌母爱的诗歌流淌出的汩汩深情让人愁肠百结。而这种游子之情、感恩之心正是华夏儿女一以贯之的赤子情怀。宋代诗人陆游一生都在为国思虑，直到临终前还写下了"但悲不见九州同"的诗句。像陆游这样的爱国人士有成千上万，不胜枚举。从屈原的上下求索到杜甫的凭栏涕泪，从辛弃疾的把栏杆拍遍到文天祥的留取丹心，从贾谊的"国而忘家，公而忘私"，到范仲淹的"先天下之忧而忧，后天下之乐而乐"，从顾炎武的"天下兴亡，匹夫有责"到林则徐的"苟利国家生死以，岂因祸福避趋之"……爱国精神成为中华民族五千年历史发展中沉淀形成的核心价值观。它激励了一代又一代仁人志士，浇筑了一座又一座历史丰碑。它成就了中国人的伟大人格，它是中华民族生生不息的不竭动力。正是凭着对国家、民族的深情厚谊，凭着在爱国主义旗帜下熔铸而成的凝聚力和向心力，中华民族和中国人民才经受住了各种苦难风险的考验，一直保持着勃勃生机。

六、经世致用的务实精神

中国人历来重视实际，深信"眼见为实，耳听为虚"，崇尚在实际工作和生活中追求人生理想，实现人生价值。这种务实精神使中国传统文化成为一种非宗教、世俗的文化。它既不寻求彼岸世界，也不探究虚无境界，而是立足现实人生，把"立德、立功、立言"作为实现人生价值的目标。无论儒家主张的"知之为知之，不知为不知"，知人论世，反对生而知之，还是法家反对"前识"，注重"参验"，强调实行，推崇事功，或者道家主张"知人""自知""析万物之理"，都是求实务实精神的表现。尤其是儒家主张的"经世致用"，强调的正是关注现实的务实精神。它以究天人之际为出发点，落脚点是修身、齐家、治国、平天下，力求在现实社会中实现其价值。所以，中国古代知识分子大体都是"入世"型的。因此，做学问是"笃行之"，修史是为了察古知今、鉴戒垂训，写文章强调"文以载道"，等等。正是在这种以解决社会、人生的实际问题为出发点和归宿的"经世致用"治学传统的影响下，中国古代的科学也成为实用科学，无论天文、地理、数学、医药、农学、水利乃至四大发明，大多是与国计民生密切相关的实用科学。这些实用科学的成就之高、解决实际问题的能力之强，曾在世界历史上遥遥领先，令各国科学家叹为观止。

文化沙龙

一、调查交流

1. 分组收集近期新闻，为新闻中反映中华民族伦理思想的事例贴上标签，如

"孝道""尊师重教""爱国主义"等,制成PPT并展示小组成果,分析传统文化对现代社会的影响。

2. 调查一下,你家有没有族谱或家训?如果有,请将其拍摄或抄写下来,询问长辈关于族谱或家训在撰写、流传、修订等方面的事宜并在课堂上交流。

二、争鸣空间

1. 设计一次关于中国传统文化的辩论会。

参考辩题:正方:继承传统文化比吸收外来文化更重要

反方:吸收外来文化比继承传统文化更重要

2. 一百多年前,美国传教士亚瑟·史密斯(1845—1932)在《中国人德行》一书中指出了中国人的一些性格特征,如保全面子、勤俭持家、刻苦勤劳、讲究礼貌、漠视时间、漠视精确、容易误解、拐弯抹角、顺而不从、不紧不慢、轻视外族、缺乏公心、因循守旧、随遇而安、顽强生存、能忍且韧、知足常乐、孝悌为先、仁爱之心、缺乏同情、株连守法、相互猜疑、缺乏诚信、多元信仰。

请课外阅读本书,谈谈你对中国人德行的理解并在班级进行交流。

三、妙笔生花

请以"中华颂"为主题,写一篇作文。文体不限。

四、旧瓶新酒

1. 近年来,国家大力倡导传承中华优秀传统文化、赋予中华优秀传统文化时代内涵、运用中华优秀传统文化治国理政、阐发中华优秀传统文化应对国内外重大挑战,将中华优秀传统文化提升到崭新阶段,有力凝聚了民族精神,得到全世界中华儿女高度认同,将中华优秀传统文化转化为实现中华民族伟大复兴、构建"人类命运共同体"的强大精神力量。请你谈谈民族复兴与传统文化的关系。

2. 近年,传统文化开始回归大众视野。《大秦帝国之崛起》等历史题材电视剧的播出,电视剧市场迎来久别的古装历史正剧;同时文化类综艺节目层出不穷,让原本古老、严谨、晦涩的传统文化知识焕发出独特光芒,以一种易于接受的方式使大众重新认识到传统文化的魅力。不过,虽然传统文化的传播呈现良好势头,但也有人指出"国学热"可能只是昙花一现,表象的热闹不能带来传统文化教育的实质性提升。对此,你是怎么看待的?

五、知识拓展

1. 阅读书籍

（1）《中华文化四十七堂课：从北大到台大》（余秋雨著）

（2）《中国人德行》（亚瑟·史密斯著）

（3）《在世界边缘的沉思——对社会发展模式的反省》（尹伊文著）

2. 观看纪录片

（1）《大道鲁商》

《大道鲁商》是我国第一部跨越人文和经济学两个领域的文献纪录片，它以理性思考和生动感人的历史与现实故事为结构线索，全景展示了鲁商发展历史和改革开放以来鲁商诚实守信、胸怀天下的优秀品质。《大道鲁商》共7集约300分钟，七集分别为《源远流长》《财自道生》《利缘义取》《陶朱事业》《端木遗风》《经世济民》《商海追梦》。从管子到范蠡、从孟洛川到苗海南，全景式展现了从古到今鲁商发展的历史，系统地阐述了了中华经商之道。

（2）《美丽中国》

《美丽中国》是一部表现中国野生动植物和自然人文景观的大型电视纪录片，从一个前所未有的角度，向电视观众展示中国的魅力。该纪录片使用航拍、红外、高速、延时和水下等先进摄影技术，拍摄最珍贵的精彩镜头，立体展现中国不为世人知的魅力。如藏羚羊在交配期的打斗行为、秦岭野生金丝猴、云南亚洲野象、世界第二小的蝙蝠、扬子鳄孵化过程、新疆哈萨克族牧民转场、野生大熊猫交配，等等，展现了中国珍稀野生动物、奇异植物、自然风景以及民风民俗，呈现出前所未有的立体角度，向世人展示了中国"天人合一"思想的独特魅力（配有《美丽中国》视频片段）。

第二单元 中国传统哲学

单元导语

从词源学上说,哲学就是"爱智慧"。虽然哲学的定义有多样,哲学的派别很纷杂,哲学又是如此的"大而无用",但是,不管物欲如何弥彰,感官如何幻灭,哲学总能在大的时代和小的个体间觅获意义。中国古代哲学是中国传统文化的精髓和灵魂,它对生命的探寻、价值的判定都深刻影响着中国文化乃至东方文化的发展。学习博大精深的中国传统哲学,我们能拥有一个智慧的大脑、一双深邃的眼睛,可以透过千年的沧桑变幻体悟人生的存在与意义。

知识精讲

第一节 中国传统哲学的发展脉络

从先秦开始，我们一般把传统哲学的发展演变划分为先秦子学、两汉经学、魏晋玄学、隋唐佛学、宋明理学、明清实学、乾嘉朴学七个阶段，每个阶段都有自己鲜明的思想特征。

一、先秦子学

先秦时期是一个群星璀璨的时代，是百花齐放、百家争鸣的时代，子学就是诸子百家之学。先秦时期，思想界异常活跃，各种思想学说、学术流派纷纷登场，涌现出了如孔子、孟子、荀子、老子、庄子、孙子、墨子、惠施、公孙龙、韩非子等一大批思想家，形成了道家、儒家、墨家、法家、名家、兵家、阴阳家、纵横家、杂家、农家、小说家等众多思想流派，其中最有影响的当属儒家、道家、墨家、兵家和法家。先秦哲学探讨的重点是宇宙的构成问题和社会人生问题，这一时期好比是人类的幼年时期，对任何事情都感到好奇，都要问为什么。如，宇宙是由什么构成的？人是怎样产生的？人在天地间居于什么位置？人活着有什么价值和意义？等等。

这些问题可以说是人类永远追问探索的问题。可以说，先秦子学奠定了中国传统哲学的基础，掀起了中国哲学的第一次高潮，也是中华民族精神的基础。

二、两汉经学

秦始皇短命政权的灭亡，给汉朝统治者以极大教训，使统治者明白了这样一个道理，仅靠严刑峻法并不能治理好一个国家。马上得之，并不能马上治之。于是，汉代统治者经过长时间的思考和准备后，终于在汉武帝时代采纳了大儒董仲舒的建议，这个建议就是历史上著名的"罢黜百家，独尊儒术"。从此，儒家思想定于一尊，从诸子百家中的一家跃升为官方意识形态和主流思想。从孔子创立儒家学派到儒家思想成为中国封建社会的指导思想，用了 380 年（以孔子三十而立为时间标准，即公元前 521 年）。在这 380 多年间，儒家思想经历了多次的内部反省、批判和否定，多少次理论本身的检讨、修正、改革和创新和多次来自外部学说的冲击和挑战，终于由创立之初的一家之言上升为封建社会的指导思想。直到 1911 年清王朝灭亡，儒家思想占统治地位时间长达两千多年，这是儒家思想自孔孟思想发展以来的第一次重大转折，原来充满活力、具有平民意识的孔孟儒家在汉代被统治者神秘化、权威化了。儒家思想的神秘化、权威化，一个突出表现就是儒家思想的经学化。

什么是经学？简单说就是汉代的儒家学者以先秦时期的儒家经典六经为依据，通过对这些经典的注释，来表达自己的学术见解和政治见解，这种形式就叫作经学。对经典的注释，显然有两种方式，一种是我注六经的方式，就是说，这种方式偏重于文字训诂，偏重于一音一字一义的研究，就是我们现在所理解的做学问，这种研究方式与现实政治之间联系比较少，不太关心政治如何，这种方式就是古文经学。古文经学崇奉周公，最重《周礼》，在汉代以刘歆、贾逵等为代表。还有一种做学问方式，就是六经注我的方式，这种方式是以现实政治为目的，注重阐发经文的"微言大义"，主张通经致用，为了证明或论证一个理论观点，可以断章取义，可以只看一点不计其余，这种做学问的方式就是今文经学。这一派最重《春秋公羊传》，在汉代以董仲舒、何休等为代表。这两派的特点，概括说就是：古文经学注重学术性，具有较强的历史意识；今文经学注重理论性，具有较强的政治意识。这两派在整个汉代是相互辩难、竞争高低，大致说就是西汉时期，今文经学长期垄断汉代官学，占据主导地位，西汉后期逐渐走向衰落。同时，古文经学却不断发展壮大，王莽当政时一度得立学官，东汉后期逐渐压倒了今文经学。到东汉末年，古文经学家马融、郑玄兼采今、古文之说，延续了三百多年的今、古文之争逐渐平息。汉代的主要哲学家、经学家有贾谊、董仲舒、扬雄、王充、刘歆、贾逵、马融、郑玄等。除此之外，在思想领域，汉代还有一件大事值得关注：那就是佛教开始传入中国，这是外来文化第一次与中国本土文化接触。

三、魏晋玄学

魏晋南北朝时期，中国历史进入了几百年的天下大乱。儒学在走过汉代的权威化阶段之后，转入了哲理化阶段，思辨性增强了。汉代时期，思想束缚严重，注疏之风盛行，门派对立严重，并伴随着谶纬迷信、天命神学等，思想严重僵化。魏晋时期，玄风大盛，在学风上、思想上、思维方式上与汉代迥然不同，一反两汉时期烦琐的经学及神学目的论，尊崇老子、庄子及《周易》，号称"三玄"，在思想上和思维方式上出现了一次大的解放。魏晋玄学讨论的核心问题主要有：一是名教与自然的关系；二是本末有无的关系；三是语言和思想的关系；四是肉体和精神的关系。这些问题都带有很浓厚的哲学意味，标志着人的认识又前进了一步。魏晋玄学的主要代表人物有王弼、裴頠、欧阳建、郭象、范缜等。魏晋时期，道教、佛教思想也勃然兴起，尤其是佛教，发展迅速，儒释道三教首次处于三足鼎立、势均力敌的阶段，这一时期的代表人物有葛洪、陶弘景、慧远、道安、鸠摩罗什、僧肇等。

四、隋唐佛学

佛教自汉代传入中国后，经魏晋南北朝数百年的碰撞与融合，至隋唐时期出现了繁盛的局面，形成了众多的佛教流派，如天台宗、法相宗、华严宗、净土宗、密宗、禅宗等。一方面，各宗各派之间纷争不断，互争高低；另一方面，彼此之间又互相促进、互相影响。同时，各宗各派又都从中国传统儒家、道家思想中汲取养分和智慧，以丰富和发展自己的思想。在隋唐佛教诸宗派中，禅宗是流传最广、影响最大的，是佛教中国化、世俗化的典范和成熟的标志。禅宗因主张修习禅定，故名禅宗。所谓禅定，就是专注于一境而不散乱的精神状态，后来，禅成为佛教的代名词。禅宗的实际创立者是慧能，著有《坛经》一书。禅宗不依佛教经典立宗，不立文字，自称教外别传，实则是佛教与中国固有哲学融会贯通的产物。慧能提出的佛性论、顿悟说、境界论，吸收了儒家和道家的思想观点，把佛教的超越本体改造为内在本体，使佛教人性化、人间化，变成中国传统哲学的组成部分。在中国历史上，曾发生过四次大规模的灭佛运动（即"三武一宗"灭佛），为什么要灭佛？我们说，中国文化尽管有极强的包容性，但当外来文化危及国家的财政收入、危及中国文化的生存时，中国文化会自觉地对外来文化采取一种抵抗的态度，可以说，四次灭佛运动就是中国文化对外来文化过于强大所作出的一种自我保护反应。唐中后期，佛教总体上说已经结束了隆盛时期的繁荣。

五、宋明理学

宋明理学是以儒家思想为主，糅合了释、道两家思想而创立的一种新的哲学形态。这是儒家思想发展的第二次重大转折。宋明理学是中国封建社会后七百年的指导思想。宋明理学主要有程朱（程颢、程颐、朱熹）理学、陆王（陆九渊、王阳明）心学和张王（张载、王夫之）气学三大流派。宋明理学探讨的内容和范围十分广泛，如宇宙论、本体论、人生论、心性论、知行观、修养论、境界论等。宋明理学作为儒学发展的重要阶段，将中国哲学的思维水平提高到一个新的高度，其政治目的就是为封建伦理道德寻找终极的价值依据。宋明时期还有两件值得关注的大事：一是依据经典的改变。宋明以前社会依据的经典是"五经"，宋明以后依据的经典是"四书"。胡锦涛主席在2006年4月18日访问美国的时候，送给耶鲁大学的图书中，就有"四书""五经"，送给布什的是《孙子兵法》。另一件大事是对儒家创始人称谓的转变。宋明以前是周公、孔子并称，宋明以后是孔子、孟子并称。经典文本的改变及儒家创始人称谓的改变，也表明宋明理学与宋明以前的思想有了很大的不同。

六、明清实学

在明清之际的思想家看来，宋明理学家都是空谈心性，讲的是心性、性命之学，是无用之学，是"无事袖手谈心性，临危一死报君王"，把明王朝灭亡的原因推到了宋明理学身上。因此，明清之际的思想家大都反对宋明理学，把理学看作虚学，主张"崇实黜虚"，主张"实学、实体、实用"，反对空谈心性，提倡经世致用；反对封建专制，提倡思想解放，因而具有早期启蒙思想的性质，主要代表人物是顾炎武、黄宗羲、王夫之、颜元等人。可以说，实学思潮遍及当时政治、经济、科学、文化艺术等各个领域，是儒家经世致用思想在明清时期的集中体现。

七、乾嘉朴学

1644年后金铁骑进入中原，取得全国统治地位后，开始实行文化专制主义和文字狱，造成了不少惊天冤案。人们不再敢谈论政治，转向了考据训诂，故纸堆里讨生活，乾嘉朴学以考据为主要治学方法，文风朴实简洁，重论据罗列，少理论发挥，以区别于宋明理学的抽象议论，因而也称乾嘉汉学、乾嘉考据学。乾嘉朴学最突出的学术贡献就是对传统文字学、音韵学、训诂学、目录学等进行了系统的整理，并使之获得了空前的发展。1840年鸦片战争爆发后，西方列强用坚船利炮、鸦片和廉价商品打开了中国的国门，以武力侵略的方式打断了中华文明固有的发展轨迹。以龚自珍、魏源为代表的改革派，要求把学术研究和现实政治结合起来，反对脱离实际的乾嘉考据学。可以说，龚自珍和魏源既是明清实学思潮的终结者，又是中国近代资产阶级改良主义思想的先驱者。

第二节 中国传统儒家思想

一、古代儒家思想的演变过程

1. 中国儒学发展的第一个阶段：以孔子、孟子、荀子等为代表的先秦原始儒学

儒出身于"士"，又以教育和培养"士"（"君子"）为己任。"士"者"仕"也。孟子说："士之仕也，犹农夫之耕也"，意思是说，士出来任职做官，为社会服务，就好像农夫从事耕作一样，是他的职业。荀子在讲到社会分工时，也把"士"归于"以仁厚知能尽官职"的一类人。所以，从这一角度来讲，原始儒家学说也可以说是为国家、社会培养官吏的学说，是"士"的文化。子贡曾向孔子提出"如斯可谓之士矣"的问题，即怎样做才称得上"士"。孔子回答说："行己有耻，使于四方不辱君命，可谓士矣。"这句答话中，既表明了"士"的官吏身份，同时也指出了作为一名"士"的最基本条件和责任：一是要"行己有耻"，即要以道德上的羞耻心来规范自己的行为，二是要"使于四方不辱君命"，即在才能上要能完成国君所交给的任务。前者是对士的道德品质方面的要求，后者则是对士的实际办事才能方面的要求。而这两方面的统一，则是一名合格的士，也就是一名完美的儒者的形象。荀子写了一篇题为《儒效》的文章，其中对于儒者的形象和社会作用是这样来描写的："儒者，在本朝则美政，在下位则美俗。""美俗"就要不断修身，提高道德品质，以身作则；"美政"则要"善调一天下"，为社会制订各种礼仪规范、政法制度等，以安定社会秩序和富裕百姓生活。基于以上对于"儒""士""君子"的基本社会使命的分析，可以说原始儒学的主要内容都是关于"士"修身方面的道德规范和从政方面的治国原则。而且，从孔子、孟子到荀子，他们所提出的各种道德规范和治国原则，都是十分具体的、为人处世中践行的规范和原则，而不是一般的抽象的形上学原理。人们称孔子之学为"仁学"是有一定道理的。因为，孔子是把"仁"作为君子最根本的道德规范来要求的。如他说："君子去仁，恶乎成名，君子无终食之间违仁，造次必于是，颠沛必于是。"《论语》一书中记载着许多孔子回答弟子们问"仁"的言论，其内容都是实行行为中所要遵循的各种具体规范和原则。《论语》一书中也还记载着许多条孔子答问为政的言论，同样也都是实践行为中十分具体的规范和原则。

孟子除了进一步发展孔子以"仁"修身的思想外，又以推行"仁政"学说而著称于世，而其所论的"仁政"内容，同样也是十分具体的。再就是他经常举以为例的周文王的"仁政"内容，孟子对为什么要行"仁政"和为什么可能行"仁政"，也进行了理论上的说明。但他的那些理论说明大都是感性直观的。如他认为，因为人人都有"不忍人之心""恻隐之心""仁爱之心"，先王同样也有"不忍人之心"，此心发之于政，即是"仁政"，来论证行仁政的根据。又以"仁者以其所爱及其所不爱""老吾老以及人之老，幼吾幼以及人之幼"等"推恩"理论，来说明行仁政的可能性，等等。

孔子、孟子在修身与治国方面提出的实践规范和原则，虽然都是很具体的，但同时又带有浓厚的理想主义成分，也就是说更多地寄希望于人的本性的自觉。所以，孔子竭力强调"克己""修身""为仁由己"等。而孟子则以"性善"为根据，认为只要不断扩充其"恻隐之心""羞恶之心""辞让之心""是非之心"，"求其放心"，即可恢复人的"良知""良能"，即可实现"仁政"理想。

与孔、孟相比，荀子的思想则具有更多的现实主义倾向。他在重视礼义道德教育的同时，也强调了政法制度的惩罚作用。他认为，人的本性并不是那么美好的，顺着人性的自然发展，必然造成社会的争乱。因此，必须用礼义法度等去化导人的自然本性，即所谓的"化性起伪"，然后才能使之合乎群体社会的公共原则和要求。所以，荀子在强调自我修养、道德自觉的重要性同时，更为强调"师"与"法"的教育与规范作用。如他说："今人之性，生而有好利焉，顺是，故争夺生而辞让亡焉；生而有疾恶焉，顺是，故残贼生而忠信亡焉；生而有耳目之欲，有好声色焉，顺是，故淫乱生而礼义文理亡焉。然则，从人之性，顺人之情，必出于争夺，合于犯分乱理，而归于暴。故必将有师法之化，礼义之道，然后出于辞让，合于文理，而归于治。"又说："礼者，所以正身也；师者，所以正礼也。无礼何以正身，无师吾安知礼之为是也。""故非礼是无法也，非师是无师也。不是师法而好自用，譬之是犹以盲辨色，以聋辨声也，舍乱妄无为也。"

同样，荀子设计的治国原则："明分使群""群居和一之道"，包括理想的"王制"与具体的"富国""强国"之策，乃至他的"礼论""乐论""君道"等，可以说都是非常富于现实主义的。它都是在肯定当时已经形成的社会等级和职业分工的基础上，来规定社会每一个成员的名分和位置，并要求其各尽其职，从而达到整个社会的和谐一致。当然，这并不是说在荀子提出的治国原则中没有一点理想主义的成分。因为，如果他的学说中一点理想主义成分都没有，那么，他的学说就不会有什么感染力，而他也就不能称为一个大思想家。

原始儒家在先秦春秋末至战国时期，是社会上具有广泛影响的"显学"之一。他们提倡的道德修养学说在"士"阶层中有着深远的影响，而他们设计的理想政治制度和治国原则，则因其主要精神，即一统天下和礼义王道为上等，太脱离当时诸侯称霸、群雄割据的社会现实了，因而始终没有能得到当权者的赏识和采用。所以，原始儒家学说与以后成为实际社会制度依据的儒学不同，它还只是一种关于道德修养和政治理想的一般性学说。

2. 中国儒学发展的第二个阶段：以董仲舒为代表的两汉政治制度化和宗教化的儒学

汉初统治者为医治秦末苛政、战乱造成的社会民生极度凋敝的状况，采用了简政约法、无为而治、与民休息的方针政策，以恢复社会的生机。与此相应，在文化思想上则主要是推崇和提倡黄老道家学说。这种情况一直延续到汉武帝时才有所改变。不过，这并不是说儒学在汉初社会中一点也没有起作用。儒学在传授历史文化知识方面，对汉初社会仍然是很有影响的。儒家所推崇的历史文献"六经"的教授和研究，也是得到官方的肯定和重视的。荀子的学说在汉初儒家中影响很深，"六经"中的《诗》《易》《礼》《乐》等学，都有荀学的传承。同时，荀子作为先秦诸子和儒家各派学说的集大成者，他那广采各家学说之长的学风，对汉初思想也有很大的影响。

在西汉大儒董仲舒的学说中，不仅接受和发扬了荀子关于礼法并重、刑德兼用的理论，而且还大量吸收了墨家"兼爱""尚同"的理论，乃至墨家学说中某些带有宗教色彩的思想。而更为突出的是，在他专攻的春秋公羊学中，充满了阴阳家的阴阳五行学说，并使阴阳五行思想成为汉以后儒家学说中的一个重要组成部分。董仲舒曾向汉武帝建议："诸不在六艺（六经）之科，孔子之术者，皆绝其道，勿使并进。"这是以后武帝推行"罢黜百家，独尊儒术"方针的重要根据。但必须指出的是，董仲舒这里所说的"孔子之术"，显然已经不是原来的孔子学说，也不是原始儒家学说，而是经过他和汉初其他儒家学者发展了的吸收了墨、道、名、法、阴阳等各家学说之长的董仲舒心目中的"孔子之术"。

董仲舒对于儒学的发展不仅在于学理方面，更在于他把儒学推向政治制度化和宗教化的方向。董仲舒研究的春秋公羊学，是一种密切联系社会现实的学说。公羊学认为，《春秋》所载对于各类社会事件的判断和对于历史人物的评价都具有某种法典的意义，可以作为当今社会判断各类事件和评价人物的依据和范例。这也就是当时社会上相当流行的所谓"春秋断狱"说。由此，他们进一步又认为，《春秋》中所说的"三统""三正""三世"等理论，都是为汉王朝的建立作论证的；而《春秋》中所提到的各种礼义法度也都可以为汉王朝所效法。于是，董仲舒作《春秋繁露》，借以揭示孔子作《春秋》之宏旨及其包含之微言大义。他认为，"《春秋》修本末之义，达变故之应，通生死之志，遂人道之极者也""《春秋》记天下之得失，而见所以然之故，甚幽而明，无传而著，不可不察也。"所以，他引述子夏的话说："有国家者不可不学《春秋》。不学《春秋》则无以见前后旁侧之危，则不知国之大柄、君之重任也。"董仲舒的这些观点在当时是很有影响的，如司马迁在谈到《春秋》时就明确表示说："余闻董生曰。"同时，他也竭力强调说："有国者不可以不知《春秋》，……为人臣者不可以不知《春秋》。……为人君父而不通于《春秋》之义者，必蒙首恶之名；为人臣子而不通于《春秋》之义者，必陷篡弑之诛、死罪之名。"无怪乎当时就流传着所谓孔子作《春秋》"为汉帝制法"

的说法。

《春秋》被认为是孔子所作，而孔子所作的《春秋》又居然是为汉王朝制订礼义法度，那么孔子应当放在什么地位上呢，董仲舒与汉儒们想出了一个绝妙的称号："素王"，即一位没有实际王位的王。这样，儒学就开始与当时实际的社会政治制度联系了起来。不过，这在董仲舒时代仅仅是一个开始而已，直至东汉章帝建初四年（公元 79 年）时，由皇帝亲自主持召集大儒们举行了一次"白虎观"会议，会后由著名学者班固整理纂集，公布了一个官方文件即《白虎通德论》，这才真正完成了把儒家一部分主要学说转变为实际的社会政治制度的律条以及社会全体成员必须共同遵循的道德规范。从此以后，儒学已不再是单纯的伦理道德修养和政治理想的学说了，而是同时成为一种社会制度方面的律条。

与儒学政治制度化发展过程的同时，两汉时期也出现了一股把儒学宗教化的倾向。在董仲舒和当时流传的纬书中，不断地把"天"描绘成儒学中至高无上的神。如董仲舒说："天者，百神之大君也。"，并且竭力宣扬天是有意志的，能与人相感应的，而王者是"承天意以从事"的等一整套宗教神学理论。孔子是儒学的创始人，自然也就成了教主。为了神化教主，在当时流传的大量纬书中，不仅把孔子说成是神的儿子，而且把他的相貌也描绘成与一般凡人极不相同的模样。同样，为儒家所推崇的历代圣人，如尧、舜、禹、汤、文王、武王、周公等，在纬书中也统统被装扮成了与众不同的神。同时，这些纬书都是以神话和神秘化了的阴阳五行说来牵强附会地阐释"六经"以及《论语》《孝经》"河图""洛书"等，这些也可以视作是配合当时儒学宗教化所需要的儒教经典。再有，由秦汉以来逐步完备起来的儒家礼仪制度，也为儒学的宗教化准备了仪式上的条件。从两汉儒学发展的历史看，儒学的宗教化是与儒学的政治制度化密切相关的，是同步进行的，前者是为使后者得以成立和巩固服务的。

儒学社会政治层面功能的形成和加强，同时也就减弱了儒学作为一般伦理道德修养和政治理想层面的作用。在原始儒学那里，它是通过道德教育、理想教育去启发出人们遵守道德规范、追求理想社会的自觉。所以，儒学对于士大夫们的修身养性具有重大的意义和作用。可是，当儒学的一些主要内容被政治制度化以后，它就成了不管你自觉与否，自愿与否，都必须遵守的外在规范，因而它的修养意义和作用就大大地被减弱了。这样，儒学制度化方面的成功，却成了它在道德修养功能方面走向衰危的契机。

到了汉末，政治制度化了的儒学礼教，一方面成为束缚和压制人的自然感情的东西，一方面又成了那些伪君子沽名钓誉的工具，因而引起了人们的强烈不满。玄学乘此而起，调和名教与自然的矛盾，而其中又都强调以"自然"为本。并且在理论学说上，玄学也明确地提出了"道明其本，儒言其用"。所以，自从玄学诞生以后，儒学尽管在政治制度层面仍然保持着它的统治地位，而在思想修养层面的功能，却已为玄学或道家所取代。东晋南北朝以后，以至于隋唐时期，佛教思想的影响又超过了玄学，在士大夫的思想修养方面起着重要的作用。所以，从魏晋南北朝至隋唐五代末的约700年间，儒学只有那些体现为政治制度化方面的东西，在统治阶层的维护下继续起着作用。

尽管这一时期儒学文献方面的研究也并没有中断，但像唐代孔颖达编纂的《五经正义》之类的著作，除延续汉儒和玄学家的观点外，并没有多少新意。所以，儒学在人们的思想修养方面，也发挥不出多大的作用。后人在评论儒释道三教的社会功能时，常说："以佛治心，以道治身，以儒治世。"这种说法从一个侧面反映了在相当长的一段历史时期中，佛道的学说在人们的修身养性方面所起的作用远比儒学为大。

两汉时期儒学性格的重大变化，以及由此而发生的儒学的两个层面的社会功能的消长等，是很值得人们进一步深入研究和思考的问题。

3. 中国儒学发展的第三个阶段：以程、朱、陆、王等为代表的宋、明、清时期的性理之学的儒学

佛道学说对广大士大夫修养身心方面的巨大影响，引起了一部分儒者的不满与不安。他们认为，以佛道理论修身养性将使人们不守儒学礼法，从而危及王朝的统治秩序。于是，他们以佛教提倡出家有违忠孝之道，僧侣不仅不从事生产，而且其佛事活动、庙宇建筑等又劳民费财等为由，大肆进行辟佛。唐代著名文学家韩愈的辟佛言论，大致就出于这样的背景。但是，也有另一部分儒者则注意到了佛教理论并不是完全与儒学相冲突的，只要利用得好，可以与儒学互补，起同样的效果。如韩愈的好友、著名文学家柳宗元，就指出韩愈对佛教的批评是肤浅的，是"忿其外而遗其中，是知石而不知韫玉也"，即指责韩愈不懂得佛教理论中所包含着的精华。他认为："浮图诚有不可斥者，往往与《易》、《论语》合。诚乐之，其于性情奭然，不与孔子异道。"这是说，佛教中有些道理是与儒学的《易》《论语》中所说道理相合的，如果认真地研究和实践，它对人们性情修养所发生的作用，与孔子儒家所说的道理没有两样。而再有一些儒者则更为高瞻远瞩，他们借鉴佛道心性形上学理论，主动到儒学内部发掘可与佛道相抗衡的理论与经典根据，并据此建立起儒学的心性修养的形上学理论体系。

在这方面，韩愈的弟子李翱是最有远见卓识的。他说："性命之书虽存，学者莫能明，是故皆入于庄、列、老、释。不知者，谓夫子之道不足以穷性命之道，信之者皆是也。有问于我，我以吾之所知而传焉。遂书于书，以开诚明之源，而缺绝废弃不扬之道，几可以传于时。"这段话的大意是说，儒家关于探求性命原理的著作虽然存在，可是由于儒者不了解和不能发现，所以一般人都走向了佛、道。不了解情况的人，都以为儒学不足以探明性命的根本原理，许多人也信这种说法。现在有人向我提出这方面的问题，我将尽我所知告诉大家。于是我就写成文章，揭示出性命之学的源头来。这样，儒学中几乎断绝废弃的道理，也许能继续传下去。那么，李翱所发掘出来的，保存了儒学探求性命原理的，究竟是哪些经典呢，我们从他所著的三篇《复性书》中所征引和列举的内容看，主要是《易》和《中庸》。李翱的这番论述和发明，在儒学发展史上是具有重要意义的。《易》和《中庸》正是以后宋明性理学家发挥儒学性命形而上原理，并用以与佛、道抗衡的主要经典依据。被推誉为性理学开创者的北宋五子（周敦颐、张载、邵雍、程颢、程颐），无一例外地都是借阐发《易》理来建立他们的理论体系的。

性理学以继承尧、舜、禹、汤、文、武、周公、孔、孟的道统和复兴儒学为己任。不过，他们所要复兴的儒学，主要不是政治制度层面的儒学。因为，汉唐以来政治制度层面的儒学虽然也有某些变化，但作为社会政治制度的基础，它一直受到当权者的全力维护而并未中断。因此，性理学家所要复兴的儒学，主要是伦理道德、身心修养层面的儒学。他们希望重新发挥儒学道德修养方面的社会功能，夺回被佛、道占据了700年优势的身心修养、思想理论领域。再则，性理学所复兴的儒学，无论是在内容上还是在形式上，也都与先秦原始儒学有了很大的不同。

前面在说到原始儒学时，我们说它主要是一些具体的伦理道德规范、治国安邦的实践原则。也就是说，原始儒学告诉你的主要是日常行为中应该做些什么和怎么去做的规范、原则和方法。而对于为什么要这样做，尤其是这么做的根据何在等形而上学理论问题则很少探讨，有时即使说到一些，也十分简略。然而，在佛、道两家的学说中，则对世界、社会、人生等问题中的形而上学理论有较多和较深入的探讨。这也正是李翱所说的，人们"皆入于庄、列、老、释"的原因。性理学家接受了这个教训，所以他们在阐发原始儒学的基本实践原则时，竭力从形而上学理论方面给予提高。性理学是在构筑起了一套"天理""良知"的体系之后，才使儒学在形上学理论方面能与道家的"道"，佛教的"实相""佛性"等形上学理论体系相抗衡。

在把原始儒学的实践原则提升为一般形上学原理方面，最明显的例子就是对"仁"的阐发。前面我们列举了许多条孔子回答弟子们问仁的资料，其中无一不是具体的实践条目，然而，到了宋明性学家这里，除了这些具体实践条目外，增加了大量的形而上学原理。如程颐在论"仁"时曾说："医家以不认痛痒谓之不仁，人以不知觉不认义理为不仁，譬最近。"这个比喻表明，程伊川已把"仁"提升到了"义理"的高度。而所谓的提升到了"义理"高度，也就是把"仁"从具体的行为规范，提高到行为规范的"所以然"来认识。这也就是伊川所说的："故仁，所以能恕，所以能爱。恕则仁之施，爱则仁之用。"在孔、孟那里，"仁者爱人"，仁与爱是浑而为一的，仁即是爱，爱即是仁，并没有区分仁爱的性情体用关系。然而，到了性理学家手中，这种区分就成了首要的、原则的问题了。所以，伊川反复地强调，仁与爱之间存在着性情体用区别，是绝不容混淆的。他在一次答弟子问仁时说："此在诸公自思之，将圣贤所言仁处，类聚观之，体认出来。"孟子曰："恻隐之心，仁也。后人遂以爱为仁。恻隐固是爱也。爱自是情，仁自是性，岂可专以爱为仁，孟子言恻隐为仁，盖为前已言'恻隐之心，仁之端也'。既曰仁之端，则不可便遗之仁。退之言：'博爱之谓仁'，非也。仁者固博爱，然便以博爱为仁，则不可。"又说："恕者，入仁之门，而恕非仁也。"

朱熹进一步发挥了程氏的思想，而且把"仁"为"理"的道理讲得更加清楚。宋明清儒学之所以称其为性理之学，正是由于他们在理论上与原始儒学存在着如此巨大的差异。

宋明清性理之学对儒学的重大发展，是与它积极吸收和融合玄学、佛教、道教（和道家）的理论为己所用分不开的。理学所强调的"天理当然""自然合理"等，当然与玄学的"物无妄然，必由其理"，"依乎天理""天理自然""自然已足"等思想有联系。而理学核心理论中的"理一分殊""体用一源"等，又显然吸收于佛教，其中尤其是与佛教华严学中的"法界缘起"，以及"六相圆融""理事无碍"等理论的启发有关。至于王阳明著名的"四句教"："无善无恶是心之体，有善有恶是意之动，知善知恶是良知，为善去恶是格物"，则更是明显地表现了儒佛的融合。其中，前两句就是从佛教的"不思善不思恶""本性清净""念起欲作"等理论中变化出来的。通过这些基本理论的发展，性理学也大大地丰富了儒学的知识论和修养论理论。

宋明性理学的兴起和发展，确实在相当程度上恢复了儒学作为伦理道德、身心修养层面的社会功能，从而与作为政治制度层面的儒学相呼应配合，进一步强化了儒学在社会政教两方面的功能。宋明以后，儒学这种两个层面、两种社会功能的一致化，使得许多本来属于伦理修养层面的问题与政治制度层面的问题纠缠在一起而分割不清。而且由于伦理修养层面是直接为政治制度层面服务的，常常使得本来建立在自觉原则上的规范，变为强制人们接受的律条。而这种以"天理""良心"来规范的律条，有时比之明文规定的律条更为严厉。清代著名思想家戴震曾尖锐批评封建统治者利用性理学之"天理""良心"来置人于死地，它比之用明文规定的"法"来杀人更为利害，且无处可以申辩。所以说："人死于法，犹有怜之者；死于理，其谁怜之。"这是对性理学所引生出的社会流弊的深刻反映。

近代以来，特别是"五四"运动以来，人们对儒学进行了激烈的批判，斥其为"吃人的礼教"，高喊要"打倒孔家店"，等等。这在当时反封建制度的革命情势下，是完全可以理解的。但是，也应当看到，这种对儒学简单的全盘否定，也是不科学的。这里显然没有分清先秦原始儒学、两汉政治制度化和宗教化儒学与宋明性理学儒学这些不同历史发展阶段的儒学之间的质的区别。同时，显然也没有分清自汉以来，尤其是自宋明以来儒学所发展出来的两个不同层面及其不同的社会功能。

二、儒家道德修养观的主要内容

儒家道德修养观以人性论为理论基础。在人性论观点上，各家虽持不同主张，不管人性是善是恶，儒家认为，通过后天努力人是可以成为善人的。在儒家看来，人生修养主要是道德的自我修养，也就是保持人的本心，造就道德上的完满人格，最终实现人生的最高理想。

（一）儒家道德修养的目标

1. 完善人性的追求——止于至善

儒家相信人性本善，认为人性中存在着自我完善的内在根据。所以，人经过不断的修身努力，在现实世界就可以成就理想人格。儒家人性论认为性是自然的最高目的，人性之善也就是自然界至高无上的善，通过后天的学习、教育等过程，人性可以向更加完善的境界发展，最终达到一个共同的善的境界。正如《论语·大学》开篇所说："大学之道，在明明德，在亲民，在止于至善。""止于至善"是人"修身、齐家、治国、平天下"的最终目的。能否达到目的，取决于每个人的道德自觉性和主体的能动性。正如孔子所说："我欲仁，斯仁至矣。"作为主体的人，都蕴涵着自我完善和发展的潜能，通过后天的学习、受教育和个人努力，可以达到"成仁"的目的。由个人人性的完善——"止于至善"并进而实现"天下归仁"的共同的善。

2. 完满人格的目标——圣人君子

儒家道德追求的理想人格目标是成就圣人君子。这可以说是儒家追求的道德修养理想境界——"止于至善"目标的具体化。在儒家的思想观念中,圣人具有与天一样崇高而伟大的美德和功业。儒家认为,完善自己虽然重要,但更重要的是由内而外推,"修身、齐家、治国、平天下","修身"是出发点,"治国""平天下"是终点、是归宿。圣人承担着"为天地立心,为生民立命,为往圣继绝学,为万世开太平"的崇高使命,须有博大的胸怀,才能博施济众、行仁安民。

圣人如此高贵、神圣,即便是在孔子心目,也是不可企及的。"圣人,吾不得而见之矣;得见君子者,斯可矣。"因此,与圣人相比,君子作为一种理想道德人格形象更具代表性、普遍性,也更有感召力和现实性。君子这个概念更多的是"道德之称"。君子求道,君子之志在终生求道。道即"仁"道,所以,君子崇仁。所谓"仁",指的是社会中处理个人与他人、个人与社会关系的基本准则,是包括君子在内的一切人的精神原动力,是其他道德人格的基础。作为人格典范的君子,更应当对仁推崇备至。重义是成仁的内在要求。

3. 道德修养的最高价值目标——仁

儒家的修身思想主要是围绕仁来展开的,仁是其核心。人的本质就是仁,即所谓"修身以道,修道以仁"。孔子一生所追求的道就是仁道。儒家道德修养的最高价值目标就是成就仁德。孔子把仁视为做人的根本,甚至把仁看得比生命还重要。"志士仁人,无求生以害仁,有杀生以成仁。"孟子提出了以仁义为核心的修身思想。他说:"仁,人心也;义,人路也。"人心是仁,人路是义,内心修养达到了仁义境界,仁就会充塞于心中。进入宋、元、明、清时期,张载、程颢、朱熹、王夫之等人在孔、孟的基础上又进一步向前发展了以仁为核心的修身思想。

由此可见,儒家道德修养所追求的是真、善、美的完美境界。

(二)儒家道德修养的方法

1. 存养立志

在儒家看来,道德修养就是保持人的本心。只要努力修养就可以存其本性之善,并可达到更加完满的善的境界。因此,儒家道德修养特别重视立志。立志就是确立目标,使个体有明确的努力方向,以充分发挥主观能动性。孔子说:"三军可夺帅也,匹夫不可夺志也。""夫志,气之帅也;气,体之充也……持其志,无暴其气……我善养吾浩然之气……"儒家道德修养观倡导人们所立的志就是其道德修养所要达到的目标,即最终实现理想人格,达到理想的道德境界。

2. 自省忠恕

自省是儒家道德修养最根本、最重要的修养方法。孔子最先提出内省,并把能否坚持这样做看作区别君子与小人的主要标志,"君子求诸己,小人求诸人"。孔门大弟子曾参关于自省有一段著名的论述:"吾一日三省吾身,为人谋而不忠乎?与朋友交而不信乎?传不习乎?""君子博学而日参省乎己,则知明而行无过已。"儒家认为每个人都可能成为圣人,而最切近、最根本的方法就是从自己做起。

由反省自己进而推己及人,忠恕是儒家道德修养中用于处理人际关系的重要原则和方法。子贡问孔子:"有一言可以终身行之者乎?"孔子的回答:"其恕乎,己所不欲,勿施于人。"孔子在《论语·雍也篇》中还说过:"夫仁者,己欲立而立人,己欲达而达人。能近取譬,可谓仁之方也已。"这里的"己欲立而立人,己欲达而达人"和"己所不欲,勿施于人"有相似的含义,两句结合起来理解,则互为补充,更加严密而完善,可作为忠恕的内涵和解释及其要求。2000多年来,忠恕一直是儒家道德修养的重要内容,也是很重要的修养方法,并且至今对于人际关系的正确处理仍有实际的指导意义。

3. 克己慎独

关于克己,孔子有一句名言:"克己复礼为仁。"意思是说,每个人都应克制自己不正当的欲望、冲动情绪和不正确的言行,自觉遵守社会道德规范,即礼的规定,使自己的视、听、言、行都符合社会道德规范的要求,做到非礼勿视、非礼勿听、非礼勿言、非礼勿动。所以,克己是指自我克制、自我约束能力的培养。儒家认为只要每个人都能够按礼的要求来克制、约束自己,就可以使人人成为君子,全社会也就可以弘扬仁道,实现理想的大同世界。

所谓"慎独",《中庸》中说:"是故君子戒慎乎其所不睹,恐惧乎其所不闻。莫见乎隐,莫显乎微,故君子慎其独也。"君子对自己独自处事时都要特别慎重,要凭良心行事,也就是要防微杜渐,防患于未然。可见,慎独是对个人内心深处比较隐蔽的意识、情绪进行约束和自律的一种修养方式。它是在自省和克己的基础上,为使自我修养达到更高境界而提出的一种修养方式,是道德修养的最高境界。这种境界是在没有任何外在监督下完全自觉去履行道德义务,表现出行为者高度的自觉性和主动性。

4. 躬行践履

儒家所主张的自我修养,在强调自我思想改造的同时,还非常强调身体力行,躬行践履,通过实践在严酷的环境中锻炼成长,从而完善自己的人格,即要求主体做到言而有信、知行统一。如孔子就明确主张要"听其言而观其行",他告诫学生,衡量人的品德不能只听其言论,而应看其实际行动,要求学生做到言行一致,"言必信,行必果"。孟子则进一步指出:"天将降大任于斯人也,必先苦其心志,劳其筋骨，饿其体肤，空乏其身，行拂乱其所为，所以动心忍性，增益其所不能。"对于道德的修养不仅要身体力行，还要能自觉地接受各种严酷环境的磨炼和艰难挫折的考验。这样才可获得卓越的才能，形成完善的人格，达到崇高的道德境界。孟子的这一思想被儒家学者作为自我修养的座右铭，并已成为中华民族精神的重要内容。

二、儒家的人生模式——道德人生

1. 重视修身、尊崇君子的人格追求

治国齐家修身始。儒家讲求"修身"，并设定了一整套美德标准，如修德行仁、立志笃行、正直忠信、谦逊谨慎、与人为善、以德报怨、先义后利、爱人惜物等，还总结了许多修养的方法与途径，如诚意、正心、格物、致知、慎独、"日三省吾身"、闻过则喜、见贤思齐等。在人格培养方面，儒家提倡君子人格：君子"忧道不忧贫"，"谋道不谋食"，追求高尚的精神境界和道德完善，对物质没有过分要求；君子要重义轻利，"君子喻于义，小人喻于利"；君子应言行一致，"君子耻其言而过其行"，"君子欲讷于言而敏于行"；君子文质彬彬，"文质彬彬，然后君子"；君子还应该"修己以安人"，"修己以安百姓"，通过个人品质的修养来实现治国安民；君子应成全别人的好事，成就别人的真善美，而不成全别人的恶，"君子有成人之美，不成人之恶"；"君子上达，小人下达"君子的生命是向上发展和延伸的，小人则刚好相反；"君子坦荡荡，小人长戚戚"，君子的观念就深深地融入了中国文化之中，也深刻地影响了中国人的性格和思想，对于中国人人格世界的构成具有基础性的作用。

2. 关注现实、经时济世的入世追求

儒家直面现实的传统始于其始祖孔子。孔子生活在春秋末年"天下无道""礼崩乐坏"的动荡时代，传统的价值观和行为规范受到强烈的冲击，这促使他关注现实社会与现实生。孔子"不语怪力乱神"，他说"未能事人焉能事鬼""未知生焉知死"，对鬼神"敬而远之"。孔子强烈的现实主义精神对后世儒家影响深远，也催生出儒家积极的入世态度与佛道的避世以及把希望寄托于未来等有着鲜明的不同。儒家的入世突出地表现为儒学家们自身对政治的参与，对民生的关注，希望通过自身努力来为国为民效力，来"齐家治国平天下"。孔子强调"德治"，孟子推崇"仁政"，荀子主张"礼法并重"，董仲舒和后来的二程、朱熹、王阳明等人的学说无一不是从治国出发的入世之学。儒家的这种入世品格，表现了他们心怀天下、以天下为己任的担当意识和忧患意识，也启迪着后人志存天下，经邦治国，建

功立业。

3. "身任天下"、忧国忧民的忧患意识

苏轼说:"人生识字忧患始。"中国文化中的忧患意识萌芽于殷周之际。所谓忧患意识是指对国家对人民前途、命运的深切关心而表现为思想上、情感上的一种经常性的体心和思虑状态。《易传》中讲"安而不忘危",当政者应当居安思危,不可以因表面无事而沉迷安乐。春秋战国时期社会动荡不安,躁动于殷周之际的忧患意识被早期儒家发扬光大,并贯穿于儒学发展的始终。从中国历史上看,自孔子以来,儒家学者多对社会政治有强烈的忧患意识。孔子说:"人无远虑,必有近忧",他忧"德之不修,学之不讲,闻义不能徙,不善不能改,君子疾没世而名不称焉"。孟子说:"君子有终身之忧","生于忧患,死于安乐","乐民之乐者,民亦乐其乐;忧民之忧者,民亦忧其忧。乐以天下,忧以天下。"黄宗羲提出:"天下之治乱,不在一姓之兴亡,而在万民之忧乐。"顾炎武提出:"天下兴亡,匹夫有责"。儒家这种"忧道不忧贫"、忧天下而不忧个人的博大胸怀,源于儒家始终具有的对天下国家不可推卸的社会责任感和历史使命感,它成为一种优秀的传统文化,启迪、激励着后世之仁人志士以天下为己任,自觉地为国家分忧,为人民大众分忧。

4. 积极进取、自强不息的奋斗精神

《易经》云:"天行健,君子以自强不息。"儒家崇尚刚健有为、自强不息的精神。孔子十分推崇"刚毅有为"的品质。他高度肯定临大节而不夺,认为是刚毅的表现,所谓"三军可夺帅也,匹夫不可夺志也",也讲"士不可以不弘毅,任重而道远"。孔子一生"学而不厌,诲人不倦","发愤忘食,乐以忘忧,不知老之将至",为推行自己的政治主张,周游列国,虽遭冷嘲热讽和挫折打击,但从不灰心丧气,"不怨天,不尤人",以对崇高理想的不懈追求践行着"知其不可为而为之"。孟子也主张在"苦其心志,劳其筋骨饿其体肤,空乏其身"之时,"动心忍性,曾益其所不能",于逆境当中不屈不挠。荀子在《劝学篇》中强调发挥人的主观能动性,为实现人生目标而持之以恒、锲而不舍。儒家这种积极进取、弘毅有为的精神对塑造中华民族的性格起了积极作用。

5. 推己及人、"和而不同"的和谐人际关系

孔子极力推崇"仁",说"仁者爱人"。但这个"爱人"不是爱自己,而是"泛爱众",是对社会群体的爱,是"老吾老,以及人之老;幼吾幼,以及人之幼"的推己及人,是"己欲立而立人,己欲达而达人"的将心比心,是"己所不欲,勿施于人"的换位思考,是"达则兼济天下"的博大胸怀。儒家重"和",倡导人

与自然、人与社会、人与人和谐相处,所谓"心和""人和""天和"。以个人身心和谐为"心和",人际与社会和谐为"人和",人与自然和谐为"天和",三者合而为一为"太和"。推己及人正是"人和"的表现之一,它有利于调节与和谐人际关系。但与此同时,儒家又提出"和而不同",主张于和谐之中而又能保持自己独立的个性,彼此不同而又不彼此冲突,坚持自己的主张,也能够包容他人的主张,"和谐"以共生共长,"不同"以相辅相成。推己及人、"和而不同"是儒家处世智慧的高度体现。

三、儒家思想对中国文化的影响

1. "礼治"主义

儒家的"礼治"主义的根本含义为"异",即贵贱、尊卑、长幼各有其特殊的行为规范。只有贵贱、尊卑、长幼、亲疏各有其礼,才能达到儒家心目中君君、臣臣、父父、子子、兄兄、弟弟、夫夫、妇妇的理想社会。国家的治乱,取决于等级秩序的稳定与否。儒家的"礼"也是一种法的形式。它是以维护宗法等级制为核心,如违反了"礼"的规范,就要受到"刑"的惩罚。

"礼"起源于氏族社会的末期。西周时期,作为调整审会关系、维护社会秩序的重要规范,"礼"和"刑"共同构成了当时社会法律体系的基础。"礼"发挥积极主动的教化功能,"刑"则发挥消极被动的制裁功能。"礼"对于社会成员的举止言行提出正面的指导性要求,明确应该做什么,应该怎么做;而"刑"则对社会成员背离"礼"的行为进行必要的惩罚。儒家一贯主张礼是为政的重要基础,礼与治国密不可分。"人无礼则不生,事无礼则不成,国家无礼则不宁""礼之所兴,众之所治也;礼之所废,众之所乱也。国之治乱,全系于礼之兴废。"在周代,道德就形式来说,表现为大规模的、系统化的礼。但三代之礼不下庶人,在春秋时已然崩坏,无回复可能。在复杂的社会生活条件下,思想家们开始对道德规范加以解释和宣传,并使道德规范明确化、系统化。孔子主张维护周礼,想通过重建礼乐教化的努力,彻底转化现实政治权力结构,让互信互赖的道德意识取代强制性的通知模式而成为社会稳定的基础,这正是孔子德治思想的出发点和归宿。因此,孔子提出"为政先礼",认为礼是国之所以昌,人之所以立的根本。孔子把他的拥护礼的主张集中成为他所谓"正名"的理论,明确提出为政之道以"正名"为先,认为治理国家必须首先"正名"。"名不正,则言不顺,言不顺,则事不成,事不成,则礼乐不兴,礼乐不兴,则刑罚不中,刑法不中,则民无所措手足。"因此,"正名"是礼治秩序的秩序之名,就是以礼来约束自己的行为。但是通过"正名"

建立的"礼",仅仅是外在的强制性的制度,孔子认为,"礼"不仅应该是人们自觉地遵守的行为规范,也应该是人们内心的道德感情在外部的恰当表现。

2. 德治主义

德治主义是儒家创立的中国古代治国理论,被封建统治者长期奉为正统思想。儒家学说是由春秋时期鲁国人孔子创立的,最初指的是司仪,后来逐步发展为以尊卑等级的"仁"为核心的思想体系,儒家的学说简称儒学,是中国影响最大的思想流派,也是中国古代的主流意识。儒家学派对中国,东亚乃至全世界都产生过深远的影响。

儒家的"德治"主义就是主张以道德去感化教育人。儒家认为,无论人性善恶,都可以用道德去感化教育人。这种教化方式,是一种心理上的改造,使人心良善,知道耻辱而无奸邪之心。这是最彻底、根本和积极的办法,断非法律制裁所能办到。

德治主义是儒家创立的中国古代治国理论,被封建统治者长期奉为正统思想。儒家学说是由春秋时期鲁国人孔子创立,最初指的是司仪,后来逐步发展为以尊卑等级的仁为核心的思想体系,儒家的学说简称儒学,是中国影响最大的思想流派,也是中国古代的主流意识。儒家学派对中国,东亚乃至全世界都产生过深远的影响。

儒家基本上坚持"亲亲"与"尊尊"的立法原则,提倡"德治"。儒家的德治主义就是主张以道德去感化教育人。儒家认为,无论人性善恶,都可以用道德去感化教育人。这种教化方式,是一种心理上的改造,使人心良善,知道耻辱而无奸邪之心。儒家认为,用德治主义治国,是最彻底、根本和积极的办法,是法律制裁所能办到的。

其实,历代封建统治者虽然在口头上赞同儒家的德治德治主义,在实际行动上并没有去实施。尽管这样,德治主义这种治国理论对于维持封建社会的稳定起到一定作用,就是在现代社会倡导的法治,也需要建立在德治基础上,需要思想道德建设先行才能实现。

3. "人治"主义

儒家的"人治"主义,就是重视人的特殊化,重视人可能的道德发展,重视人的同情心,把人当作可以变化并可以有很复杂的选择主动性和有伦理天性的"人"来管理统治的思想。从这一角度看,"德治"主义和"人治"主义有很大的联系。"德治"强调教化的程序,而"人治"则偏重德化者本身,是一种贤人政治。由于儒家相信"人格"有绝大的感召力,所以在此基础上便发展为"为政在人""有治人，无治法"等极端的"人治"主义。

孔子把"仁"作为最高的道德原则、道德标准和道德境界。他第一个把整体的道德规范集于一体，形成了以"仁"为核心的伦理思想结构，它包括孝、弟（悌）、忠、恕、礼、知、勇、恭、宽、信、敏、惠等内容。其中，孝悌是仁的基础，是仁学思想体系的基本支柱之一。

儒家的一个重要思想基础是"天人合德"，认为人在社会生活中的表现是以天的本质属性为其本源的，故社会共同体之中的基本秩序和行为规范是人类社会效法天的自然道德。儒家思想的核心建构了一个涉及人们生活各个领域的行为准则、修养的理想目标，这在传统的自然经济模式、政治生活和日常生活中有着巨大而深远的影响。但是，人虽然"性相近也"，但"习相远也"。虽然人们都具有着来自于天的道德本性，但是在复杂的社会之中却很少有人能够保持自身的德性，更遑论成就完满的德性了。因此，只有在成就了完满德性的圣人的治理下，才会有好的政治。《礼记》篇记载："哀公问政。子曰：'文武之政，布在方策。其人存，则其政举，其人亡，则其政息。人道敏政，地道敏树。夫政也者，蒲卢也。故为政在人，取人以身，修身以道，修道以仁。'"

孔子的"为政在人"，就充分说明了一个国家政治的好坏关键就在治理国家的人，只有能够"推己及人、修身养性、经邦济世"的君主，才能够有圣明的政治。作为一种政治哲学，这种贤人政治强调了君主道德品质的重要性，孔子在《泰伯》篇中就多次赞颂了这种德性："巍巍乎，舜禹之有天下而不与焉！""泰伯，其可谓至德也已矣。三以天下让，民无得而称焉"，天子拥有至高无上的权利，但却一心只为百姓而不为自己，并且多次将天子之位让与认为比自己更有德性之人，人们都无法用语言来赞美了，这就是圣人的德性。在这样的君主的治理下，国家自是长治久安，国泰民安，所以孔子在《论语》中说："为政以德，譬如北辰居其所而众星共之。"圣人用其圣德来治理国家，那么这个国家就会强盛起来，就像空中被群星环绕的北极星一般。

孟子继承和发展了孔子的思想，进一步创立了"仁政"学说。他总结了历史经验，认为"为政在人"作为政治哲学为的是怎样治人，因此，对人的认识和人性的了解就至关重要。孟子以性善论立论，认为仁义礼智四德发端于人内心所固有的善端，是人的本质之所在，只要人能够通过学习深刻认识仁义礼智四德在个体生命中的地位和作用，就可以成就自身完满的德性。治理国家的君主只有本身是道德自觉的典范，才能妥善地治理国家。孟子人治思想的核心是"重民"，即君主在统治的过程中应该把百姓放在首位，"民为贵，社稷次之，君为轻"（《孟子》），崇尚仁德，才能使国家尊荣。

总之，君主必须重视"仁"和"礼"，并且要不断地提高自身的修养，如此才能保证统治秩序的有序和稳定。但是，这种人治的思想过于重视最高统治者自身的品行和修养，一切端看统治者是否为"贤人"。

"贤人政治"虽然存在着很大的弊端，但是，在中国两千多年的封建社会中，在"家天下"的古代中国，这种思想却占据着非比寻常的地位。在尊卑有别的社会里，君主的权力是绝对的，不受法律约束的，没有限制。在这样的背景之下，"贤人政治"的治国方略就显得十分重要。因为只有当国家的最高领导者也是绝对领导者是个贤明的君主，是儒家文化"仁"与"礼"理念的推崇者，并以此为基础治理国家，这个国家才会得到良好的治理。同时，君主"克己复礼"，百姓也会争相效仿，社会才会变成真正意义上的礼仪之邦。在某种程度上，"贤人政治"保证了社会的稳定和和谐，其影响也十分深远，时至今日，我国部分法律的制定也体现了为政者应具备的条件——德才兼备，体现了人治主义的基本要求与精义之所在。"贤人政治"可以说是儒家治国方略中十分重要的一环，在特定的时间内的确起到了积极的作用，加强了封建社会的统治，同时维护了封建社会的统治秩序。

第三节 中国传统道家思想

一、古代道家思想的演变过程

道家哲学影响到整个中国古代哲学的发展。在中国历史上，道家哲学有时被一些非官方儒学的重要人物改造与继承，如汉代的扬雄、桓谭、王充等；有时为官方儒学所汲收，如宋明理学；有时成为官方哲学或一个时代的统治思潮，如汉初的黄老学和魏晋玄学。此外，道家哲学还深深地影响到中国的道教与佛教两大宗教哲学思想的发展。道教尊老子为太上老君，奉《道德经》为道教基本经典，奉《庄子》为《南华真经》，并且用老庄哲学来论证道教的神仙学，建立了道教的宗教哲学体系。两晋时期的佛教般若学，则更是佛玄结合的产物。

1. 春秋老子之学

老子姓李名耳，字伯阳，又称老聃，楚国苦县（今河南鹿邑）人，是道家学派真正的创始人。东周时曾任管理藏书的官吏。后退隐，著《道德经》（又称《老子》），约5000言。"道可道，非常道；名可名，非常名"，老子最早提出"道"这一最高哲学概念的人。老子以"道"为天地万物的本原，认为一切由道而生，"道生一，一生二，二生三，三生万物。吾不知其名，字之曰'道'"。"道"为客观自然规律，同时又具有"独立不改，周行而不殆"的永恒意义。其政治主张是"无为"。老子生活在一个礼乐尽废的时代，"大道废，有仁义；智慧出，有大为；六亲不和，有孝慈；国家昏乱，有忠臣"。大道废弃才会提倡仁义，提倡智慧社会就会带来虚伪，正是因为六亲不和才会提倡孝慈，正因为国家混乱才会有忠臣。所以儒家提倡积极有为的人生价值，老子则认为正是"有为"导致国家混乱，故而追求"无为"的人生境界。百姓无知无欲就不会有争斗，有智慧者不敢为了，社会自然就会走向和睦稳定。"为无为，则无不治"，主张重回"小国寡民"的时代："邻国相望，鸡犬之声相闻，民至老死不相往来。"老子还提出了大量朴素辩证法观点。他以为一切事物均具有正反两面，"反者道之动"，并能由对立而转化，如"有无相生，难易相成，长短相形，高下相倾""祸兮福之所倚，福兮祸之所伏""以弱胜强""以静制动""以退为进"等思想都闪耀着智慧的光芒。此外，书中也有大量的民本思想："民之饥，以其上食税之多""民之轻死，以其上求生之厚""民不畏死，奈何以死惧之？"其学说对中国哲学发展具有深刻影响。

2. 战国庄子之学

庄子（约前309—前286），名周，字子休。战国中期宋国蒙人，做过蒙城小官，不久辞去。此后终身不仕。战国时期著名的思想家、哲学家、文学家，道家学说的主要阐发者。庄子的思想较为复杂，多保留在《庄子》一书中。在政治上，他激烈而深刻地抨击统治阶级，赞同老子的"无为而治"，希望人们知其不可奈何而安之若命"，"绝仁弃义""绝圣弃智"，主张放弃一切社会制度和文明成果，回归原始状态来消除人世纷争。哲学上，继承了老子关于无有的矛盾辩证观点，创造了"相对论"。他说大木梁丽被看做良材，是相对于筑城而言，如果用来堵塞小洞，那就成为一根废木；骐骥骅骝被看做良马，是相对于赶路而言，如果用于捉老鼠，它就不如野猫；猫头鹰被认为明察秋毫，是与夜晚相联系的，如果是在白天，它睁眼不见山丘。这些论点表明了他对事物存在相对性的深刻认识，具有辩证法思想。同时，庄子认为万物无时无刻不在变化之中，"方生方死，方死方生，方可方不可，方不可方可"，这种可变性又会带来认识和真理的相对性。既然事物的存在都具有相对性，那么就没有一种东西是真实存在的，只有无形、无声、无色、也无闻，即什么属性都没有，才是世界本然的、真实的存在。在生活态度上，庄子提出了顺应自然，自由超脱以实现"逍遥游"的人生哲学。"逍遥游"是庄子哲学中的一个重要概念，指达到个体精神解放的境界即无矛盾地生存于世界之中。庄子并不否认矛盾，只是强调主观上对矛盾的摆脱。庄子用"无为"来解释这一术语，与老子不同，这里的"无为"是指心灵不被外物所拖累的自由自在、无拘无束的状态。这种状态也被称为"无待",意为没有牵绊、束缚,无所等待。这时,人们抛弃了功名利禄,"乘天地之正,而御六气之辩,以游无穷",这句被普遍认为是《逍遥游》一篇的主旨,同时也是《庄子》一书的主旨。这是一种心与"道"合一的境界。

3. 西汉初年黄老之学

战国末年,经济残破,百废待兴。汉初的统治者吸取秦亡教训,大都喜好"黄老之术",实行与民休养生息的"无为"政治,以安定社会、恢复经济、缓和阶级矛盾,造成了黄老之学盛极一时。黄老之学是依托黄帝和老子的思想,兼"采儒墨之善撮名、法之要"而成的学说。道家学说在中国政坛上第一次大放异彩,成为新兴地主阶级的官方学术与指导哲学。汉武帝独尊儒术后,道家学派进入低潮,从此不再是中国主流思想,但道家一直在中国古代思想的发展中扮演重要角色。

4. 魏晋玄学

魏晋时期清谈渐盛,老庄思想和儒学相融合的玄学思潮,是道家思想的又一次勃兴。玄学家们以《老子》《庄子》《易经》为三玄,据之以著书立说。作为一门学问,简言之是处理自然和名教的关系。儒家贵名教,道家法自然。所谓名教与自然的关系就是儒家纲常礼法和道家自然无为的关系。二者是相对的,矛盾的。因而如何协调儒道使之能更好地为现实服务成了玄学家们的执着追求。这一思潮的兴起,一是由于两汉经学已无法调和社会予盾,二是汉魏时代战乱动荡,思想多元,当政者对于异已的大族名士严厉打击、知识分子无所适从的结果。

玄学代表人物早期是何晏、王弼,中期有嵇康和阮籍,后期是王衍。尤其以阮籍和嵇康等人组成的"竹林七贤"最为有名。他们为了速避现实,素尚空谈,追求虚无与玄远,用老庄的哲学思想解释儒家经典,给两汉以来保守的儒学注入了新鲜的血液,给中国的哲学文化领域带来了不同以住的自由、理性、思辨色彩。到东晋,玄学成为兼容儒释道各家思想的庞杂体系。

5. 隋唐以后道家思想的流播

道家一方面作为一个学术流派,从此在没有出现过独立的强大的社会思潮,另一方面又以曲折的形式存在和发展着,道家学说借助于道教得以兴盛与发展。

二、道家的人生模式——超脱的人生

道家给后世树立的是智慧大师的形象,具有高度的悟性,以宁静淡泊为操守,顺乎自然,向住自得,无为自适。道家的理想人格是隐士。

1. "不争""贵柔""处下"的生活智慧

《道德经》提出了一系列以退为进的处世智慧。老子八处谈到"不争"。第七十三章"天之道,不争而善胜";第八十一章"天之道,利而不害;圣人之道,为而不争";第二十二章"夫唯不争,故天下莫能与之争"。正因为不和人争,所以天下没有人和他争。"夫唯不争,故无尤",正因为不争,所以不招人怨恨。提倡谦让,不争强好胜,"人皆取先,己独取后""不敢为天下先。"不与人争,只强大自身,自然就不争而胜了。

老子特别尚水:"上善若水,水善利万物而不争。"最善的品性莫如水了,水滋润万物而不和万物争,但水却是最终的胜利者。你看大海和谁争了?它只是柔顺而处下把心量放大,所以百川归海。

老子主张"守柔"。在他看来,任何事物的存在和发展都不可避免地要经历一个从弱到刚强的过程,"人之生也柔弱,其死也坚强;草木之生也柔脆,其死也枯槁",柔标志着新生、生命力和发展的希望,而刚强则是衰退、败亡的征兆,所以"物壮则老""木强则折","守柔"使自己尽可能"长生久视"。

老子的生活智慧远不止这些,他还提出了知足常乐、功成身退等。他的这些思想不仅有利于个人缓解自身的生存压力,使人获得内心的平和与适足,而且可避免与他人发生冲突,使人际关系变得宽松和谐。

2. 求自我、求自由、求自然的人格追求

庄子是中国古代知识分子中第一个对于自由提出深刻思考的哲学家。庄子将老子道论的重点转移到讨论心灵的境界,追求精神上对世俗的超越。

一是从隐逸中求自由。庄子曾做过宋国漆园的管理员,辞职后表示终身不仕,"以快吾志",宁肯隐居陋巷,借米充饥,自编草鞋,过着清苦的生活,也不想应楚威王高薪聘请而赴楚相之位,以保持自己特立独行的人格。

二是从死亡中求自由。庄子妻死,他鼓盆而歌,称生死乃自然之道,庄子将死,弟子欲厚葬之,他却愿以天地为棺材。表现了他对死亡的深刻领悟和哲学洞见。

三是从无己无功无名、逍遥放达中求自由。庄子的精神追求,首先表现为出世追求。庄子认为,人之所以不自由有两个原因,一是有待,外在物质条件的束缚;二是有己,有自我意识,有己就会计较得失、苦乐,从而引起种种痛苦。庄子提出要实现绝对的逍遥自由,必须做到无待无己无功(不留恋功业)无名(彻底舍弃名位),才可以超越一切而作逍遥游,使自己独与天地精神往来,汪洋恣肆以适己。庄子又提出要以心斋和坐忘的功夫来面对世界。庄子否定理智的认识作用,认为只有通过神秘的直觉才能达到对道的认识。所以要摒弃心官知觉,通过集虚达到与道的契合,这就是所谓的"心斋"。懂得了心斋的道理,使心智专一虚静就能达到坐忘的境界。所谓"坐忘"就是彻底地忘掉一切，无古今之异，无生死之别，不管世间有多少矛盾、困苦，都不动心。

庄子潇洒出尘的人生理想只是表层，其内里却隐藏着对战争频繁、时局动荡而造成的困苦现实的不满。他的伟大在于能透过残酷的现实深入人的心灵深处，从自然中寻找一条自救的道路，把人从"与忧俱生"的人生困惑中，从种种绳索捆绑之下解放出来，教人把人生的种种负累统统卸下，从而获得宁静的自由和自适的心境。他的伟大还在于唤醒了沉睡的个体意识，引导自我求自然。道家在以前所未有的方式固守着人精神的尊严，辛勤地开垦着精神的荒漠。

在中国思想史上，庄子开启的这种对自然、对本真、对自我、对自由的追求，曾对魏晋风度、明末士风的形成产生过深刻影响。

魏晋名士嵇康、阮籍等生逢乱世，抱负才华得不到施展，转而寄情山水、心系自然，超然于物外。他们在思想上奉庄子为师，追求邈远，在精神上轻名淡利，崇尚自由，在行为上不拘小节，纵酒狂歌。那一派"烟云水气"而又"清远潇洒"的神韵风骨，构成了光照千古的魏晋风度，为后世所传扬。

3. 尊重生命、物我齐同的平等境界

与孔子、孟子、墨子等以人为中心认为万物只是相对于人来说才有存在的意义与价值不同，庄子站在"道无所不在"的基点提出了"万物一齐"的平等论，体现了更为丰富和通达的生命智慧，因而他成了古代中国最纯真自然的生命的歌者。在他的世界里，"天地与我并生，而万物与我为一"（《齐物论》），他乐于与蝴蝶为友，用心体悟鱼之乐，与参天古木托梦对话，与百年髑髅梦中交流；能够通晓并同情鲲鹏、野鹤、泥鳅、井蛙、蝼蚁、橘、柚、杂草、日月星辰等天地人间一切生命的喜怒哀乐，为它们悲悯，为它们礼赞，而后携带着它们与天地共舞，消融于大化之道中。庄子是伟大的自然之美的体验者，创造了一种生命平等的大美境界。清代学者胡文英在《庄子论略》中评庄子：心眼极冷，心肠极热。眼冷，故是非不管；心肠热，故悲慨万端。虽知无用，而未能忘情，到底是热肠挂住。

三、道家思想对中国的影响

1. 对中国传统政治的影响

道家对中国传统政治的影响主要体现在道家黄老派的理论和实践上。春秋战国时期，社会竞争加剧。为了顺应这种局势，黄老道家首先提出了法、术、势、利、力等概念，使先秦学术摆脱了理想主义的窠臼，开始走上了现实主义的道路。

2. 对传统法律制度的影响

道家思想作为中国传统文化的思想支柱之一，曾以黄老道家的形式在先秦和西

汉初期对中国古代法律制度产生了很大影响，以至于后世有人用道法家称呼黄老道家。

3. 对传统军事思想的影响

道家尤其是黄老道家，在致力于治身治国的同时，也对决定国家生死存亡的大事——战争给予了高度关注。所以《老子》《黄帝四经》《鹖冠子》《文子》《吕氏春秋》《管子》《淮南子》中均包括大量的军事思想，这些军事思想主要包括四个方面：第一，反战论；第二，不得已而战；第三，以奇用兵；第四，柔弱胜刚强。另外黄老道家普遍还有出"义兵"（即正义军队）的思想，而这些观点和思想对中国传统军事思想有很大影响，以至于后世许多人将《老子》《鹖冠子》当兵书看待，同时将张良、诸葛亮等具有相当军事谋略的人当成了道家。

4. 对传统科学技术的影响

中国的传统科学范式，始终在追求事物内在的道，而在道的追求中形成以道为核心，以天地人关系为主线，以自然为原则，以道、元气、阴阳、有无、自化等为基本概念的有机科学思想体系。

5. 对文学艺术的影响

道家思想尤其是道家老庄派对中国文学艺术的影响，超过了诸子百家，也超越了儒家思想和佛教思想，这种影响如此之大，至今仍然没有过时。许多近现代文学艺术大家，如鲁迅、郭沫若、胡适、周作人、林语堂、废名、施蛰存、沈从文、汪曾祺、范曾、阿城、韩少功、阎连科等，都曾受过道家深刻的影响，其作品中也有浓厚的道家意味。

此外，道家对中医、传统养生学、中华武术、茶道等也有巨大影响，自古以来就有"医道相通"的说法。这种影响最早可以追溯到黄老道家的典籍——《黄帝内经》，它是中国传统医学四大经典着作，后来的中医学和养生学则在先秦道家思想的基础上，吸收了《易经》和道教的诸多思想，以调阴阳，和气血、保精神为原则，以望闻问切为诊断手段，以运用调神、导引吐纳、四时调摄、风水环境、道乐书画，茶养、食养、药养、节欲、辟谷、食气等多种方法。

第四节 中国传统佛家思想

一、中国佛学的演变过程

佛教在中国也有着巨大的影响力。从古代印度传入我国之后，佛教大体上经历了汉魏两晋南北朝的孕育、隋唐的兴盛以及宋代以后向社会文化各领域渗透的三个阶段。

1. 两汉之际传入中国

佛教最初只是被当作黄老神仙方术的一种而在皇室及贵族社会中流传,一般百姓很少接触,也鲜有汉人出家为僧。东汉时佛事活动以外来僧人译经为主,经文将"三世实有"(即过去、现在和未来都是存在的)戒定慧和"万法性空"的认识带入中国。

2. 魏晋南北朝玄佛合流

这一时期佛教在统治者的倡导与支持下,很快在社会上传播开来,在与中国固有的思想文化相互冲突、相互融合中,佛教得到了迅速的发展。特别是社会政治的分裂与动荡不安,百姓的苦难与被拯救的渴望,为佛教的传播提供了良好的土壤。

佛教非常懂得入乡随俗,由于印度古代社会历史背景与中国相差甚大,所以佛教的思想内容、宗教仪式与中国的政治体制、文化传统、社会习俗有很多不适应的地方。比如佛教的教义与中国的国情是矛盾的:僧尼剃头、出家、不拜君亲、不行嫁娶,这与儒家的纲常伦理是相悖的。剃头有违"身体发肤,受之父母,不敢毁伤";出家有违"父母在,不远游";不嫁娶有违"不孝有三,无后为大";不拜君亲有违圣人礼仪之制等。因此,佛教传入中国后为求得生存和发展,就必须适应中国的国情。佛教之所以能成为中国传统文化的一个重要组成部分,与佛教的中国化是分不开的。

魏晋时期出现了一批中国的佛教学者,推动了佛教得以扎根于中国社会文化的同化过程,并在与玄学的合流中,创立了富有中国特色的佛教般若学派。一代高僧道安其高足慧远是当时崛起的中国第一代佛教学者中的俊佼者。

慧远(344—416年)是东晋时继道安之后的佛教领袖。长期高居庐山之上,聚徒讲学,组织译经,建斋立寺,倡导念佛。他的著作有《沙门不敬王者论》《明报应论》《三报论》等,努力调和佛法与名教的矛盾。他对佛教理论的贡献,主要在于结合中国本土观念,对佛教的因果报应说做出了创造性的解释。提出业有三报:现报、生报、后报。

晋宋之际佛学主导人物竺道生力主"顿悟成佛"以反对当时流行的渐悟成佛说。

3. 隋唐进入鼎盛期

随着隋朝结束分裂局面和唐朝政治经济文化的繁荣,佛教得到空前发展,进入创宗立派的新时期,成为与儒道鼎足而立的意识形态。主要流派有天台宗、法相宗、禅宗、净土宗等。

法相宗的创始人是玄奘，历史上流传的关于唐僧西天取经的故事就是以他的事迹为题材的。玄奘29岁西行印度取经，回国后从事翻译工作近20年，译出各种佛教经典1335卷。他注重对法相（事物现象）的分析，认为一切事物都不能离开识（即心）提出了"万法唯识"的观点。涉及众多认识论和心理学的问题，大大丰富了中国古代哲学的认识论。

华严宗的创始人是唐朝佛教大师法藏，因宗奉《华严经》而得名，法藏曾被武则天封为"贤首菩萨戒师"。华严宗的法界缘起或"四法界"说将佛教理论推向一个新的高度，在中国佛教史上具有广泛而深远的影响。特别是华严宗学说中包含丰富的辩证法思想，如本质与现象、一般与特殊、整体与部分的关系，都有精细的闸述，这对宋明理学的发展产生了直接影响。

禅宗是中国佛教的实践派，是最为典型的中国化的佛教宗派。禅宗的后人为了表示本宗的"法统"和源远流长，编造出28代的传法谱系。其实，真正的禅宗是由四祖道信创立、六祖慧能光大的。慧能是五祖弘忍的门下，出身贫寒，不识文字，但对佛教的见识却非常高超。在弘忍传授衣钵的测试中，慧能展示出远超神秀的悟性，故而得到弘忍的认可，回到岭南传授禅宗。其主要事迹和言论记载在《六祖坛经》中。慧能和神秀分别代表南北两宗，区别在于顿悟与渐修。唐宋以后，慧能的南宗不仅湮没了弘忍门下包括神秀北宗在内的其他各支脉，成为中国禅宗的唯一正宗，而且几乎成为中国佛教的代名词，对中国社会和文化产生了极为广泛而深远的影响。

禅宗提出了"自性是佛"的观点，认为人人都有佛性，"万法在自性"，也就是说，一切事情取决于人心。在见性成佛者的眼中，万物是已经超越理性分疏与善恶、美丑、真假对待的超经验的万物。这种不同体现在宋朝青原惟信禅师一段对自己人生的总结："老僧三十年前未参禅时，见山是山，见水是水。及至后来，亲见知识，有个入处。见山不是山，见水不是水。而今得个休息处，依前见山只是山，见水只是水。"（《五灯会元》）自从佛教传入和道家产生以来，儒家学说就一直处在低迷徘徊的状态，其正统地位不断受到冲击和挑战，在思想上缺乏创造性的突破与发展。即使是唐代中期的韩愈、李翱这样排佛倡儒的代表，一方面痛斥佛法害人，另一方面却不知不觉地摄取佛教的方法和思想。总之，隋唐佛教的发展拓宽了中国哲学的研究领域，丰富了传统哲学的思想宝库。

4. 入宋以后佛学的衰微与佛教的持续发展

入宋后，宋明理学在形成和发展过程中，大量吸收了佛教的思辨理论等有价值的东西，同时摒弃了佛教出世主义的价值取向，使佛教日益丧失了其理论的独特价值。同时，佛教为了生存与发展，日趋向宋明理学靠拢，强调与儒道的融合，其自身的理论学说也就日趋衰微。然而，由于人来以后大多数统治者的扶植利用，佛学衰微的同时佛教依然在持续发展。至明清，虽然佛教宗派大都名存实亡，但在与民间信仰和民俗的结合过程中，其某些教义却更加深入人心。"家家弥陀，户户观音"是当时佛教在民间流行的生动写照。

5. 明清佛教的停滞与居士佛学的兴起

明清时中国佛教几乎完全处于停滞阶段，但在居士和学者中却出现了一股研究佛学的风气，并形成了自身的特点。明代文学家宋濂、思想家李贽，清代大思想家王夫之等不仅信佛研佛，而且都留下了佛学方面的专著，是著名的佛教居士。在清代影响最大的佛教居士是创办了金陵刻经处的杨文会。著名学者章太炎、谭嗣同是其学生。

二、佛家的人生——空的觉悟

佛家是以慈悲大师的形象出现，济世度人，予乐拔苦。

1. 一切皆苦、放下便好的人生真谛

佛家认为众生之一切苦厄、诸般迷惑，皆因执着而产生。破执途径，不外"放下"二字，意即除去一切贪欲、邪念、妄想等，使自己达到了无牵挂的境界。

"放下"一词，最早见于《杂部经》："昔有梵志（出家人），双手持鲜花礼佛，求佛开示解脱之道。佛说：放下！梵志乃放下左手的鲜花。佛再说：放下！梵志复放下右手的鲜花。佛三说：放下！梵志不解佛意，乃向佛曰：'我已放下一切了，还有甚么要放下呢？'佛答：'汝须放下内六根、外六尘、中六识，放得干干净净，才是汝安身立命处。'"

昔五祖弘忍大师，为六祖慧能说《金刚经》，曾言世人"今天放下，明天却放不下；口头放下，内心仍放不下；心猿意马，放下之后又舍不得，如此辗转反复，始终放不下"。佛曰：修行者，只须放下，并无一法可得。放下迷即成觉，放下安心即现真心，放下烦恼即显菩提，放下差别即呈平等，放下污垢即见清净，放下生死即入涅槃，最后连"放下"之念亦放下，才达到彻底放下。到此境界，则心归本性，光洁如镜。

2. 行善止恶、慈悲为怀的价值取向

佛家以六道轮回说和因果报应说来劝导人们弃恶从善，积德积福。种善因必开善花结善果，种恶因必开恶花结恶果，今世行善来世为人或上天堂，今世为恶来世入地狱或变饿鬼、畜生等。同时，佛家认为人世的一切痛苦烦恼，皆由我们的身、

口、意所做的恶业造成，唯消除十恶，力行十善：不杀生、不偷盗、不邪淫、不妄语、不两舌、不恶口、不绮语、不贪欲、不嗔恚、不邪见，才能求得解脱，免除此生及来生烦恼。

慈悲是佛家的基本思想。佛家以慈悲为本。从佛祖释迦牟尼始，即以慈爱为怀，以悲怜为情，救众生脱离苦海，对以后的佛教产生了极大的影响，逐渐形成了佛家自觉觉人、自利利他的信念原则。他们喊出"我为十方人作桥，令悉踏我上渡去""我不入地狱谁入地狱"的口号，显示出慈爱悲壮的博大胸怀。

3. 不嗔不怒、忍辱负重的宽广胸怀

佛家把忍辱归为"六度"修行方法之一，要求对于所有有损于自己的言行都要不怒，能忍，忍是为了负重。"忍"是佛教的行为准则。儒家也讲"小不忍则乱大谋"，道家也主张忍让，三家构建的"忍"之境界深深地影响了中国人的处世方法。

清代何绍基在外地为官，有一次接到家信，得知家中因一墙基与邻人争吵，便立刻修书一封云："万里家书只为墙，让人三尺又何妨。万里长城今犹在，不见当年秦始皇。"他的家人读罢此书，立即让人三尺。对方深受感动，也让了三尺，一场纠纷在忍让中化解讲和。

三、佛教对中国文化的影响

佛教文化对中国文化的影响并不只限于宗教，它产生的影响程度之深、范围之广，大大超出了宗教之外，在哲学、文学、艺术等领域，都产生了深远的影响。

在哲学领域，中国古代哲学受佛教影响颇深。魏晋南北朝时期，般若学起先通过玄学传播，其后两者相互融合，最后玄学被般若学所取代。到了隋唐时期，佛教甚至超过儒学，成为最强大的思想潮流。唐末宋初，禅宗独盛，在当时的思想界占据重要地位。宋明理学的"理一分殊""明心见性"等思想，都是吸收了佛教思想的成果。中国古代的哲学思想，主要特征是不仅有浓郁的道德说教，还有诗意、唯美的内容，但对形而上的思考较少，并且逻辑性差。而佛教包涵了很多思辨的内容，蕴含了大量的逻辑分析方法和辩证法观点，这就大大丰富和深化了中国古代哲学。在佛教传入中国以后，佛教的思想，特别是佛教的唯识、般若思想，对中国古代哲学的逻辑理性和思辨精神的提升都起到了重要的作用。

在文学领域，佛教也产生了重大影响。由于许多汉译佛经具有文笔畅达、词句典雅、善用譬喻的特点，因此对于中国诗歌的影响极大。佛教中的"声明论"，即

语言学中的音韵学和训诂学，导致南朝音韵学上四声的发明和诗歌格律的制定，促进了南北朝的山水诗的发展，并推动了唐以来格律诗新体裁的开创。佛教思想，尤其是般若空观和禅宗禅理，也开拓了诗歌的意境，使诗歌的面貌更多样化。佛教对中国古代小说的发展也起到了推动作用。为了便于给一般不识字的百姓讲说佛经故事，宝卷、讲俗等由此产生，促进通俗小说的发展。总体来说，中国小说形式、内容、取材和观念的发展变化，都受到了佛教的影响。

在艺术领域，佛教更是在中国古代的绘画、建筑、雕塑都刻下了烙印。汉明帝时期是我国佛像、佛寺、壁画三大艺术的肇始。这是以从印度带来的佛像置于洛阳白马寺中，并在佛寺画千乘万骑绕塔三匝图于壁为标志的。佛教对于绘画方面的影响表现在题材、绘画技巧和观念上。受禅宗影响产生的"禅画"，对唐宋以后的山水画及人物画产生了极大影响。佛教思想下产生的绘画与中国古代绘画强调写实的"工笔画"是完全不同的。王维是这方面的代表之一。他将自己参禅所领悟到的意境结合到诗画中，因此他的画以气韵为主，表现了高远淡泊的"南宗"画风。在禅宗精神影响下产生的绘画，脱离了死板的风格，与大自然结合在一起。唐宋至明清的画坛，凡是有名作和名气的画家，都深受佛教思想影响。他们的作品往往深远宁静，大有超然物外的意境。禅宗几乎与绘画同盛衰，这也算是中国画史上的一大特殊现象了。至于建筑方面，中国早期寺庙的建筑格局是以供奉佛舍利的佛塔为中心的，佛塔是建筑的主体，僧舍和寺庙一般在佛塔的周围修建。这与古印度寺院的建筑风格与要求一脉相承。唐宋时期，寺院建筑形成了独特的格局：从建筑形式上看，塔在殿的后面。宋朝时期，寺院建筑的格局开始盛行"伽蓝七堂"，如佛殿、法堂、僧房、库房、山门、西净、浴室。南方的寺院有不少是修建在山里，因此常常是借势而建，上高下低。寺院建筑通常气势磅礴，规模宏大，形成了层层叠叠的纵深之感。有的寺院在建筑的构想上十分巧妙，他们使用厅、台、楼、阁、长廊等建筑设施连接整个寺院，院内种植有花草树木，荷花池、果树、苗圃、菜园、茶园等，以鹅暖石铺成小路，构成了寺院的外部环境与内部建筑，以及修行者之间所形成的特殊关系，相互关联，彼此呼应，体现了"曲径通幽处，禅房花木深"的清净、安详、自然、朴素、优美和谐的意境。中国古代的建筑，注重精美而不求实用。如房屋前后的陈列布置，左右的点缀，均有说法，不是西洋以实用为目的的建筑物可比。因此，一般佛寺结构的精致，气派的庄严，气势的弘伟，都是仿效印度原始佛教的状态。至于中国各地遍布着的佛塔，更能代表佛教的精神，给人神圣崇高之感。中国古代的塑像及铸像也是以佛教的传入为契始的。敦煌石窟之佛像与壁画，形态十分逼真，人物栩栩如生，甚至有飘飘然欲飞之势，实在是中国艺术界的无价珍品。此后经数代的发展变化，至盛唐时，三大艺术终于达到灿烂辉煌、登峰造极的程度，至今仍是中华文化中的瑰宝。

在风俗方面，中国的传统习俗也受到佛教的渗透和影响。由于佛教强调因果报应、轮回转世、西方净土、饿鬼地狱和吃素念佛等观念，一些与之相对应的民间习俗也就随之产生。由于中国人重视孝道，因此中国佛教的特色之一便是为死去的亲人诵经念佛以便超度亡魂。佛教谈论的孝，不仅要求侍奉供养，更要使其止恶行善，进而了生脱死，离苦得乐。也因此，佛教提倡的"孝"扩大并充实了中国孝道的内容。佛教还对中国的传统节日产生了影响。如元宵节是释迦牟尼降服众妖魔的日子，因此元宵节要点花灯，灯火辉煌象征着世界的光明和美好。佛教寺院种茶和饮茶的风气也推进了民间茶文化的发展。因为坐禅是佛教徒日常中的重要环节，而坐禅要求头正背直，静心专一。这样长时间静坐，容易导致疲劳困倦，需要清心提神，因此饮茶是达到这一要求的最好的途径。特别是在禅宗盛行之后，很多禅寺中还专门设了茶堂，把它作为禅僧讨论佛理，招待宾客，品尝名茶的地方。事实上，我国的许多名茶，最初也是产于寺院的。比如碧螺春茶，是由江苏洞庭山碧萝峰水月院僧人首先制作的，它的原名是"水月茶"。通过饮茶，禅师能够把自己与自然融为一体，在茶中得到一种领悟。禅师在茶宴上，谈佛经与茶道，并赋诗，把佛教与茶道融合在一起，拓宽了中国传统茶文化的内容。

此外，中国传统音乐也受到了佛教的影响。我国古代就十分重视音乐，认为音乐有怡悦性情、改善民心的作用。佛教音乐被称为"梵呗"，它对佛教的传播起到了重大作用。僧侣起初用民间或宫廷乐曲改编而成的佛曲，由善于歌唱的僧人进行创新，形成了新的佛曲，促进了中国佛教音乐的不断发展。唐代音乐吸收了天竺乐、龟兹乐、安国乐等来自佛教国家的音乐，佛教音乐更为繁荣，尤其琵琶演奏的艺术已经达到了出神入化的境界。唐代音乐至今还有少部分保存在某些佛教寺庙中。到了宋元时期，器乐演奏开始盛行起来，而佛教也较多地采用这一通俗形式来颂扬佛、菩萨，并以此来吸收更多的佛教信徒。因此佛教音乐对保存和发展民间音乐起到了积极的作用。明清时期，众多城市及农村集镇不断兴起，各种民间音乐形式普遍得到发展，其中也包含了佛教音乐的元素。

文化的交流是双方面、相互的。佛教文化在对中国文化产生影响的同时，佛教文化也受到了中国文化的影响。二者相互促进，才导致了佛教中国化和中国化佛教盛行的局面。

文化沙龙

一、调查交流

1. 搜集中国古代"修身安人"的故事，制作成课件，在课堂上与其他同学交流。

2. 儒家认为人性本善，要衡量人的行为善恶的标准就是义。"君子喻于义，小人喻于利"（《论语》）。金庸的武侠小说就是以义为标准来划分人物善恶的。请你阅读《射雕英雄传》等小说，并结合中国传统哲学的价值取向，从义和利的角度分析一个你所喜欢的侠士形象。

二、争鸣空间

1. 汶川地震的发生，再一次引起了人们对人与自然关系的关注。中国科学院院士、著名理论物理学家何祚庥在接受《环球》杂志的专访时，阐述了他对人类和大自然的关系所进行的哲学思考。他指出："批评科学主义，认为人类不该利用科学来有所作为，反映到人和自然的关系，就是敬与畏，不要老想去改造自然。这就在实际上走向了反科学。"报道该专访的文章《人类无须敬畏大自然》在《环球》杂志发表以后，立刻引来了环保人士的强烈反击。紧接着，社会上出现了一场有关"敬畏自然"的争论。你是如何看待"道天而胜天"这一观点的？说出你的道理。

2. 关于儒学是不是宗教的问题，文化界已经争论了近一个世纪之久。根据你掌握的儒学和宗教相关知识，你认为儒学是不是宗教呢？为什么？

三、妙笔生花

道家崇尚"清水出芙蓉，天然去雕饰"，大自然的鬼斧神工往往比人类的精雕细琢更让人叹服。请你选取自己记忆中最美的一处自然景致，写一篇文章。

四、旧瓶新酒

1. 2011年5月，山西太原文庙内上演一场人体彩绘秀。三名半裸、身绘中国传统国画的女模特，在供奉孔子像的大成殿前"搔首弄姿"，展示人体艺术，有如一名身披轻纱、手持绢宫扇的女子。活动受到了众多摄影爱好者的追捧，但仍有一些市民对此颇有异义。文庙即孔子庙，是祭祀孔子的地方。一位市民说，感觉这场活动挺大胆的,在文庙里展示人体艺术"似有不妥",而主办方认为这是在展示儒家精神。你的观点是什么?请用儒家思想回应此事。

2. 当今中国存在慈孝不对等、生养教不对等的道德困境与伦理风险,需要挖掘中国古代传统中的亲子伦理资源,构建新时代体现爱、责任和关怀等价值原则的亲子伦理。请你以儒家孝道观为主题,写一篇小论文。

五、知识拓展

1. 文化景点

2500多年前,在山东曲阜诞生了儒家创始人孔子,使这个东方小城披上了浓重的文化色彩,如今被尊奉为世界三大圣城之一。请利用假期到曲阜走一走,看一看,感受一下儒家文化的氛围,重温一下孔子的思想和智慧。

2. 观看电影

《不肯去观音》是央视主流媒体第一次在重要时间段播放的佛教题材电影。请在网上下载此部电影并观看,思考什么是佛教的慈悲。

第三单元 中国传统文学

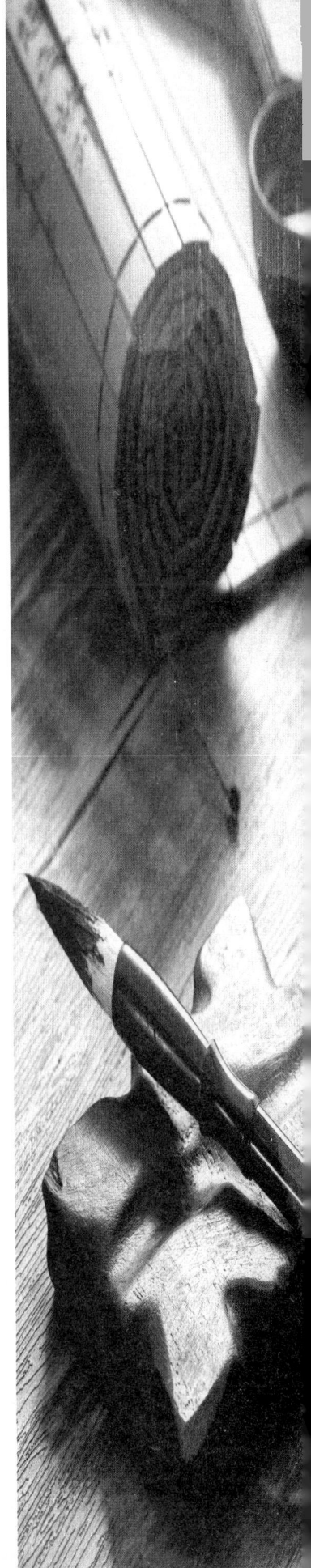

单元导语

2016年11月30日,习近平在中国文联第十次全国代表大会、中国作协第九次全国代表大会开幕式上的讲话中说:

古往今来,世界各民族无一例外受到其在各个历史发展阶段上产生的文艺精品和文艺巨匠的深刻影响。中华民族精神,既体现在中国人民的奋斗历程和奋斗业绩中,体现在中国人民的精神生活和精神世界中,也反映在几千年来中华民族产生的一切优秀作品中,反映在我国一切文学家、艺术家的杰出创造活动中。

在每一个历史时期,中华民族都留下了无数不朽作品。从诗经、楚辞、汉赋,到唐诗、宋词、元曲、明清小说等,共同铸就了灿烂的中国文艺历史星河。中华民族文艺创造力是如此强大、创造的成就是如此辉煌,中华民族素有文化自信的气度,我们应该为此感到无比自豪,也应该为此感到无比自信。

知识精讲

第一节　中国传统诗歌

诗歌是中国文学中最早成形的文学体裁，发展也最为充分。现存的上古歌谣生动地反映了中国先民的生活情况和内心祈愿，简短、生动的形式，也已表现出中国民族语言的力量。中国传统诗歌，一般称作旧诗，是指用文言文和传统格律创作的诗，是广义的中国古代诗歌，可以包括各种中国古代的韵文如赋、词、曲等，狭义则仅包括古体诗和近体诗，是人类许多民族在语言的发展中产生的一种文化表现形式。

我国最早的诗歌总集是《诗经》，其中最早的诗作于西周初期，最晚的作品成于春秋时期中叶。战国时期，南方的楚国华夏族和百越族语言逐渐融合，其诗歌集《楚辞》突破了《诗经》的一些形式限制，更能体现南方语言的特点。汉代时乐府诗形成，乐府诗配音乐演唱，相当于现代的歌词。这种乐府诗称为"曲""辞""歌""行"等。三国时期以建安文学为代表的诗歌作品吸收了乐府诗的营养，为后来格律更严谨的近体诗的出现和发展奠定了基础。到了唐代，中国诗歌出现了四句的绝句和八句的律诗。律诗押平声韵，每句的平仄、对仗都有规定。绝句的规定稍微松一些。在宋代达到顶峰的词也是诗歌的一种重要形式，词的格式要依从一些固定的词牌，以便于配以乐曲演唱。自元代始，中国诗歌的黄金时期逐渐过去，文学创作逐渐转移到戏曲、小说等其他形式，但元代的散曲也是诗歌的一种表达形式。

一、《诗经》

《诗经》是中国最早的一部诗歌总集，先秦时期称"诗"或"诗三百"，它收集了自西周初年至春秋中叶大约500多年的305篇诗歌，有6首只有题目。西汉时被尊为儒家经典，是儒家尊为"六经"之一，始称《诗经》并沿用至今。音乐上分为风、雅、颂三部分。其中"风"是地方民歌，有15国风，共160首；"雅"主要是朝廷乐歌，分大雅和小雅，共105篇；"颂"主要是宗庙乐歌，有40首。其表现手法主要是赋、比、兴。"赋"就是铺陈（敷陈其事而直言之也），"比"就是比喻（以彼物比此物也），"兴"是启发（先言他物以引起所咏之词也）。"风""雅""颂"和"赋""比""兴"合称《诗经》的"六义"。《诗经》思想和艺术价值最高的是"风"，"饥者歌其食，劳者歌其事"，《七月》《无衣》《氓》就是"风"的代表作。《诗经》对后代诗歌的发展有深远的影响，成为我国古典文学现实主义传统的源头。

《国风·豳风·七月》是《诗经·国风》中最长的一首诗。此诗反映了周代早期的农业生产情况和农民的日常生活情况，不仅有重要的历史价值，也是一首杰出的叙事兼抒情的名诗。全诗共分为八章。第一章从岁寒写到春耕开始；第二章写妇女蚕桑；第三章写布帛衣料的制作；第四章写猎取野兽；第五章写一年将尽，为自己收拾屋子过冬；第六章写采藏果蔬和造酒，这都是为公家的，为自己采藏的食物是瓜瓠麻子苦菜之类；第七章写收成完毕后为公家做修屋或室内工作，然后修理自家的茅屋；第八章写凿冰的劳动和一年一次的年终燕饮。此诗通篇用"赋"的手法，围绕着一个"苦"字，按照季节的先后，从年初写到年终，从种田养蚕写到打猎凿冰，反映了一年四季多层次的工作面和高强度的劳动，语言朴实无华，完全是用铺叙的手法写成的，语调凄切清苦，仿佛是在哭吟着一部沉重的历史。

在《诗经》大量的战争题材作品中，《秦风·无衣》一诗以其高亢的曲调和独特的表现方式受到人们的重视。这是一首激昂慷慨、同仇敌忾的战歌，表现了秦国军民团结互助、共御外侮的高昂士气和乐观精神，其独具矫健而爽朗的风格正是秦人爱国主义精神的反映。全诗共三章，采用了重章叠唱的形式，叙说着将士们在大敌当前、兵临城下之际，他们以大局为重，与周王室保持一致，一听"王于兴师"，磨刀擦枪、舞戈挥戟，奔赴前线共同杀敌的英雄主义气概。

《卫风·氓》是春秋时期的一首民歌。春秋时期生产力还相当落后，妇女在家庭中经济上不独立，人格上形成对男子的附属关系，男子一旦变心，就可以无所顾及地将她抛弃。当时作为封建生产关系和等级制度的观念形态也逐步形成，妇女的恋爱和婚姻常常受到礼教的束缚、父母的干涉和习俗的责难，进一步形成了对妇女的精神桎梏。《卫风·氓》这首诗正是反映了一个痴情女子负心汉的故事，以一个女子之口，率真地述说了其情变经历和深切体验，是一帧情爱画卷的鲜活写照，也为后人留下了当时风俗民情的宝贵资料。

这是一首短短的夹杂抒情的叙事诗，将一个情爱故事表现得真切自然。诗中女子情深意笃，爱得坦荡，爱得热烈。即便婚后之怨，也是用心专深，一个善解人意、勤劳聪慧、果敢率真、通情明义的鲜明形象跃然纸上。在婚前，她怀着对氓炽热的深情，勇敢地冲破了礼法的束缚，毅然地嫁给氓，这在当时来说，是一件很勇敢的事。按理说，婚后的生活应该是和睦美好的。但事与愿违，她却被氓当牛马般使用，甚至被打被弃。原因就是当时妇女在社会上和家庭中都没有地位，而只是丈夫的附庸。这种政治、经济的不平等决定了男女在婚姻关系上的不平等，使氓得以随心所欲地玩弄、虐待妇女而不受制裁，有抛弃妻子解除婚约的权利。"始乱终弃"四字，正可概括氓对女子的罪恶行为。因此她虽曾勇敢地冲破过封建的桎梏，但她的命运，终于同那些在"父母之命、媒妁之言"压迫下逆来顺受的妇女命运，很不幸地异途同归了。"士之耽兮，犹可说也；女之耽也，不可说也！"诗人满腔愤懑地控诉了这社会的不平，使该诗的思想意义更加深化。诗中女主人公的惨痛经历，可说是阶级社会中千千万万受压迫受损害的妇女命运的缩影，故能博得后世读者的共鸣。

二、《楚辞》

《楚辞》是最早的浪漫主义诗歌总集及浪漫主义文学源头。"楚辞"之名首见于《史记·酷吏列传》，可见在汉代前期已有这一名称。其本义是泛指楚地的歌辞，以后才成为专称，指以战国时楚国屈原的创作为代表的新诗体。西汉末年，刘向将屈原、宋玉的作品以及汉代淮南小山、东方朔、王褒、刘向等人承袭模仿屈原、宋玉的作品汇编成集，计十六篇，定名为《楚辞》，是为总集之祖。全书以屈原作品为主，其余各篇也是承袭屈赋的形式，以其运用楚地（注：即今湖南、湖北一带）的文学样式、方言声韵和风土物产等，感情奔放，想象奇特。具有浓厚的地方色彩，故名《楚辞》，对后世诗歌产生深远影响，其中以《离骚》最具代表性。

《离骚》是战国时期诗人屈原创作的诗篇，是中国古代最长的抒情诗。此诗以诗人自述身世、遭遇、心志为中心。前半篇反复倾诉诗人对楚国命运和人民生活的关心，表达要求革新政治的愿望和坚持理想、虽逢灾厄也决不与邪恶势力妥协的意志；后半篇通过神游天界、追求理想的实现和失败后欲以身殉的陈述，反映出诗人热爱国家和人民的思想感情。全诗运用美人香草的比喻、大量的神话传说和丰富的想象，形成绚烂的文采和宏伟的结构，表现出积极的浪漫主义精神，开创了中国文学史上的"骚体"诗歌形式，对后世产生了深远影响。

全诗的主题思想，即通过诗人为崇高理想而奋斗终生的描写，强烈地抒发了他遭谗被害的苦闷和矛盾的心情，表达了他为国献身的精神以及与国家同休戚共存亡的真挚的爱国主义和同情人民的感情，表现了他勇于追求真理和光明、坚持正义和理想的不屈不挠的斗争精神；同时深刻地揭露了以楚君为首的楚国贵族集团腐朽黑暗的本质，抨击他们颠倒是非、结党营私、谗害贤能、邪恶误国的罪行。

与《诗经》古朴的四言体诗相比，楚辞的句式较活泼，句中有时使用楚国方言，在节奏和韵律上独具特色，更适合表现丰富复杂的思想感情。《楚辞》对整个中国文化系统具有不同寻常的意义，特别是文学方面，它开创了中国浪漫主义文学的诗篇，因此后世称此种文体为"楚辞体""骚体"，四大体裁诗歌、小说、散文、戏剧皆不同程度存在其身影。

三、汉乐府

乐府是自秦代以来设立的配置乐曲、训练乐工和采集民歌的专门官署，汉乐府指由汉时乐府机关所采制的诗歌。这些诗原本在民间流传，经由乐府保存下来，汉人叫做"歌诗"，魏晋时始称"乐府"或"汉乐府"。后世文人仿此形式所作的诗，亦称"乐府诗"。它是继《诗经》《楚辞》而起的一种新诗体。

汉乐府是继《诗经》之后，古代民歌的又一次大汇集，不同于《诗经》的是，它开创了诗歌现实主义的新风。汉乐府民歌中女性题材作品占重要位置，它用通俗的语言构造贴近生活的作品，由杂言渐趋向五言，采用叙事写法，刻画人物细致入微，创造人物性格鲜明，故事情节较为完整，而且能突出思想内涵着重描绘典型细节，开拓叙事诗发展成熟的新阶段，是中国诗史五言诗体发展的一个重要阶段。汉乐府在文学史上有极高的地位，其与《诗经》《楚辞》可鼎足而立。

两汉乐府诗的作者来自不同阶层，诗人的笔触深入社会生活的各个层面，因此，社会成员之间的贫富悬殊、苦乐不均在诗中得到充分的反映。《东门行》《妇病行》《孤儿行》表现的都是平民百姓的疾苦，是来自社会最底层的呻吟呼号。有的家里"盎中无斗米储，还视架上无悬衣"，逼得男主人公不得不拔剑而起，走上反抗道路（《东门行》）。有的是妇病连年累岁，垂危之际把孩子托付给丈夫；病妇死后，丈夫不得不沿街乞讨，遗孤在家里呼喊着母亲痛哭（《妇病行》）。还有的写孤儿受到兄嫂虐待，尝尽人间辛酸（《孤儿行》）。这些作品用白描的笔法揭示平民百姓经济上的贫穷，劳作的艰难，并且还通过人物的对话、行动、内心独白，表现他们心灵的痛苦，感情上遭受的煎熬。《东门行》的男主人公在作出最终抉择之后，不得不割舍夫妻之爱、儿女之情，夫妇二人的对话是生离死别的场面。《妇病行》中的病妇临终遗嘱伤心刺骨，而丈夫无力赡养遗孤的愧疚、悲哀，也渗透于字里行间。至于《孤儿行》中的孤儿，因不堪忍受非人的待遇，竟然有生不如死的想法，小小年纪便对命运已经完全丧失信心。两汉乐府诗在表现平民百姓疾苦时，兼顾表现对象物质生活的饥寒交迫和精神、情感世界的严重创伤。尤其可贵的是，诗的作者对于这些在死亡线上挣扎的贫民百姓寄予深切的同情，是以恻隐之心讲述下层贫民的不幸遭遇。

《鸡鸣》《相逢行》《长安有狭斜行》三诗，与《东门行》等三篇作品迥然有别，它们展示的是与苦难世界完全不同的景象，把人带进另一个天地。这三首诗基本内容相同,都是以富贵之家为表现对象;三首诗的字句也多有重复,最初当是出自同一母体。《相逢行》的作者犹如一位导游人员,两度把人引入侍郎府。第一次见到的是黄金为门,白玉为堂,堂上置酒,作使名倡,中庭桂树,华镫煌煌。第二次见到的是鸳鸯成行,鹤鸣嗷嗷,两妇织绵,小妇调瑟。这首诗在渲染主人富有的同时,还点出了他的尊贵身份:"兄弟两三人,中子为侍郎。"这是一个既富且贵的家庭,而且富贵程度非同寻常。黄金为门,白玉为堂,富埒王侯,不是一般的富,而是巨富。侍郎是皇宫的禁卫官或天子左右侍从,是皇帝信任的近臣,其特殊地位不是普通朝廷官员所能相比。《鸡鸣》和《长安有狭斜行》把表现对象的显赫地位渲染得更加充分,或云:"兄弟四五人,皆为侍中郎",或云:"大子二千石,中子孝廉郎。小子无官职,衣冠仕洛阳。"诗中的富贵之家不只是一人居官,而是兄弟几人同时宦达;所任官职也不限于俸禄为 400 石的侍郎,而是秩达 2000 石的高官显宦。《相逢行》和《长安有狭斜行》二诗,作者是用欣赏的笔调渲染富贵之家。《鸡鸣》一诗则警告豪门荡子不要胡作非为,以免触犯刑律,带有劝谏和批判的成分。上述三诗对富贵之家气象的展现,对中国古代文学创作具有示范性,后来许多同类作品都是以此作为蓝本。黄金为门,白玉为堂,到《红楼梦》中演变成贾府的"白玉为堂金作马"。

表现平民疾苦和反映富贵之家奢华的乐府诗同被收录在相和歌辞中,这就形成对比鲜明、反差极大的两幅画面。一边是饥寒交迫,在死亡线上挣扎;另一边是奢侈豪华,不知人间还有忧愁事。一边是连自己的妻儿都无法养活;另一边是妻妾成群,锦衣玉食,而且还豢养大群水鸟。这两组乐府诗最初编排在一起带有很大的偶然性,它们的客观效果是引导读者遍历天堂地狱,领略人间贫富悬殊、苦乐不均的两极世界。

汉代乐府诗还对男女两性之间的爱与恨作了直接的坦露和表白。爱情婚姻题材作品在两汉乐府诗中占有较大比重,这些诗篇多是来自民间,或是出自下层文人之手,因此,在表达婚恋方面的爱与恨时,都显得大胆泼辣、毫不掩饰。曲辞收录的《上邪》系铙歌 18 篇之一,是女子自誓之词:"上邪!我欲与君相知,长命无绝衰。山无陵,江水为竭,冬雷震震夏雨雪,天地合,乃敢与君绝。"这首诗用语奇警,别开生面。先是指天为誓,表示要与自己的意中人结为终身伴侣。接着便连举五种千载不遇、极其反常的自然现象,用以表白自己对爱情的矢志不移,其中每一种自然现象在正常情况下都是不会出现的,至于五种同时出现,则更不可能了。作品由此极大地增强了抒情的力度,内心的情感如火山爆发、如江河奔腾,没有任何力量能够遏止。两汉乐府诗中的女子对于自己的意中人爱得真挚、热烈。可是,一且发现对方移情别恋,中途变心,就会变爱为恨,果断地与他分手,而绝不犹豫徘徊。另一篇铙歌《有所思》反映的就是未婚女子这种由爱到恨的变化及其表现。女主人公思念的情人远在大海南,她准备了珍贵的"双珠玳瑁簪,用玉绍缭之",想要送给对方。听到对方有二心,她就毅然决然地毁掉这份礼物,"拉杂摧烧之",并且"当风扬其灰",果断地表示:"从今以往,勿复相思。"她爱得热烈,恨得痛切,她的选择是痛苦的,同时又斩钉截铁,义无反顾。

汉乐府最大、最基本的艺术特色是它的叙事性。这一特色是由它的"缘事而发"的内容所决定的。诗的故事性、戏剧性,比之《诗经》中那些作品都大大地加强了。因此,在我国文学史上,汉乐府民歌标志着叙事诗的一个新的更趋成熟的发展阶段。

四、《古诗十九首》

《古诗十九首》是中国古代文人五言诗选辑,由南朝萧统从传世无名氏古诗中选录19首编入《文选》而成,是乐府古诗文人化的显著标志,再现了文人在汉末社会思想大转变时期,追求的幻灭与沉沦、心灵的觉醒与痛苦,抒发了人生最基本、最普遍的几种情感和思绪。全诗语言朴素自然,描写生动真切,具有天然浑成的艺术风格,处处表现了道家与儒家的哲学意境,被刘勰称为"五言之冠冕"(《文心雕龙》)。

东汉末年,社会动荡,政治混乱。下层文士漂泊蹉跎,游宦无门。《古诗十九首》就产生于这样的时代,表述着同类的境遇和感受,它是在汉代汉族民歌基础上发展起来的五言诗,内容多写离愁别恨和彷徨失意,思想消极,情调低沉。但它的艺术成就却很高,长于抒情,善用事物来烘托,寓情于景,情景交融。

《古诗十九首》所抒发的,是人生最基本最普遍的几种情感和思绪,是"人同有之情"。因而,这些诗歌能够永久地感动人,千古常新。同时,它以艺术的方式,抨击末世风俗的同时,也隐含了诗人对失去的道德原则的追恋。这种无可奈何的处境和心态,加深了诗人的信仰危机。事功不朽的希望破灭,诗人乃转而从一个新的层面上去开掘生命的价值。无论是露骨宣称为摆脱贫贱而猎取功名,还是公开声言要把握短暂人生而及时行乐,都丧失了屈原式的执着。

《古诗十九首》的相思怀人之作,不少是从女性角度着笔的。首先,这是由于在宗法社会中,女性因其特定的处境,只能把全部的生命寄托于爱情和婚姻。其次,古代女性生活环境与心灵世界的狭小封闭,使她们只能在孤独中无止境地去咀嚼体味相思的痛苦,其感情的深婉细腻,又是男性所不及的。女性丰富的情感和敏锐的触角，与其生活环境中的种种事物相交流，又使这些事物成为女性心理最为动人的物化形式，并为诗人的创作提供了意蕴丰厚的意象和意境。汉末文人则已在相当的程度上，具有了与女性世界作心灵沟通的现实基础，他们抒写女性的不幸，不仅有真诚的理解与同情，也融入了自己饱经忧患与痛苦的人生体验。《古诗十九首》多从女性角度写相思之苦，并能由此获得普遍而久远的艺术魅力，原因便在于此。

《古诗十九首》以艺术的方式，表现士子的社会境遇、精神生活与人格气质，并由此透视出汉末社会生活的一个侧面，有相当重要的认识意义。

五、建安文学

东汉末年，社会动荡不安。汉沛国谯（今亳州）人曹操组建青州兵，挟持汉献帝，统一北方，社会有了比较安定的环境。曹操父子皆有高度的文学修养，由于他们的提倡，一度衰微的文学有了新的生机。在当时建都的邺城铜雀台（故址在今河北省邯郸市临漳县境内），聚集了一大批文人。诗、赋、文创作都有了新的突破。由于当时正好是汉献帝建安年代，故后世称之为建安文学。

建安文学尤其是诗歌，吸收了汉乐府民歌之长，情词并茂，具有慷慨悲凉的艺术风格，比较真实地反映了汉末的社会现实以及文人们的思想情操。建安文学的代表人物是"三曹"（曹操、曹丕、曹植）和"七子"（孔融、陈琳、王粲、徐干、阮瑀、应玚、刘桢），而以三曹为核心。"三曹""七子"继承了汉乐府民歌的现实主义传统，普遍采用五言形式，以风骨遒劲而著称，并具有慷慨悲凉的阳刚之气，形成了文学史上"建安风骨"的独特风格，被后人尊为典范。

建安文学新局面的开创者是杰出的政治家、军事家和诗人曹操。他的代表作品有描写汉末战乱和人民苦难的《薤露行》《蒿里行》《苦寒行》"白骨露于野，千里无鸡鸣"是《蒿里行》中的名句。《短歌行》中的"山不厌高，海不厌深，周公吐哺，天下归心"表现了作者统一天下的雄心壮志，充满了积极进取精神。《观沧海》中的"日月之行，若出其中，星汉灿烂，若出其里"描写了大海的气魄；《短歌行》中的"青青子衿，悠悠我心"表现了作者对贤才的渴慕；《龟虽寿》中的"老骥伏枥，志在千里，烈士暮年，壮心不已"，表现了作者积极进取精神。

曹丕的《燕歌行》是现存最早的完整的文人七言诗，他的《典论·论文》是现存最早的文学专论。他提倡文学，对建安文学的繁荣起了推动作用。

曹植诗歌创作的代表作有描写游侠少年的高超武艺和爱国精神的《白马篇》，其中"名编壮士籍，不得中顾私"集中表现了少年的爱国精神；鼓励朋友建功立业的《赠徐干》；在思妇身上寄托自己的失意和苦闷的《七哀》；描写一个少年斩断罗网，拯救一只黄雀的故事的《野田黄雀行》；描写海边人民贫困生活的《泰山梁甫吟》；以美女盛年未嫁的苦恼寄托自己怀才不遇之感慨的《美女篇》等。钟嵘称他的诗"骨气奇高，词采华茂"。

"七子"的诗歌创作中反映社会动乱和人民苦难的代表作有王粲的《七哀诗》三首，其第一首中"出门无所见，白骨蔽平原"表现了战乱给人民带不的苦难。陈琳的《饮马长城窟行》，阮瑀的《驾出北郭门行》等；抒写个人的抱负和遭遇的代表作是刘桢的《赠从弟》三首等。现存题为蔡琰的作品有五言《悲愤诗》，骚体《悲愤诗》和《胡笳十八拍》。最可信的是蔡琰所作的五言《悲愤诗》。

建安时期是文学的自觉时期，建安文学中所反映的人在社会角色义务之外，还有个人的情趣，爱好，公共的社会生活之外还有私人的日常生活。建安文学是充分展示个体生命的文学，它充分展示着伟大的生命精神，具有恒久的魅力和价值。

六、陶渊明及田园诗

陶渊明（约365—427年），字元亮，又名潜，私谥"靖节"，世称靖节先生，浔阳柴桑（今江西省九江市）人。东晋末至南朝宋初期伟大的诗人、辞赋家。曾任江州祭酒、建威参军、镇军参军、彭泽县令等职，最末一次出仕为彭泽县令，80多天便弃职而去，从此归隐田园。他是中国第一位田园诗人，被称为"古今隐逸诗人之宗"。

陶渊明"自幼修习儒家经典，爱闲静，念善事，抱孤念，爱丘山，有猛志，不同流俗"。《荣木》序曰："总角闻道"，《饮酒》其十六："少年罕人事，游好在六经"，他早年曾受过儒家教育，有过"猛志逸四海，骞翮思远翥"（《杂诗》）的志向；在那个老庄盛行的年代，他也受到了道家思想的熏陶，很早就喜欢自然："少无适俗韵，性本爱丘山"（《归园田居》其一），又爱琴书："少学琴书，偶爱闲静，开卷有得，便欣然忘食。见树木交荫，时鸟变声，亦复欢然有喜。常言五六月中，北窗下卧，遇凉风暂至，自谓是羲皇上人。意浅识罕，谓斯言可保"（《与子俨等疏》）。他的身上，同时具有道家和儒家两种修养。陶渊明传世作品共有诗125首、文12篇被后人编为《陶渊明集》。

陶渊明的田园诗数量最多，成就最高。这类诗充分表现了诗人守志不阿的高尚节操；充分表现了诗人对田园生活的热爱，对劳动的认识和对劳动人民的友好感情；充分表现了诗人对理想世界的追求和向往。作为一个文人士大夫，这样的思想感情，这样的内容，出现在文学史上，是前所未有的，尤其是在门阀制度和观念森严的社会里显得特别可贵。陶渊明的田园诗中也有一些是反映自己晚年困顿状况的，可使读者间接地了解到当时农民阶级的悲惨生活。陶渊明是田园诗的开创者。他的田园诗以纯朴自然的语言、高远拔俗的意境，为中国诗坛开辟了新天地，并直接影响到唐代田园诗派。在他的田园诗中，随处可见的是他对污浊现实的厌烦和对恬静的田园生活的热爱。因为有实际劳动经验，所以他的诗中洋溢着劳动者的喜悦，表现出只有劳动者才能感受到的思想感情。

陶渊明的田园隐逸诗，对唐宋诗人有很大的影响。杜甫诗云："宽心应是酒，遣兴莫过诗，此意陶潜解，吾生后汝期。"宋代诗人苏东坡对陶潜有很高的评价："渊明诗初看似散缓，熟看有奇句。……大率才高意远，则所寓得其妙，造语精到之至，遂能如此。似大匠运斤，不见斧凿之痕。"苏东坡更作《和陶止酒》《和陶连雨独饮二首》《和陶劝农六首》《和陶九日闲居》《和陶拟古九首》《和陶杂诗十一首》《和陶赠羊长吏》《和陶停云四首》《和陶形赠影》《和陶影答形》《和陶刘柴桑》《和陶酬刘柴桑》《和陶郭主簿》等109篇和陶诗，可见陶渊明对苏东坡影响之深。

陶渊明长于诗文辞赋，诗多描绘自然景色及其在农村生活的情景，而这田园生活也是陶渊明诗的主要题材，其中的优秀作品寄寓着对官场与世俗社会的厌倦，表露出其洁身自好、不愿屈身逢迎的志趣，但也有宣扬"人生无常""乐安天命"等消极思想。其艺术特色，兼有平淡于爽朗之胜，语言质朴自然，而又极为精练，具有独特风格。陶渊明是我国第一位田园诗人，诗文重在抒情和言志。抒情、写景、议论紧密结合，情景交融，从中反映了作者的个性，他的清高自赏和不与世俗同习。

七、唐诗

唐代是我国诗歌发展的黄金时代。强大的国力、兼收并蓄的文化精神与丰厚的文化积累，为唐诗的繁荣准备了充足的条件。众多伟大、杰出的诗人把我国诗歌艺术的发展推向高峰。今天可考的唐诗作者3700多人，可见存世唐诗54000余首。这不过是唐诗的一部分，但我们从中已经可以大略窥见当时诗歌繁荣的面貌。

唐代初期，诗歌创作仍受南朝诗风的影响，题材较为狭窄，追求华丽词藻。待到被称为初唐"四杰"的王勃、杨炯、卢照邻、骆宾王出现，才扩大了诗的表现范围，从台阁走向关山和塞漠，显示出雄伟的气势和开阔的襟怀。他们无论写边塞，还是写行旅、送别，都有着这样的情思风貌。在诗的体式上，这时完成了五七言律体的定型。律诗属于近体诗，是相对于古体诗而言的。古体分四、五、七言和杂言，平仄没有限制，也不求对偶。近体诗平仄和押韵有一定的体式，也要求对偶。律体的定型，对我国诗歌的发展影响深远，它成了我国古代诗歌的一种主要体式。

在唐初的后期，出现了两位重要诗人：陈子昂和张若虚。陈子昂主张诗应该有所寄托。他的38首《感遇》诗，就是这一主张的实践。但他写得最好的诗是那首《登幽州台歌》："前不见古人，后不见来者。念天地之悠悠，独怆然而涕下。"抒写不遇的悲怆，但其中蕴含的是自信和抱负，情怀壮伟，有一种得风气之先而不被理解的伟大孤独感。张若虚的《春江花月夜》，写月夜春江明丽纯美的境界，融入浓烈情思和深刻哲理，婉转的音调，无穷的韵味，创造出了非常完美的意境。陈子昂和张若虚艺术上的成熟，透露出盛唐诗歌行将到来的信息。

盛唐是唐诗发展的高峰。此时诗坛群星辉映。王维和孟浩然善于表现山水田园的美，表现人与自然和谐相处的那种宁静平和的心境。王维的山水诗融诗情画意于一体，把人引向秀丽明净的境界，那境界里洋溢着蓬勃生机。《山居秋暝》："空山新雨后，天气晚来秋。明月松间照，清泉石上流。竹喧归浣女，莲动下渔舟。随意春芳歇，王孙自可留。"雨后的松林间月色斑驳，流泉淙淙。浣纱女踏着月色从竹林间喧闹着归来；渔人正分开荷叶摇舟远去。山村之夜，如诗如画。他还有一些诗，宁静中带几分禅意。在唐代的重要诗人中，他是受佛教思想影响最为明显的一位。但他不是一位完全遁世的诗人，有些诗写得慷慨激昂，有的诗表现出浓烈的人间情思。那首《送元二使安西》，由于写出了人们深情惜别时的普遍感受，后来被编入乐府，成为离筵上反复吟唱的歌曲《阳关三叠》。孟浩然善于用最省净的笔墨，写山水田园的秀美。《过故人庄》写做客田家的喜悦，恬静的农舍，真挚的友情，充满浓郁的生活情趣。《春晓》写春日那种明媚静美舒畅的感受。那首《宿建德江》，只用20个字，便写出了无尽的情思韵味："移舟泊烟渚，日暮客愁新。野旷天低树，江清月近人。"暮烟笼罩中的一抹树林，一轮水中月影。在这朦胧而明净、深远而静谧的境界中，弥漫着一缕淡淡的乡愁。孟浩然的许多诗，都这样以极俭省的文字，表现多重境界和情思。这时和王维、孟浩然的诗歌风格相近的还有常建、储光羲等人。

盛唐有一些诗人，善于写边塞生活，如王昌龄、高适、岑参、祖咏等。他们大都到过边塞，领略过边塞的壮丽景色，向往边塞立功。在他们的诗中，祖国山河的壮美与保家卫国的豪迈情怀表现得淋漓尽致。王昌龄写了二十几首边塞诗，最有名的是《出塞》《从军行》。他的边塞诗有一种深厚的历史感和清刚的风格。其他题材的诗他也写得很好，七言绝句有极高的艺术成就。高适的诗风趋于雄壮慷慨：

"万里不惜死，一朝得成功。画图麒麟阁，入朝明光宫。大笑向文士，一经何足穷！古人昧此道，往往成老翁。"（《塞下曲》）从这首诗里我们可以感受到他的豪侠气质。边塞诗人的代表，还有岑参。他写边塞风物的雄奇瑰丽，写军人的豪雄奔放。荒漠与艰苦，在他笔下都成了充满豪情的壮丽图画。

最能反映盛唐精神风貌、代表盛唐诗歌最高艺术成就的是伟大诗人李白。李白是一位性格豪迈、感情奔放、不受拘束而又向往建功立业的诗人。他的诗充分表现了盛唐社会士人的自信与抱负，神采飞扬，充满理想色彩。他的诗的成就是多方面的，极大地丰富了古体诗的表现技巧，把乐府诗的写作推进到一个新的高度。他的七言绝句和王昌龄的七言绝句一起被后世推为唐人七绝的代表作。他的诗有着鲜明的艺术个性：爆发式的抒情、变幻莫测的想象和明丽的意象。他把乐府和歌行写得有如行云流水，感情喷涌而出时，便如黄河之水，奔腾千里，一泻而下。他生于盛唐，感受着盛唐昂扬的时代精神，晚年又亲眼看到唐代社会的衰败，理想和现实之间产生巨大反差。他的诗里既有建立不世功业在指顾之间的信心，又常常有愤慨不平和对于朝廷黑暗的抨击。他曾经奉诏入京，供奉翰林，得到唐玄宗的赏识，他以为建功立业的时候到了，得意洋洋。不久被权臣毁谤，被逐出朝廷，他才明白朝政其实已经腐败不堪。他说自己是"吟诗作赋北窗里，万言不值一杯水"，有才华而不得重用；而痛斥那些庸才却春风得意，"骅骝拳不能食，蹇驴得意鸣春风"，直骂那些奸佞之徒"董龙更是何鸡狗！"即使处在失意的境况中，他也不忘报国。安史乱起之后，他前后两次从军就是证明。他的诗想象瑰奇，常常想人所想不到处。前人评他的诗，说是"发想无端"，《蜀道难》《梦游天姥吟留别》都是例子。在想象之中，又常常带着夸张的成分，写愁生白发，说是"白发三千丈"；写庐山的五老峰，说是"青天削出金芙蓉"；写黄河，说是"黄河落天走东海，万里写入胸怀间"。他是一位富于想象的诗人，他的诗常常带着强烈的主观色彩。又由于他性格开朗豪放，他的诗意象明丽清新、色彩鲜艳。他纯然是一位天才的诗人。

当时另一位伟大诗人，是被后人称为"诗圣"的杜甫。杜甫比李白小11岁，两人的深厚友情成为千古传颂的文坛佳话。杜甫的青年时代，和许多盛唐诗人一样，都有过"裘马轻狂"的漫游生活。但是他的主要活动是在安史之乱以后。他深受儒家思想影响，有"致君尧舜"的抱负，而一生却穷愁潦倒，因此在感情上更能体验民众的疾苦。安史之乱给唐代社会带来巨大的破坏，半个中国成为丘墟。杜甫在战火中流离转徙，写下了《北征》民生疾苦的诗作。战争中许多重大事件、战争带来的破坏、战火中百姓的心态，在杜诗中都有极为生动的反映。唐代没有任何一位诗人，像他那样深刻而又广泛地反映安史之乱的历史，因此他的诗被称为

"诗史"。他由于自身的坎坷遭遇，对百姓的苦难深有感触，发为歌吟，家国之痛与个人的悲哀也就融为一体。《春望》《登楼》《登岳阳楼》都是这样的诗。"戎马关山北，凭轩涕泗流""感时花溅泪，恨别鸟惊心"，百感交集，既是身世之感又是家国之悲，已经很难分开了。唐诗到杜甫是一大转变，题材转向写时事、写底层百姓的生活；写法上采用叙事和细节描写，在叙事和细节描写中抒情。为便于写时事，他多用古体，但他的更高的成就是律诗。在他1400多首诗中，律诗占70%以上。他的律诗的成就，主要是拓宽了表现范围，尽力发挥律诗这一体式的表现力，既严格遵守格律规则，又打破格律的束缚。变化莫测而又不离规矩，写得出神入化。像《春望》诗，都是例子。有时为了更完整地表现一个事件或由某一事件引起的感想，他采用组诗的形式。用组诗写时事，是杜甫的创造。律诗，尤其是七律，到了杜诗，是高度的成熟了。在艺术手法和艺术风格上，杜甫与李白不同，李是感情喷涌而出，杜是反复咏叹；李是想象瑰奇，杜是写实；李是奔放飘逸，杜是沉郁顿挫。一般认为，在中国的诗歌发展史上，杜甫带有集大成的性质，对于后来者有着极为深远的影响。

唐代中期，诗歌的发展走向多元化，出现了有明确艺术主张的不同流派。韩愈、孟郊和他们周围的一些诗人，在盛唐诗歌那样高的成就面前，另寻新路。他们追求怪奇的美，重主观，常常打破律体约束，以散文句式入诗。在这一派的诗人里，李贺是一位灵心善感、只活了27岁的天才诗人。在他的诗里，充满青春乐趣的五彩缤纷的世界，以及人生寥落的悲哀，与过早到来的迟暮之感交织在一起。他的诗，想像怪奇而丰富，意象色彩斑斓，而且组合密集。在这个诗派里，他的诗有着特别鲜明的风格特征。这时的另一个诗派，以白居易、元稹为主。他们主张诗应有为而发，应有益于政教之用。白居易提出"文章合为时而著，歌诗合为事而作"。元、白都写有新题乐府，表示了对于国家的关心、对于黑暗现象的抨击和对于生民疾苦的同情。白居易的50篇新乐府，有写得好的，如《卖炭翁》等。在艺术表现上，白居易主张要写得通俗易懂，趣味与韩、孟诗派正好相反。白居易既写有大量的讽喻诗，也写了不少闲适诗，而艺术上最成功的是长篇歌行《长恨歌》和《琵琶行》。中唐的著名诗人还有柳宗元和刘禹锡，他们的艺术趣味既不同于韩、孟，也不同于元、白，而有着自己的特点。

晚唐诗歌又一变，中唐的那种改革锐气消失了，诗人们走向自我。这时出现了大量写得非常好的咏史诗，杜牧、许浑是代表。杜牧是写咏史诗的大手笔，对于历史的思索其实是对于现实的感慨，历史感和现实感在流丽自然的形象和感慨苍茫的叹息中融为一体，《江南春》都是咏史佳作。晚唐艺术成就最高的一位诗人是李商隐。唐诗的发展，到盛唐的意境创造，达到了意象玲珑、无迹可寻的纯美境界，是一个高峰。杜甫由写实而走向集大成，是又一个高峰。中唐诗人在盛极难继的情况下，另辟蹊径，或追求怪奇，或追求平易，别开天地，又是一个高峰。诗发展至此，大有山穷水尽之势。李商隐出来，以其深厚的文化素养、惊人的才华，开拓出一个充满朦胧、幽约的美，让人咀嚼回味的诗的境界，达到了新的高峰。他是一位善于表现心灵历程的诗人，感情浓烈而细腻。他的爱情诗深情绵邈，隐约迷离，刻骨铭心而又不易索解。他的不少诗（特别是无题诗）情思流动是跳跃式的，意象组合是非逻辑的，意旨朦胧而情思可感，往往可作多种解释。他的艺术技巧，达到了出神入化的境界，极大地扩大了诗的感情容量，为唐诗的发展作出了最后的贡献。

晚唐后期的诗人们，有的走向华丽，有的走向淡泊，而成就不大，已经无法和他们的前辈相比了。

八、宋词

宋词，作为中国古代文学长廊里一抹亮丽的风景，以其或婉约或豪放的丰神，成为宋代最有境界和韵致、最具美学品味和艺术感染力的"一代之文学"。因此，宋词方可与唐诗比肩对峙，代表着中国古代诗歌的最高成就，而且通过自身独特的音乐形式，在唐诗和元曲之间架设了一道承先启后的桥梁。直至今日，也给我们带来了很高的艺术享受。

词是一种音乐文学，它的产生、发展以及创作、流传都与音乐有直接关系。词所配合的音乐是所谓燕乐，又叫宴乐，其主要成分是北周和隋以来由西域胡乐与民间里巷之曲相融而成的一种新型音乐，主要用于娱乐和宴会的演奏，隋代已开始流行。而配合燕乐的词的起源，也就可以上溯到隋代。宋词是一种相对于古体诗的新体诗歌之一，是宋代文学的最高成就。宋词句子有长有短，便于歌唱。因是合乐的歌词，故又称曲子词、乐府、乐章、长短句、诗余、琴趣等。宋词的代表人物主要有苏轼、辛弃疾（豪放派代表词人）、柳永、李清照（婉约派词人代表）。

苏轼应该可以说是文人抒情词传统的最终奠定者。首先，苏轼词扩大了词境。苏轼之性情、襟怀、学问悉见之于诗，也同样融之于词。刘辰翁在《辛稼轩词序》中说："词至东坡，倾荡磊落，如诗如文，如天地奇观。"他外出打猎，便豪情满怀地说："会挽雕弓如满月，西北望，射天狼。"（《江城子·密州出猎》）他望月思念胞弟苏辙，便因此悟出人生哲理："人有悲欢离合，月有阴晴圆缺，此事古难全。"（《水调歌头·明月几时有》）他登临古迹，便概叹："大江东去，浪淘尽、千古风流人物。"(《念奴娇》)五彩纷呈，令人目不暇接。其次，苏轼词提高了词品。苏轼的"以诗入词"，把词家的"言情"与诗人的"言志"很好结合起来，文章道德与儿女私情并见乎词，在词中树堂堂之阵，立正正之旗。即使写闺情，品格也特高。《贺新郎》中那位"待浮花浪蕊都尽，伴君幽独"的美人，可与杜甫《佳人》"天寒翠袖薄，日暮倚修竹"之格调比高。最后，苏轼改造了词风。出现在苏轼词中的往往是清奇阔大的景色，词人的旷达胸襟也徐徐展露在其中。传统区分宋词风格，有"婉约"与"豪放"之说，苏轼便是"豪放"词风的开创者。凡此种种"诗化"革新，都迅速地改变着词的内质。东坡的复古，正是词向诗的靠拢，突出"志之所之"，也是向唐诗的高远古雅复归。

辛弃疾生于金国，少年抗金归宋，曾任江西安抚使、福建安抚使等职。著有《美芹十论》《九议》，条陈战守之策。由于与当政的主和派政见不合，后被弹劾落职，退隐山居。开禧北伐前后，相继被起用为绍兴知府、镇江知府、枢密都承旨等职。开禧三年（公元1207年），辛弃疾病逝，年六十八。后赠少师，谥号"忠敏"。

辛弃疾一生以恢复为志，以功业自许，却命运多舛、备受排挤、壮志难酬。但他恢复中原的爱国信念始终没有动摇，而是把满腔激情和对国家兴亡、民族命运的关切、忧虑，全部寄寓于词作之中。其词艺术风格多样，以豪放为主，风格沉雄豪迈又不乏细腻柔媚之处。其词题材广阔又善化用典故入词，抒写力图恢复国家统一的爱国热情，倾诉壮志难酬的悲愤，对当时执政者的屈辱求和颇多谴责；也有不少吟咏祖国河山的作品。现存词600多首，有词集《稼轩长短句》等传世。

辛弃疾在词史上的一个重大贡献，就在于内容的扩大、题材的拓宽。他现存的600多首词作，写政治，写哲理，写朋友之情、恋人之情，写田园风光、民俗人情，写日常生活、读书感受，可以说，凡当时能写入其他任何文学样式的东西，他都写入词中，范围比苏词还要广泛得多。而随着内容、题材的变化和感情基调的变化，辛词的艺术风格也有各种变化。虽说他的词主要以雄伟奔放、富有力度为长，但写起传统的婉媚风格的词，却也十分得心应手。如著名的《摸鱼儿·淳熙亥己》，上阕写惜春，下阕写宫怨，借一个女子的口吻，把一种落寞怅惘的心情一层层地写得十分曲折委婉、回肠荡气，用笔极为细腻。他的许多描述乡村风光和农人生活的作品，又是那样朴素清丽、生机盎然。辛弃疾总是以炽热的感情与崇高的理想来拥抱人生，表现出英雄的豪情与英雄的悲愤。因此，主观情感的浓烈、主观理念的执着，构成了辛词的一大特色。强烈的爱国主义思想和战斗精神是辛词的基本思想内容，这首先表现在他的词中，他不断重复对北方的怀念。另外，在《贺新郎》《摸鱼儿》等词中，他用"剩水残山""斜阳正在，烟柳断肠处"等词句讽刺苟延残喘的南宋小朝廷，表达他对偏安一隅不思北上复国的不满。胸怀壮志无处可用，表现在词里就是难以掩饰的不平之情。他擅长的怀古之作中《水龙吟》，面对如画江山和英雄人物，在豪情壮志被激发的同时，他也大发英雄无用武之地的感慨。理想与现实的激烈冲突，为他的词构成悲壮的基调。辛词在苏轼词的基础上进一步扩大了题材范围，他几乎达到了无事、无意不可入词的地步。

其词抒写力图恢复国家统一的爱国热情，倾诉壮志难酬的悲愤，对南宋上层统治集团的屈辱投降进行揭露和批判；也有不少吟咏祖国河山的作品。艺术风格多样，而以豪放为主。热情洋溢，慷慨悲壮，笔力雄厚，与苏轼并称为"苏辛"。

柳永（公元约987—1053年），北宋著名词人，婉约派代表人物。汉族，崇安（今福建武夷山）人，原名三变，字景庄，后改名永，字耆卿，排行第七，又称柳七。宋仁宗朝进士，官至屯田员外郎，故世称柳屯田。他自称"奉旨填词柳三变"，以毕生精力作词，并以"白衣卿相"自诩。其词多描绘城市风光和歌妓生活，尤长于抒写羁旅行役之情，创作慢词独多。铺叙刻画，情景交融，语言通俗，音律谐婉，在当时流传极其广泛，人称"凡有井水饮处，皆能歌柳词"，婉约派最具代表性的人物之一，对宋词的发展有重大影响，代表作《雨霖铃》《八声甘州》。柳永是第一位对宋词进行全面革新的词人，也是两宋词坛上创用词调最多的词人。柳永大力创作慢词，将敷陈其事的赋法移植于词，同时充分运用俚词俗语，以适俗的意象、淋漓尽致的铺叙、平淡无华的白描等独特的艺术个性，对宋词的发展产生了深远影响。

李清照（公元1084—约1155年），号易安居士，汉族，齐州济南（今山东省济南市章丘区）人。宋代女词人，婉约词派代表，有"千古第一才女"之称。

李清照出生于书香门第，早期生活优裕，其父李格非藏书甚富，她小时候就在良好的家庭环境中打下文学基础。出嫁后与夫赵明诚共同致力于书画金石的搜集整理。金兵入据中原时，流寓南方，境遇孤苦。所作词，前期多写其悠闲生活，后期多悲叹身世，情调感伤。形式上善用白描手法，自辟途径，语言清丽。论词强调协律，崇尚典雅，提出词"别是一家"之说，反对以作诗文之法作词。能诗，留存不多，部分篇章感时咏史，情辞慷慨，与其词风不同。有《易安居士文集》《易安词》，已散佚。后人有《漱玉词》辑本，今有《李清照集校注》。

九、元散曲

被王国维称为"中国最自然之文学"的元散曲，人们通常也把它归为"元曲"

之列。其实散曲是一种配乐演唱的新的抒情诗体，没有动作和宾白，形式上包括套数（同一宫调中两首以上的曲子相联）和小令（体制短小，独立成曲）两种，从艺术流派上可分为豪放派和清丽派。

豪放派以马致远称首，清丽派则以张可久为魁。如以前、后期作品的倾向来看，前期是以豪放本色为主流，但是尖新清丽之作也有重要地位；到了后期，则以清丽为主，豪放为辅。后期即使以疏放豪宕著称的作家如贯云石等人，他们的作品也与前期豪放派不同，带有江南文学传统的妩媚色彩。这是元代散曲风格流派消长的大致情况。到了元末，南戏音乐融入散曲，不少作家采用南北合套的方式，使元代散曲的发展出现了新面貌，向明代散曲以南曲为主的局面迈出了第一步。

元代散曲创作可分为前、后两期，前期散曲作家的活动中心在大都（今北京），这是散曲兴盛时期，作家队伍中有地位显赫的达官贵人、文人雅士，如刘秉忠、杨果、卢挚、姚燧等；有著名的杂剧作家，如关汉卿、白朴、马致远等；还有教坊艺人，如珠帘秀等。由于作家的社会地位高下不同，思想感情各异，艺术素养差别也很大，使前期散曲呈现了丰富多彩的局面，而散曲作为一种新的诗歌形式也逐步走向成熟。最有成就的是那些兼作杂剧的作家，如关汉卿、白朴、马致远等人。他们的作品既有民间文艺的通俗平易、质朴自然的意趣，又经过锤炼开拓，提高了散曲的境界，如马致远的《天净沙·秋思》套曲、关汉卿的《不伏老》套曲以及他们的小令等。他们对于散曲成长为一种富有特色的诗歌体裁作出了很大贡献。

后期散曲作家的活动中心，逐渐移至杭州一带。随着散曲的繁盛和发展，这一时期的作家队伍有了新的变化，出现了一批专攻散曲，或主要精力、主要成就在于散曲创作的作家，如张可久、乔吉、贯云石、徐再思等人。他们对于散曲的体制和规律勤于探究，写出不少好作品，丰富了散曲园地。后期创作在数量上比前期更多。从发展趋势来看，虽然继承和发扬前期散曲通俗直白、生动活泼的特色，出现了如睢景臣《高祖还乡》及刘时中《上高监司》等难得的、有特色的作品，但是总的创作倾向却是趋于雅正典丽，逐渐失去前期的生命力。

第二节 中国传统散文

我国古代把与韵文、骈体文相对的散体文章称为"散文"，即除诗、词、曲、赋之外，不论是文学作品还是非文学作品，都一概称为"散文"。传统散文与诗歌的历史同样悠久。

一、先秦时期

先秦散文是中国散文的发轫。主要保存在《尚书》《春秋》《左传》《国语》和《战国策》中。包括《左传》《国语》等先秦叙事散文和《论语》《庄子》等先秦说理散文。

（一）《尚书》

《尚书》是商周记言资料的汇编，是我国第一部历史散文集。

1. 名称

《尚书》西周末已成书，原只称《书》。《荀子·劝学篇》："书者，政事之纪也。"许慎在《说文解字序》中说："著于竹帛谓之书。"这说明写在竹帛上的政事记载，原来只叫《书》。汉代叫它《尚书》。据东汉王充《论衡·正说篇》说是"上古帝王之书"的意思。"尚"即"上"，"尚书"是上古的史书。据传孔子曾编定过，所以儒家尊它为经典，故又称《书经》，是"五经"之一。

2. 今文《尚书》和古文《尚书》

汉代经学分为两派，一派是今文经学，一派是古文经学。用汉代通行文字（隶书）书写、传授经书学说、注重"微言大义"的称今文学派；用战国文字（籀文）书写、传授经书学说、注重文字训诂的称古文学派。今文《尚书》是汉文帝时济南的伏生所传，由于战乱，百篇只剩28篇，用以教于齐鲁之间。古文《尚书》是汉武帝（一云汉景帝）时出于孔子故宅墙壁而为孔安国所传，共58篇。今文《尚书》在西晋永嘉之乱中散佚。东晋时豫章内史梅赜向朝廷献上了一部《孔传古文尚书》共58篇，包括今文《尚书》33篇，古文《尚书》25篇。到了唐代，孔颖达整合今文《尚书》和古文《尚书》作《尚书正义》，如此流传下来。清代的《十三经注疏》本也采用了它。其中，只有今文《尚书》28篇是可信的。

3. 内容

《尚书》记载的是上起于尧、下迄春秋中叶秦穆公伐郑之事。全书包括《虞书》《夏书》《商书》《周书》四部分。一般认为前二者是后世儒家根据古代某些传闻编写的，既不是虞、夏时代的作品，也不一定是虞、夏时代的真正史料；后二者是比较可信的。从性质上说，《尚书》中的文章都是些官方的文告，着重记言，记录帝王或执政大臣的讲话，因而说，《尚书·盘庚》是可靠的殷代作品，也是我国记言文之祖。从体制上说，有典、谟、训、诰、誓、命等。从语言上说，虽艰深难懂（韩愈《进学解》称之为"浑浑无涯""佶曲聱牙"），但许多词语还活着，如"兢兢业业""有条不紊"等，远远超过甲骨卜辞和铜器铭文的水平，显示了鲜明的文学色彩。

(二)《春秋》

《春秋》属于早期记事体的历史散文，是我国第一部编年体大事纲要（断代简史）。

1. 作者

中国古代的王室，很早就有关于史官的设置，他们在君王左右、掌管记事。商代有无编年记事的史书，因文献不全，不得而知。但早在春秋战国以前，周王朝和各诸侯国已有编年记事的史书，这是确切的。他们取春秋代序为一年之意，一般都称之为"春秋"。如《墨子》中说墨子曾见过"百国春秋"，并在《明鬼》中提到"燕之《春秋》""宋之《春秋》""齐之《春秋》"等。这些"官修"史书，后来大都失传了，保存下来的，只有鲁《春秋》和晋太康三年（公元282年）出土的晋《春秋》和魏《春秋》残文（后人称之《竹书纪年》）。

我们现在所说的"五经"之一的《春秋》，指的就是鲁《春秋》。晋朝杜预在《春秋左氏传序》中说："《春秋》者，鲁史记之名也。"说明原作者是鲁史官。司马迁在《史记·孔子世家》中说：孔子"因史记作《春秋》"。晋代范宁在《春秋谷梁传序》中说："孔子……因鲁史而修《春秋》"。因而，一般学者认为《春秋》是孔子据鲁国史料纂修的鲁国纪年史。

2. 内容

《春秋》全书16572字。记事起于鲁隐公元年（公元前722年），止于鲁哀公十四年（公元前481年），共242年（周平王49年—周敬王40年），是按鲁国12个君王的世次来编撰的一部编年体史书。它粗略地记载了鲁国12个君主（隐、桓、庄、闵、僖、文、宣、成、襄、昭、定、哀）所经历的鲁国和其他各国的大事。后人便把这一时代称为春秋时代。

3. 特征

《礼记·经解》记孔子所说："属辞比事，《春秋》教也。"极其精练地概括了《春秋》的体例特点和写作特点。

《春秋》比事，有一定的"义例"和"原则"。"义例"就是贯通全书的"礼义"，因而《史记·太史公自序》说《春秋》是"礼义之大宗"，主旨是维护周礼，代周灭子褒善贬恶。原则是"据鲁、亲周、故殷，运之三代"（《史记·孔子世家》），就是说以鲁国本位记事，尊周礼，以夏商灭国为借鉴，此思想源于三代，贯通三代。

《春秋》属辞，就是《春秋》的遣词造句。其特点叙事简要严谨，语言凝练含蓄。正如《左传·成公十四年》中所云："微而显，志而晦，婉而成章，尽而不汙。"就是说，《春秋》言辞少而意义显露，记的虽是史事却含着深刻道理，表达委婉，但有章法，书尽其事，无所回避。这就是平常所说的"春秋笔法"的具体内容。例如，对战争的记载，用词很准确，向罪恶者进攻用"伐"，不击鼓的进攻用"侵"，乘人不备的进攻用"袭"，还有"入""克""灭""取""围""歼""追"等。但有的记事过于简略，并不能说是真正意义上的叙事散文。

4. 《春秋》三传

"传"，是阐释的意思。"春秋三传"是阐释《春秋》的三部编年体著作，指《春秋左氏传》（简称《左传》）、《春秋公羊传》（简称《公羊传》）、《春秋谷梁传》（简称《谷梁传》）。

《公羊传》是子夏弟子、战国齐人公羊高传授，到汉景帝时由其玄孙公羊寿著于竹帛。汉代何休解诂，唐代徐彦疏。

《谷梁传》也是子夏弟子、战国鲁人谷梁赤传授，传其学者著于竹帛，但是谁则不可考。晋代范宁集解，唐代杨士勋疏。

《左传》的作者有争议，一般认为是左丘明。

三书虽都阐述《春秋》，但《公羊传》《谷梁传》重在阐发"微言大义"；《左传》则重在记叙历史事实，因而史料价值大，流传和影响远远超过其他二传。

（三）《左传》

1. 名称

《左传》，西汉人称它《左氏春秋》，《史记》也这样称。这说明它不是一部官修的史书，而是一个姓左的人私修的。到了东汉，刘歆认为这本书是为了"传"（阐释）孔子所编纂的《春秋》一书而写的，所以改为《春秋左氏传》，后来一直简称其为《左传》，还有《春秋古文》《左氏》《左氏传》《春秋内传》《古文春秋左氏传》等诸多名号。

2. 作者及时代

《左传》的作者和写作时代，历史上说法不一。

司马迁的《史记》和班固的《汉书》都明确记载《左传》的作者是春秋末叶鲁国人左丘明。《史记·太史公自序》提到"左丘失明"，班固在《汉书·艺文志》中认为，"《左氏传》三十卷"之下，自注"左丘明，鲁太史。"《论语·公冶长》

还说到孔子十分敬重左丘明,孔子说:"巧言,令色,足恭,左丘明耻之,丘亦耻之。匿怨而友其人,左丘明耻之,丘亦耻之。"意思说,花言巧语,一脸媚色,十足的恭顺,(这副样子)左丘明认为可耻,我也认为可耻;对某人内心包藏着怨恨,表面却和他友好,(这种人)左丘明以之为耻,我也以之为耻。

唐代以后,不少人认为《左传》作者不可能与孔子同一时代,因为《左传》中鲁悼公、赵襄子之谥,是孔子死后五六十年以后的事。有人说子夏所作,有人说是吴起所作,有人说是刘歆伪造。

现在比较普遍的看法认为,"这部著作是战国初年(公元前5世纪)魏国史官的作品",但它与"左氏"必有某种关系,不少史料可能出于左氏的传诵,较可信。

3.《左传》的思想内容

《左传》全书180273个字。赵明在《先秦大文学史》中说:"《春秋》开创了编年体史书体例,……还带有很大的原始性,继它之后不久出现的《左氏春秋》,才是一部史实详备、富有文采、基本成熟的编年体史著。"郭预衡在《中国古代文学史长编》中说:"《左传》是我国第一部记事详赡完整的编年史,也是一部优秀的散文典范""不愧为一部具有划时代意义的史家杰作"。《左传》记事始于鲁隐公元年,与《春秋》相同,但止于鲁哀公二十七年(公元前468年),比《春秋》多出13年,其思想倾向也不完全同于《春秋》。《左传》思想性突出表现为三方面:

(1)张扬民本思想。《襄公十四年》写"师旷论卫人出其君"的故事说,卫国人驱逐了暴虐无道的卫献公,晋悼公以为太过分了,师旷向晋悼公大发议论:过分的不是人民而是暴君,"百姓绝望,社稷无主,将安用之,弗去何为,"《襄公三十一年》记"子产不毁乡校"的故事说,郑国人早晚到乡校游玩,议论朝政得失,有个叫然明的大夫建议取缔乡校,相国子产不赞成。

(2)赞颂爱国精神。《定公四年》"申包胥哭秦廷"的故事说,伍子胥为报杀父兄之仇,带领吴国军队进入楚都城,楚昭王跑到随国去了,楚危在旦夕。这时楚大夫申包胥到秦国求援,秦迟迟不答应出兵,申包胥便站着靠在秦国朝堂的院墙七日夜不吃喝而嚎哭,终使秦出兵打败了吴军,兴复了楚国。《僖公三十三年》"弦高犒秦师救郑"的故事说,郑国商人弦高到周地去做生意,路遇偷袭郑的秦军,弦高急中生智,充郑使者以郑君名义,送四张熟牛皮和十二头牛犒劳秦军队,秦军以为郑有防(弦高又派人速回报郑),最后灭滑而还。郑转危为安。

(3)揭露残暴统治。《文公六年》记秦穆公用177人殉葬,其中有秦大夫子车氏的三个儿子奄息、仲行、鍼虎,书中借君子之言抨击秦"收其良以死,难以在上"。《宣公二年》写"晋灵公不君"的故事说，一次晋灵公吃熊掌，因未熟将厨师杀了，叫一个妇女把尸体提出去扔掉。过朝堂时，正卿赵盾发现了厨师的手，灵公又要杀赵盾以灭口，所派刺客杀赵盾时，见赵准备上朝是忠臣，不忍心杀又不敢违君命，触槐而死。

当然，《左传》中也有宣扬旧礼制、宗法制度、鬼神迷信的文字。

（4）《左传》的艺术成就。《左传》"确为先秦散文'叙事之最'，标志着我国叙事散文的成熟。"朱彝尊《经义考》卷169引贺循语："《左氏》之传，史之极也。文采若云月，高深若山海"。其艺术成就表现在以下四个方面：

①叙述手法的多样性、灵活性。张高评在《〈左传〉之文学价值》一书中，概括前人评点《左传》的叙法达30种，诸如顺叙、递叙、逆叙、插叙、平叙、补叙、预叙等。

②故事情节的完整性、戏剧性。《左传》擅长描写战争。情节结构主要按顺叙交代事件发生、发展和结果的全过程，并注重描写因果关系的道德化与神秘化，注重故事戏剧性的臆测和虚构。例如，《僖公二十三、二十四年》写晋文公重耳流亡在外19年的经历，其中许多情节如别隗、过卫、醉遣、窥浴等无不富有戏剧性。曾两次追杀重耳的寺人披，在重耳回国即位后，再度突然出现重耳面前，使人异常紧张和神奇莫测。

③人物形象的丰富性、个性化。《左传》塑造典型人物形象的意识虽然还处于不自觉的阶段，但它确实刻画了形形色色的人物，不少人物性格鲜明。如雄才大略的晋文公、秉公为国的赵盾、明察善断的郑子产、迂腐可笑的宋襄公，等等。《重耳出亡》中的几个女性，个性突出，如姜氏的心狠手辣、怀嬴的高傲娇气、赵姬的贤惠善良。

《左传》在刻画人物时，首先，往往将人物置身于具体事件中来展示，不像人物传记或小说那样对某一人物集中刻画，而是仅在一时一事中表现人物性格的某一方面，但有些人物的性格的变化也得到了很好表现，如《庄公二十八年》至《僖公三十二年》着力歌颂和表现晋文公从一个贵公子到一代霸主的过程。其次，在刻画人物时，常常运用行为描写、对话描写，而绝少运用对人物的外貌、心理等主观静态描写。如《成公二年》"齐晋鞌之战"。最后，还十分注意细节描写。如《哀公十六年》中叶公子高平叛是否戴头盔的细节，生动形象。

④语言辞令的简洁性、含蓄性。《左传》的语言精练、婉转、传神，符合人物的身份和性格，符合事件及客观事物的现状。同是论战，曹刿发论《庄公十年》，委婉尽致，侃侃而谈，充分显示了这位有"远谋"的乡下人虽胸有成竹，但初涉

上层政治，处处小心谨慎的心理；而子鱼发论（《僖公二十二年》），坦率直陈、言辞激烈，敢于当面批驳宋襄公的谬论，同时又注意一定分寸，符合一个公侯贵族的口吻。

刘知几在《史通·叙事》中说："言近而旨远，辞浅而义深。虽发语已殚，而含意未尽，使夫读者望表而知里，扪毛而辨骨，睹一事于句中，反三隅于字外。"

（四）《国语》

《国语》成书约在战国初年，其作者也多有争议，汉代的司马迁、班固、王充等认为是左丘明。司马迁在《报任安书》中说："左丘失明，厥有《国语》"。有人认为左丘明"以鲁为内，以诸国为外，外国所传之事也"（汉末刘熙），因而有人将《左传》称为《春秋内传》，将《国语》称作《春秋外传》。

《国语》记事年限，上起周穆公十二年（公元前990年），比《左传》早了200多年；下迄战国初年韩、赵、魏三家联合灭智伯（公元前453年），比《左传》多15年。但思想内容与《左传》颇多一致，即具有"肯定民本思想，颂扬爱国精神、揭露残暴统治"的进步一面。如"邵公谏厉王弭谤""郑大夫叔詹赴国难""叔向贺贫"。

《国语》的文学成就与《左传》相比，有三点不同：从体例上说，《国语》是我国第一部国别体史书（《左传》是编年体），分国记载了周、鲁、齐、晋、郑、楚、吴、越八国的史事片段，共21卷，其中《晋语》篇幅最长，占9卷；从类型上说，《国语》以记言为主（《左传》以记事为主），所记多为朝聘、飨宴、讽谏、辩诘、应对之辞，虽也写事，但不及《左传》普遍、完整；从风格上说《国语》较为质朴（《左传》较重文彩），语言文字在形象思维和逻辑思维方面很缜密，又有通俗化、口语化的特点。

总体说来，《国语》虽也有生动描绘，但它的文学成就与《左传》相比，还是稍逊一筹。

（五）《战国策》

1. 体例

《战国策》基本是依照《国语》的体例，以记言为主，按国别划分，共33篇，杂记12国的军政大事及策士言辞，其中齐6篇，秦5篇，楚、赵、魏各4篇，韩、燕各3篇，西周、东周、中山各1篇，宋、卫合为1篇。

过去通常把先秦散文分为历史散文和诸子散文两大类，一般把《战国策》当作史书看，但也有将其归属子书的，郭杰等主编的《文学大教室》（第一卷）中就说："《战国策》属何类，历来说法不一。……即使按照刘向的理解，此书是战国时游士辅所用之国，为之策谋，将它定名为《战国策》，也未必就一定是史书，何尝不可以理解为子书"。实际上，《战国策》作为一部史书来说，它缺乏系统性和完整性。它虽然记述了战国时代许多历史事实，但它叙事不记年月，文章是片片段段的，这就不免减低了它的史学价值，但称之为"叙事散文"是可以的。

2. 名称与作者

本书作者已不可考，有人认为是秦汉间辩士蒯通著，也有人认为出于战国策士虞卿之手，但都没有确切的信证。一般认为，所记非一时之事，又非涉及一国，应是非一人所作，这可能是战国时期各国史官和纵横策士所记，也许有些是秦汉人所作，来源不一，作者不详，零散错乱，名称各异，有所谓《国策》《国事》《短长》《长书》《事语》《修书》等称呼。到了西汉末年，刘向整理宫中图书，编成33篇，他认为主要记载"战国时游士辅所用之国，为之策谋"（刘向《战国策书录》），所以，定名为《战国策》。

1973年长沙马王堆三号汉墓出土了一批帛书，内有战国纵横家作品27章（达17000多字），无书名和篇名，专家称其帛书《战国策》，其中11章的内容见于《战国策》与《史记》，其中16章属失传已久的佚作，这说明战国时记载的类似资料在当时肯定很多，传于汉时仍为数不少，刘向编订的只是一部分而已。

3. 思想价值

第一，真实展现了战国时代社会动荡的客观现实。各诸侯国互相兼并吞灭，统治集团内部尔虞我诈，策士之间钩心斗角，爱国之士扶危持倾而奔走呼号，政治暴发者贪得无厌而阴险刻毒，下层民众水深火热而哀哀无告等现象在《战国策》里都有描写。

第二，突出表现了纵横家崇"计"、重"利"、尊"时"等思想。与《春秋》《左传》《国语》主要反映儒家思想不同，《战国策》记录的多是纵横策士的言行，因而所表现的纵横家的思想也较复杂。较突出的有三个方面：一是政治倾向上崇向计谋。大力颂扬"以智（谋）服人"，计能售、策能行，哪怕是诈伪翻覆也予以肯定。二是人生哲学上追求名利。公开宣扬"势位富贵"，唯利是图，大胆向传统道德伦理宣战，因而封建文人斥之为"畔经离道之书"（李梦阳语）。三是处世方针上尊重时势。靠计谋游说作资本，以求名得利为目的，因而特别重视明时审势，看机会、机遇。

第三，着力强调了战国时代"士"阶层在社会中的作用。七雄纷争的局面，造就了奋争竞驱的社会环境，为纵横之士提供了驰骋才辩和博取功名的机会。如冯谖、范雎、苏秦、张仪等人，作者极力歌颂这些从穷闾僻巷、柴门桑户走出者的才华和智慧，他们凭三寸不烂之舌倾动王侯、左右政局，甚至一言兴邦，又一语丧国，从而打破了"上智下愚"唯心史观，但由于片面夸大了士的作用，因而又陷入英雄创造历史的唯心主义泥沼。

4. 艺术特色

《战国策》的某些艺术技巧是《左传》《国语》的继承和发展，它标志着先秦叙事散文已发展到高峰。

第一，塑造了鲜明生动、千姿百态的人物形象。《战国策》的文学成就，首先表现在对各阶层形形色色的人物的描写，尤其是对一系列"士"的形象的刻画。从刻画人物的技巧上，不仅像《左传》那样注意故事情节的戏剧性、人物言行的个性化，还采用了心理活动和外貌形态的展现，如邹忌"窥镜"、苏秦落魄归来。其次发展了《国语》集中编排同一人物故事的做法，在一篇文章中集中刻画一个人物，为以人物为中心的纪传体的形成开创了先河，如《冯谖客孟尝君》中，写冯谖弹铗而歌、焚券市义、营造三窟的事迹。

第二，运用了"敷张扬厉""辩丼横肆"的语言艺术。

《战国策》最显著的文学特征是在语言艺术上达到了空前的成功。清代学者章学诚在《文史通义》一书中说《战国策》："其辞敷张而扬厉，变其本而加恢奇焉，不可谓非行人辞命之极也。"还有人赞为"辩丽横肆""妙夺化工"。

敷张扬厉的艺术风格，主要表现在下面四点：

感情充沛，气势宏大。谋臣策士一般对国家存亡缘由、历史发展趋势、君王心理状态把握较准，能胸有成竹地提出解决问题的策略。因而说理论事，纵横驰骋，感情充沛，气势磅礴，敢于直言不讳，勇于一针见血。如《范雎说秦王远交近攻》，范雎之言慷慨激昂，毫不掩饰，火辣辣、赤裸裸，我所恐是"足下上畏太后之严，下惑奸臣之态""大者宗庙之覆，小者身以孤危"，面对自己"弗敢畏"死，认为"臣死而秦治，贤于生也"。字字掷地有声，句句披肝沥胆，有救世主的气魄。

夸大其词，危言耸听。为了折服对方，策士往往用绚丽的辞采，层层渲染，极尽鼓舌摇唇之能事。如《苏秦始将连横说秦王》，先竭力夸张秦山川地势的险要，物产的丰富，兵力的强大，以此说明秦是天府之国、帝王之基；而后吹捧秦王的贤能和有利条件，目的是激起秦王"并诸候，吞天下，称帝而治"的野心。这一串整齐工对的排比，铺张扬厉，增加了文字的音律美、增强了语气的分量，展现了雄辩的才能。《司马错论伐蜀》记述张仪主张"伐韩",而司马错主张"伐蜀",由于司马错论述道理时极力夸大其词,铺陈渲染,说明利害,使秦惠王不仅认为"善",而且"起兵伐蜀",获得胜利。

以小见大,生动形象。谋臣策士的说辞,往往举身边细小、具体、生动、有趣的见闻,形象地揭示所要阐述的道理,使对方听来感兴趣,接受劝谏。《触龙说赵太后》写触龙劝赵太后时就从对小儿子的怜爱说起。《邹忌讽齐王纳谏》写邹忌以自己的妻、妾、客对自己的态度类比。《庄辛说楚襄王》为了让楚襄王改正错误,便用蜻蛉、黄雀、黄鹄认为可以悠游自乐,结果都遭袭击死亡的事例,进而推到人事,举蔡灵侯乐逸亡国的事,由小到大,说得楚襄王"颜色变作,身体战栗"。

引譬设喻,善用寓言。谋臣策士,为了增强说辞的说服力,往往借助生动有趣的故事进行比喻说理,这些故事有时是寓言故事(包括动物故事、人物故事、生活故事等),把抽象道理具体化、浅显化,留下很多成语典故。如苏代以"鹬蚌相争,渔翁得利"说服赵惠王,制止了燕赵间一场即将爆发的战争;陈轸以"画蛇添足"的故事阻止了楚将昭阳攻齐;季梁以"南辕北辙"的故事劝说魏王放弃攻打赵国都城邯郸;范雎以"神去丛亡"谏秦昭王废太后、逐穰侯,加强了中央集权;江乙以"狐假虎威"回答楚宣王北方各国怕你手下的大臣昭奚恤,其实是怕大王您的军队;魏加用"惊弓之鸟"劝阻楚国春申君不要任临武君做大将参加抗秦,此外还有"百发百中""骥遇伯乐"等。

六、孔子与《论语》

郭杰在《文学大教室》中说:"孔子是中国文化的中心,无孔子则无中国文化。自孔子以前数千年文化,赖孔子而传;自孔子以后数千年文化,赖孔子而开。虽然,今天我们融入了世界文化大环境之中,然而,孔子对中国文化的影响仍无处不在。"孔子在后人心目中的地位真可谓是千古一人,无出其右。山东曲阜孔庙前的对联是:"德侔天地,道贯古今",仅8字却从空间、时间两个方面,把孔子道德的至尊至崇说得无以复加。《史记·孔子世家》说:"自天子王候,中国言六艺者折中于夫子,可谓至圣矣。"所以人们称孔子为"万世师表""至圣先师"。

孔子空前绝后的影响与记录他的言行的著作《论语》也不无关系。《汉书·艺文志》说:"《论语》者,孔子应答弟子,时人及弟子相与而接闻于夫子之语也。当时弟子各有所记。夫子既卒,门人相与辑而论纂,故谓之《论语》。"汉末训诂家刘熙《释名》说:"《论语》记孔子与诸弟子所语之言也。论,伦也,有伦理也。"

《论语》大部分由孔子的语录构成,因而称之为语录体散文,所记孔子之言,不少有一言九鼎的致世作用。宋代罗大经在其《鹤林玉露》中载有"半部论语治天下"的典故:

赵普再相,人言普山东人,所读者止《论语》。太宗尝以此语问普,普略不隐,对曰:"臣平生所知,诚不出此。昔以其半铺太祖定天下,今欲以其半辅陛下致太平。"宋代开国宰相赵普所言不无夸张,但《论语》的思想内容博大精深,确实不乏流传千古的格言警句。

孔子是一位伟大的思想家。孔子的思想核心是"仁",他的人生准则是"仁者爱人",推己及人,即"己欲立而立人,己欲达而达人""己所不欲,勿施于人"。他提倡求富贵要讲义,"不义而富且贵,于我如浮云";追求至善至美人生境界,常内省,"见贤思齐焉,见不贤而内自省也";反对无所事事,贪生怕死,"饱食终日、无所用心、难矣哉";"志士仁人,无求生以害仁、有杀身以成仁";反对花言巧语,不居安思危,"贪而不谄,富而不骄""巧言令色,鲜矣仁","人无远虑,必有近忧";反对心胸不宽,急功近利,"小不忍,则乱大谋","欲速则不达,见小利则大事不成";称道坚强的志向与性格,"岁寒然后知松柏之后凋也""三军可夺帅也,匹夫不可夺志也";倡导积极进取,有错就改,"发愤忘食,乐以忘忧,不知志之将至","朝闻道,夕死可矣";也曾触景生情,感叹时光,"子在川上曰:逝者如斯夫,不舍昼夜。"

孔子又是一位伟大的教育家。他打破"学在官府"的束缚,首创私学,以"诗、书、礼、乐"等为教授内容,提出"有教无类"。他有弟子三千,其中身通"六艺"者72人,弟子通及天下,使学说成了春秋战国时期的第一家"显学"——儒家学派。《韩非子·显学》说孔子死后,弟子各立门户,儒分为八:"有子张之儒,有子思之儒,有颜氏之儒,有孟氏之儒,有漆雕氏之儒,有仲良氏之儒,有孙氏之儒,有乐正氏之儒。"其中尤以孟轲和荀卿两派影响较大。此外还有"孔门四科":德行——颜渊、闵子骞、冉伯牛、仲弓;言语——宰我、子贡;政事——冉有、季路;文学——子游、子夏。孔子强调学习的意义,"吾尝终日不食,终夜不寝,以思,无益,不如学也"。他说:"吾十有五而志于学,三十而立,四十而不惑,五十而知天命,六十而耳顺,七十而从心所欲,不逾矩"。在学习态度上,他提倡"敏而好学,不耻下问";"知之者不如好之者,好之者不如乐之者";"知之为知之,不知为不知,是知也";"学而不厌,诲人不倦"。在学习方法上,他总结说"学而时习之,不亦说乎""温故而知新""学而不思则罔,思而不学则殆"。在教学方法上,他说"后生可畏,焉知来不如今也","不愤不启,不悱不发，举一隅不以三隅反，则不复也"；"循循然善诱人"。

七、墨翟与《墨子》

1. 沉寂的原因

墨家学派在先秦时期一度和儒家学派一样，被称为"显学"，影响很大。《韩非子·显学》开篇即说："世之显学儒、墨也。"但是，由于墨子不注重对自己一生行状的论述，特别是秦汉以后墨家思想长期遭遇冷落，整个沉寂下去了，致使后人对墨子的生平了解甚少，就连在博大精深的《史记》中也只有寥寥24字："墨子名翟，或曰并孔子时，或曰并孟子时。曾任宋大夫，后被囚。"

墨子生平最伟大的事迹之一，是制止了一场楚国进攻宋国的战争，史称"止楚攻宋"，他先后与公输般和楚王论辩，并与公输般实际演练，"子墨子解带为城，以牒为械，公输般九设攻城之机变，子墨子九拒之，公输般之攻械尽，子墨子之守御有余。"从此墨子善于守城、防御的名声远扬，"墨守成规"这一成语即来于此，只是它由原来的褒义词变成了现在的贬义词。

2. 学说要点

第一，兼爱、非攻。"爱"是墨子学说的根本出发点。在人与人的关系上，主张兼爱；在国与国的关系上，主张非攻。他强调"兼相爱、交相利"，并说："视人之国，若视其国；视人之家，若视其家；视人之身，若视其身。……天下之人皆相爱，强不执弱，众不劫寡，富不侮贫，贵不敖贱，诈不欺愚。"

第二，节用、节葬。反对奢侈浪费，提出对衣、食、住、行、财节俭。《节用上》曰："是故用财不费，民德不劳，其兴利多矣。""其为衣裘何以为，冬以圉寒，夏以圉暑，……其为宫室何以为，冬以圉风寒，夏以圉署雨。"他反对儒家破家而葬、服丧三年，提出人死只需衣衾三领，冬日冬服，夏日夏服，挖地之深，下毋及泉，上勿通臭。在《节葬》中还宣传火葬："秦之西，有仪渠之国者，其亲戚死，聚柴薪而焚之，熏上谓之登遐，然后成为孝子。"

第三，尚贤、非命。在用人上，墨家反对世袭制，主张唯能是举，他说："官无常贵而民无终贱，有能则举之，无能则下之。"他否认"命富则富，命贫则贫"的宿命论，认为富与贫，寿与夭，通过努力可改变。

第四，尊天、明鬼。墨子想信有上帝鬼神。对待天帝鬼神，春秋末期三大学派中，老子是否定的，孔子是动摇的，墨子是肯定的。这一点，墨子最落后。

3. 艺术特征

《墨子》的文章特点，就是在对话中夹杂有专题论文色彩，使先秦说理散文初具规模。其一，《文心雕龙·诸子》曰："《墨子》意显而语质。""意显"，即文意显豁，不含混，不隐晦；"语质"即语言质朴，不求华美，不事雕琢。前者是表达上的特点，后者概括了《墨子》的文风。其二，有的文章非常重视逻辑推理。他在论理时自觉地运用着"察类明故"的逻辑方法，《非攻下》他明白地批评论敌说："子未察吾言之类，未明其故者也。""察类"就是在论辩中运用或遵守一般制约个别的逻辑法则，"明故"就是考察因果关系。墨子常常根据这一逻辑法则，通过对外在事物种属关系的考察，抓住事物内部的因果关系，从而触论旁通地说明道理。历史上，有人把墨子形成的一整套逻辑思想，称为"墨辩"。

八、孟轲与《孟子》

孟子是继孔子之后的儒家大师，有"亚圣"之称。他之所以如此，和年少的良好的家教不无关系。《三字经》："昔孟母，择邻处；子不学，断机杼。"事见汉代刘向《列女传·邹孟轲母传》，有"孟母三迁""断杼教子"的故事。也许是受母亲果断性情的影响，孟子虽与孔子同为儒家大师，但并不像孔子那样谦恭温和，他的人格修养较多地表现为凛然、刚正，充满着"舍我其谁"的"大丈夫"气概。"我善养吾浩然之气"。《告子下》："天将降大任于斯人也，必先苦其心志，劳其筋骨，饿其体肤。"因而他身处战乱却热心救世，屡屡碰壁仍意志坚定。《公孙丑下》："如欲平治天下，当今之世，舍我其谁也。"

1. 孟子学说的要点

第一，"仁政"说。"仁政"说是孟子学说的核心，其内容是丰富的，但实质就是民本思想，他提出了"民贵君轻"的思想，说"民为贵，社稷次之，君为轻"。《梁惠王》的下篇里，他强调了国君应"与民同乐"。孟子与梁惠王有一段对话。孟子问："独乐乐，与人乐乐，孰乐？"梁惠王说："不若与人。"孟子说："与少乐乐，与众乐乐，孰乐"梁惠王说："不若与众。"孟子进一步强调："乐民之乐者，民亦乐其乐；忧民之忧者，民亦忧其忧。乐以天下，忧以天下。"在《梁惠王》上篇答宣王怎样实现"王道"时，孟子主张"制民之产""发政施仁"；"谨庠序之教，以孝悌之义申之"。

第二，"王道"说。孟子主张"王道""以德服人"，反对霸道，反对兼并战争，以力服人。他在《公孙丑》上篇说："以力服人者，非心服也，力不赡也。以德服人者，中心悦而诚服也。"《告子下》更有"五霸者，三王之罪人也"的话。

第三，重义非利说。《孟子》开篇《梁惠王》上写孟子见梁惠王，王开口问孟子"不远千里而来"，对我国将会有很大利益吧！孟子直言不讳地说："您为什么一定要说利益呢,只要讲求仁义就行了。"并说:"上下交征利而国危矣"——上上下下交相追逐私利,国家就会处境危险。然后列举事例论述追求私利的结果,必然是弑父杀君事情的不断发生,要避免此,就应去利行义,"王亦曰仁义而已矣,何必曰利"——您也只讲仁义就行了,为啥一定要讲利益呢!

第四,劳心劳力说。孟子把人分为"君子"与"野人","大人"与"小人","劳心者"与"劳力者",说"无君子莫治野人,无野人莫养君子",又说"有大人之事,有小人之事",还说"劳心者治人,劳力者治于人;治于人者食人,治人者食于人:天下之通义也。"孟子学说的主观意图是为统治者提供理论根据,客观上则揭示了阶级压迫和剥削的事实。

第五,性善说。《告子》上篇,孟子在批判告子人性论时,把人性与水相比,说什么"人无有不善,水无有不下"。《公孙丑》上篇又说"人皆有不忍人之心"。并举例说,人们看到一小孩将掉到井里,都会产生惊骇恻隐之心,并不因为和这小孩父母有交往,也不是为了要名扬于乡邻朋友,"由是观之,无恻隐之心,非人也;无羞恶之心,非人也;无辞让之心,非人也;无是非之心,非人也。"这学说是天赋道德论,看不到人性和道德的社会性。在"性善论"的基础上,孟子继承和发展了孔子的"死生有命"的天命论和"生而知之"的先验论,进而提出"尽心、知性、知天"的理论,构成了他的主观唯心主义哲学体系。

2.《孟子》文章的特点

与孟子本人浩然刚正、大胆泼辣的个性特点相一致,《孟子》文章的主要特点是:

第一,"长于论辩"。《孟子》是对话体的辩论文。孟子说:"予岂好辩哉,予不得已也。"其实是个性使然,更是为了推行儒家主张,因而他与人辩论,言辞犀利,锐不可当,排斥"异端邪说",放言无忌,直言不讳。如《梁惠王》里论义利、《告子》中辩性善、《滕文公》中斥杨墨。他说:"杨朱、墨翟之言盈天下,天下之言不归杨则归墨。杨氏为我,是无君也。墨氏兼爱,是无父也。无父无君,是禽兽也。"真可谓破口大骂,其锋不可犯。在论辩中,孟子纵横开合,往往置对方于理屈词穷之地。《尽心下》"孟子之滕",写孟子住滕国的上宫里,有一只没织成的草鞋在窗台上不见了,旅馆中的一个人问孟子:"是不是您的学生藏起来了?"谁料孟子却说:"你以为他们是来偷草鞋的吗?"劈头一棍,使之尴尬异常,无话可答。有的还巧妙地运用了逻辑推理的方法。孟子得心应手地运用类比推理,往往是欲擒故纵,反复诘难,迂回曲折地把对方引入自己预设的结论中。如《梁惠王下》:

孟子谓齐宣王曰:"王之臣有托其妻子于其友而之楚游者,比其反也,则冻馁其妻子,则如之何。"王曰:"弃之。"曰:"士师不能治士,则如之何。"王曰:"已之。"曰:"四境之内不治,则如之何。"王顾左右而言他。

先以两个设问,使齐宣王顺着自己的思路,得出两个不言而喻的结论,而后类推下去,使齐宣王陷入自我否定的结论中而无言以对。

第二,善用比喻。有人统计说,《孟子》全书261章中,有93章中使用譬喻共159种。正如东汉赵岐所说:"孟子长于譬喻。"如《梁惠王上》中"齐桓晋文之事"中的比喻层出不穷:用能举百钧举不起一毛喻"不为也,非不能也";用"挟太山以超北海"喻真不能;用"缘木求鱼"喻一无所获;用"邹人与楚人战"喻"小固不可以敌大,寡固不可以敌众,弱固不可长敌强"。又如《离娄下》中"齐人有一妻一妾"说,有一齐人,家有一妻一妾。丈夫每次外出归来总是吃饱喝醉,告诉妻是有钱有势人所请,但总不见贵人来。一次,尾随丈夫后,方知丈夫在郊外坟地,吃供食祭酒。妻归告妾,二人哭泣。丈夫归仍摆威风吹牛。二人咒骂:"丈夫,是我们终身倚靠,竟如此。"以此故事喻钻营富贵利达之徒,讽刺其卑鄙无耻之举。又如:"揠苗助长",喻不按规律办事,适得其反;"五十步笑百步"讽刺梁惠王的移民救荒政策没从根本上按"仁政"治理;"专心致志"用弈秋这一下棋圣手,教二徒,一专心致志,一听着想那天上将有鸿鹄至,援弓射之,因而成绩不佳,告诉人们办事要专心,不能自恃聪明。《滕文公下》"楚人学齐语"的故事,比喻环境的重要,以此告诉宋国大臣戴不胜,要想让宋君王"善",宫中的人都"善":楚国有位官员,想让儿子学齐语,找一个齐人教,因生活在楚人中,即使每天鞭打,仍学不好。结果送他去齐国住上几年,你再让他说楚语也难了。

第三,语言简约浅近。《孟子》共7题14篇,有人统计说共261章34685字,"之"用1902次,"也"用1214次,"不"用1066次,仅三词占全书12%左右。如《万章》上"百里奚自鬻于秦":万章问孟子有人说百里奚把自己卖给秦国一养牲畜的人,得价五张羊皮,替人养牛,以此想求秦穆公任用,"信乎?"孟子曰:"否,不然。好事者为之也。百里奚,虞人也。晋人以垂棘之璧与屈产之乘,假道于虞以伐虢。宫之奇谏,百里奚不谏。知虞公之不可谏而去,之秦,年已七十矣。"紧接着连用五个"乎"字,进行反问,说明百里奚不会用那恶浊行为要求秦穆公任用,他认为虞公不会听劝谏,所以不劝而去秦,知道秦穆公能有所作为,所以出而辅之,"可谓不智乎""不贤而能之乎"。

第四,文风气势浩然。孟子性格豪迈,才华横溢,所作文章,情绪激昂,气势雄健,开合变化,极其自然。如《梁惠王上》"齐桓晋文之事":齐宣王开口让孟子讲称霸之事,孟子以"仲尼之徒无道桓文之事者",轻轻地把霸道这个话题避开,接着就抓住"以羊易牛"事件,说明宣王有行仁政的基础——善心,这样语调一转,使宣王心花怒放;再一转,指出宣王只是"以小易大",离王道还有很大距离,既而又以"君子远厨"的道理为其解脱,又是一转。这段话使宣王心悦诚服,视孟子为心腹,虚心地向他请教。

九、庄周与《庄子》

在先秦诸子散文中,《庄子》的文学价值无出其右,为人公认。鲁迅在《汉文学史纲要》中说:"其文则汪洋辟阖,仪态万方,晚周诸子之作,莫能先也。"可以说,庄周是一位哲学家、文学家,更是一个天才,古今理论文章,几乎很少有超过《庄子》的。

1.《庄子》的思想特征

就学术渊源说,庄子的道家学说与老子一脉相承,因而属于道家学派,有人又称之为"老庄"哲学。但庄子的思想在老子思想的基础上也有较大发展变化,也有自己鲜明的特征,即:

(1) 唯心主义的哲学思想。庄子继承了老子"天道自然无为"的思想,但对其消极面作了更大的发挥。庄子认为"道"是"先天地生",无始无终,实有而无形,自然而永恒。他否定人对自然界的作用,认为"知其不可奈何而安之若命,德之至也"(《人间世》)。这就从"天道自然无为"滑进了宿命论的泥坑;他否认事物差别,否认是非标准,否认客观真理,《德充符》曰:"死生、存亡、穷达、贫富、贤与不肖、毁誉、寒暑,是事之变,命之行也。"《太宗师》曰:"死生,命也,其有夜旦之常,天也。"这些都属于唯心主义的思想体系。

(2) "无所用天下为"的政治主张。在政治上,如果说孔子是"知其不可而为之",老子是以"无为"而达"有为",那么,庄子则是"不为"。老子虽崇尚"无为",而仍欲治天下,其与儒家的"无为而治"之论有一致的地方,实际上还是"入世"之说。而庄子则自"无为"步入虚无之中,《逍遥游》中借许由之口说"予无所用天下为"——天下对我来说没有什么可用的地方,这显然是"出世"之说。当然他并未真正忘怀政治,而是心系天下,《庄子》中有不少愤激之言,对现实政治无比厌恨消极对待。《山木》中说庄子穿粗衣烂装,脚穿用草绳系着的烂鞋见魏王,魏王说:您怎么这么贫乏,庄子说:穷困,不是贫乏,一个士人,不能实行其道德,是贫乏,衣破鞋烂不是贫乏,这是生不逢时。您见过那善跳的猿猴,一旦掉到荆棘丛中,他再灵便也无法逞能。我"今处昏上乱相之间,而欲无惫,奚可得邪，此比千之见剖心征也夫！"他把老子所谓"绝圣弃智""小国寡民"的社会政治思想推向极端，鼓吹毁绝一切文明的蒙昧主义，勾画出一幅所谓"至德之世"的社会蓝图，梦想回到"同与禽兽居"的洪荒时代，《马蹄》中说："夫至德之世，同与禽兽居，族与万物并，恶乎知君子小人哉！同乎无知，其德不离；同乎无欲，是谓朴素。"这是社会大倒退，无疑是消极的，但充满愤激之情，毕竟含有对抗现实的意味。

（3）追求绝对自由与超脱的人生态度。庄子的人生态度是追求绝对的精神自由和对现实社会的彻底超脱。《逍遥游》中臆造出所谓"至人无已，神人无功，圣人无名"的理想人格典型；《大宗师》中他把无人无我、效法自然、毫无人间烟火气的所谓"真人"奉为"大宗师"，说什么"有真人而后有真知""古之真人，不逆寡不雄成，不谟士""登高不栗，入水不濡，入火不热"，且"其寝不梦，其觉不忧，其食不甘，其息深沉"。他常常沉浸在纯属虚构的精神世界里，自我体验超脱现实的"逍遥"之乐，被视为"奇人""怪人"。

2.《庄子》的文学价值

《庄子》的文学价值突出表现在如下几个方面：

（1）寓言为主，"三言"并用的创作方法。"寓言"一词最早见于《庄子》，《庄子》第二十七篇即为《寓言》篇，开篇："寓言十九，重言十七，卮言日出，和以天倪。""三言"，就是指寓言、重言、卮言。在创作方法上，"三言"各有各的作用，"以卮言为曼衍"——用卮言来推论、推衍；"以重言为真"——引用重言使人感到真实；"以寓言为广"——用寓言来推广道理。"寓言十九"，说明寓言是最主要的表现方式。有统计说寓言达200余则。《秋水》有庄子用"鸱吓凤凰"的故事批惠子，讽刺以小人之心度君子之腹的行为，说惠子在梁国做相，庄子往见之，有人对惠子说庄子来了会取代你。于是惠子恐惧，在全国搜了三天三夜。庄子见惠子说："南方有一种凤凰鸟，你知道吗，他从南海出发，飞往北海，不是梧桐不休息，不是竹实不吃，不是甘泉不喝。一只鸱鹰衔了一个死老鼠，生怕被从头上飞过的凤凰夺去，便仰起来头高声吃喝。"

（2）想象奇特、虚构怪诞的浪漫世界。范垂长说："《庄子》一书充满了丰富的幻想，虚构的情节和奇妙的构思，具有浓厚的浪漫主义色彩。"如《逍遥游》的主旨就是表现绝对自由的"无待"。文章开头写鲲的神奇变化和鹏的遨游太空，想象十分奇特，写鹏鸟迁徙，一"击"一"抟""三千里""九万里""扶摇直上"。在这意境开阔、气势雄伟的画面的基础上，又由大鹏联想到"蜩与学鸠"嗤笑大鹏的远飞，联想到"列子御风而行"，联想到藐姑射山的"神人"，一直联想到

"无何有之乡，广漠之野""彷徨乎无为其侧，逍遥乎寝卧其下"，真乃千盘百折，千回路转，变化无穷，充满浪漫。

（二）汉代

汉代散文可分为史传文、政论文、赋三类。汉代史传文作家，西汉有司马迁，东汉有班固。

司马迁的《史记》既是伟大的史学著作，又有极高的文学性，被鲁迅誉为"史家之绝唱，无韵之离骚"。《史记》是中国历史上第一部纪传体通史，记载了上至上古传说中的黄帝时代，下至汉武帝太初四年间共3000多年的历史。太初元年（公元前104年），司马迁开始了《太史公书》即后来被称为《史记》的史书创作。前后经历了14年，才得以完成。

《史记》全书包括十二篇本纪（记历代帝王政绩）、三十篇世家（记诸侯国和汉代诸侯、勋贵兴亡）、七十篇列传（记重要人物的言行事迹，主要叙人臣，其中最后一篇为自序）、十篇表（大事年表）、八篇书（记各种典章制度记礼、乐、音律、历法、天文、封禅、水利、财用），共一百三十篇，五十二万六千五百余字。

《史记》被列为"二十四史"之首，与后来的《汉书》（也称《前汉书》）《后汉书》《三国志》合称"前四史"，对后世史学和文学的发展都产生了深远影响。其首创的纪传体编史方法为后来历代"正史"所传承。

深邃意蕴的叙事和生动鲜活的人物的描写巧妙地结合在一起，使《史记》形成一种雄深雅健的独特风格。《史记》也成功地塑造了一大批悲剧人物，使全书具有浓郁的悲剧气氛，并富有传奇色彩。《史记》的叙事写人都围绕"究天人之际，通古今之变"的宗旨，司马迁虽然也从琐碎的生活细事写起，但绝大多数的人物传记最终都在宏伟壮阔的画面中展开，有一系列历史上的大事穿插其间。司马迁不是一般地描述历史进程和人物的生平事迹，而是对历史规律和人物命运进行深刻的思考，透过表象去发掘本质，通过偶然性去把握必然规律。这就使得《史记》的人物传记既有宏伟的画面，又有深邃的意蕴，形成了雄深雅健的风格。

《汉书》的成就不如《史记》，但在史传文学的发展史上仍然有贡献。班固笔法精密，重视规矩绳墨，行文严谨有法；在塑造人物形象上，也有不少优秀篇章。

汉代的政论文，以西汉的贾谊、晁错最为突出。贾谊的代表作是《治安策》《论积贮疏》《过秦论》，晁错的代表作是《论贵粟疏》。《过秦论》援史实以为据，逐层推进，行文波澜起伏，淋漓酣畅，其锋不可犯。《过秦论》在思想内容和语言上体现出对《战国策》和先秦诸子的继承和发展。东汉的政论文继承了西汉的传统,但文章气势不如西汉,著名的作品有王充的《论衡》。

先秦西汉的论说文和史传文还没有从哲学、史学的依附关系中独立出来。散文走出应用文的尝试是从赋体开始的。赋是汉代最流行的文学体裁,以至后世有"汉赋"之称,与唐诗、宋词、元曲并列。最早写赋的是战国后期赵国的荀子,战国后期另一位辞赋作家是楚国的宋玉,现存题名宋玉的辞赋共十篇,其中《风赋》《高唐赋》《神女赋》比较可信。西汉辞赋作家有司马相如、扬雄和枚乘等,东汉辞赋作家有班固、张衡等。

赋以铺叙、描写较多为其特色,这在长篇大赋里表现得最明显。大赋大都以回答为骨架,铺陈名物、排比词藻、好用古文奇字和双声叠韵词,铺陈多用整齐对称的韵语,叙述多用散文句。枚乘的《七发》是汉赋正式形成的第一篇作品。司马相如是西汉最有代表性的赋家,他的《子虚》《上林》两赋铺陈天子上林苑的壮丽和天子游猎的盛举,表明诸侯不能与天子相提并论的态度。最后说了一番要提倡节俭的道理。作者借写游猎场面,用极度夸张的笔法,描绘出一个无限广阔的空间,呈现出文学中前所未见的宏伟壮阔的气势。这实际上是西汉时期繁荣强盛的时代气息和统治阶级自豪骄傲的心理在文学上的反映。西汉后期最著名的赋家是扬雄,《甘泉》《河东》《长杨》《羽猎》四赋是他的代表作。他模拟司马相如,而仍能具有《子虚》《上林》二赋的规模气概。

从扬雄开始到东汉,辞赋中出现了新的题材,即"京都赋"。代表作是班固的《两都赋》、张衡的《二京赋》,还有后来西晋左思的《三都赋》。班固的《两都赋》以都市为中心,更为广泛地反映了山水、城市……的情况,它模仿司马相如和扬雄,但真实的成分增加了,虚夸的成分减少了。张衡的《二京赋》模仿班固的《两都赋》,对世俗生活和有关人物等都有具体的描写。

东汉中后期,传统的大赋缺少创新,小赋兴起。这些小赋以抒情为中心,往往带有尖锐的批判性。代表作有张衡的《归田赋》、蔡邕的《述行赋》、赵壹的《刺世疾邪赋》、祢衡的《鹦鹉赋》。这些赋短小精悍,不再是主客对话的形式,而是作者的直接描写,这种转变为魏晋以后的辞赋发展奠定了基础。

三、魏晋南北朝

魏晋南北朝是文学的自觉时代,文学创作的个性化使文学出现了新的变化。散文的题材扩展了,山水景物成了文学表现的新内容,文章中的抒情成分大大加强。传统大赋走向衰落,从东汉中后期兴起的抒情小赋占据了主导地位,并因为骈文的流行而增加了赋的骈俪成分。骈文是在两汉散文的基础上,受赋的排比对偶修辞手法的影响，逐渐发展而成的。它在魏晋南北朝时期盛行一时。

魏代的散文向清峻通脱的方向发展。曹操的文章不受陈规的约束，说话直截了当。曹丕的《与吴质书》、曹植的《与杨德祖书》，语言婉转、感情真挚，呈现了这一时期的文章文情并茂的特色。魏晋之交，嵇康、阮籍愤世嫉俗。嵇康的《与山巨源绝交书》放言无忌，感情真实，辞锋锐利，语调峻切。阮籍的《大人先生传》对虚伪的礼法制度予以激烈的批判，同时在幻想中追求绝对自由，也是颇见性情的名作。

东晋初年的王羲之的文风，疏朗自然，情味隽永，《兰亭集序》俯仰古今，怅触万端，叙事抒情，令人遐思无尽。东晋末年的陶渊明发展了这种文风，《桃花源记》描写了一个和平、宁静、幸福、淳朴的理想世界。《五柳先生传》为自己留下了一篇神情毕现的传记。他的文章朴素中见绮丽，简洁中见丰富，富有启示性。

南朝宋宗室刘义庆的《世说新语》，记载了晋代的士大夫的言谈轶事，语言精练含蓄，隽永传神。它是记叙轶闻隽语的笔记小说的先驱，对后代笔记和小品文影响很大。北朝郦道元的《水经注》、杨炫之的《洛阳伽蓝记》、颜之推的《颜氏家训》也具有较高的文学性。《水经注》描写山川景物丰富多样，或用白描，或施彩笔，都能简洁生动地写出山川的特色。唐代柳宗元、宋代苏轼等人的山水游记都受其影响。《洛阳伽蓝记》善于用简短的文字叙述故事和人物。《颜氏家训》用儒家思想教训子弟，往往插叙作者亲身见闻，风格平易亲切。

南北朝的骈文有不少精美的作品。鲍照的《登大雷岸与妹书》写庐山、九江一带景色，画面阔大，气象万千，山水均呈动态，烟云变幻，光色耀眼。孔稚圭的《北山移文》生动犀利，，揭露欺世盗名的伪隐士的丑态，其中山岳草木皆有灵性富有妙趣，是一篇用骈体写就的辛辣的讽刺杂文。陶弘景的《与谢中书书》写他隐居处的山水景色，用笔简淡，有一种高逸的趣味。吴均的《与朱元思书》以善于刻画见长，写水之清澈猛急，山之峻拔奇秀，环境之优雅清静，具有传神写照的效果。丘迟的《与陈伯之书》为劝诱梁朝降魏大将陈伯之反正而作，虽是骈文，却委婉曲折，收纵自如。

魏晋南北朝的辞赋，沿循东汉后期抒情的方向，拓展了表现领域与表现风格。王粲的《登楼赋》写异乡风物之美所引起的思乡怀土和壮志不得伸展的情感，写景和抒情结合，具有浓郁的诗意。曹植的《洛神赋》虚构自己在洛水边与神女相遇的故事，带有一定的寓意。全篇想象丰富，描写细腻，词采流丽，抒情意味与神话色彩都很浓。向秀的《思旧赋》不足200字，以极为凝练含蓄的语言，抒写对被残酷杀害的朋友嵇康、吕安的追念感怀。陶渊明的《归去来兮辞》是脱离官场回归田园的宣言，语言优美流畅，富有诗情和哲理。江淹的《恨赋》《别赋》用精美的语言，渲染各种特定场合的环境气氛，写各类人物的憾恨之情、离别之悲，感情凄恻，音调缠绵，于忧伤中充满了诗意的美感。

南北朝时期最杰出的赋家是庾信，代表作为《哀江南赋》，另外《小园赋》《枯树赋》等短篇也写得情辞俱佳。《哀江南赋》以作者的自身经历为线索，历叙梁朝由兴盛而衰亡的经过，具有史诗性质。描写、抒情、叙述融为一体，篇制宏大，文采富丽，情韵苍凉。文章中用了很多典故，但没有一般骈俪文堆砌的毛病，于整齐排偶这仍具有流利生动的特色。

四、唐宋

唐宋两代是中国古代散文发展的高峰期，以"唐宋八大家"为代表的唐宋散文家，使文章的体裁样式增多，艺术水平提高，出现了许多脍炙人口的名篇。

初唐王勃的《滕王阁序》、骆宾王的《代李敬业传檄天下文》可算骈文中的双璧。其中的警句"落霞与孤鹜齐飞，秋水共长天一色"，"请看今日之域中，竟是谁家之天下"，更是传诵不衰。中唐时期，一些士大夫迫切要求在政治上进行改革，与此相伴的是复兴儒学成为强大思潮。韩愈、柳宗元等尖锐批判六朝以来的骈俪文，提倡更为实用的上继先秦两汉文体的散文，并称之为"古文"，而与骈俪文相对立。韩愈、柳宗元两人都是大散文家，创作了许多优秀的散文，在他们实际创作成绩和理论倡导影响下，中唐文风大变，清新流畅的新文体，基本上取代了几百年来骈文统治的地位。文学史家称这场文体革新为唐代古文运动。

韩愈的散文，论说、抒情、记叙，各体擅长。《师说》文字精练，文气充沛，对比手法的运用与种种生动形象的描写，大大增强了说理的鲜明性和感染力。《进学解》《送穷文》采用对话问答体，嬉笑怒骂，光怪陆离，赋的铺排和骈偶杂用，显得新颖奇妙，谐趣横生。《杂说四》托物寓意，构思精巧，形式活泼。《送李愿归盘谷序》《送董邵南序》盘旋曲折，一唱三叹。《张中丞传后序》记叙张巡、许远、南霁云等死守睢阳、英勇抗敌的故事，绘声绘色，可歌可泣，是司马迁传记文的发展。《祭十二郎文》结合家庭、身世和生活琐事，反复抒写悼念亡侄的悲痛，与叙事中见呜咽梗塞之情，长歌当哭，动人哀感。

韩愈是司马迁之后又一语言巨匠，他善于创造性地使用古代词语，又善于吸收提炼当代口语成为文学语言，词汇丰富，绝少陈词滥调，句式结构也灵活多变。韩愈创作的许多词语，至今还经常为人们使用，如"动辄得咎""佶屈聱牙"（进学解）、"面目可憎""垂头丧气"（送穷文）、"不平则鸣""杂乱无章"（《送孟东野序》）、"俯首帖耳，摇尾乞怜"（《应科目与时人书》），等等。

韩愈的散文闳中肆外，戛戛独创。总体风貌是雄健深厚、气势磅礴、汪洋恣肆，曲折自如。苏洵说他的文章"如长江大河，浑浩流转，鱼鼋蛟龙，万怪惶惑"（《上欧阳内翰书》）。相对于韩文的阔大雄肆，柳宗元的文章析理透辟，清隽卓绝，以精密见长。韩愈说柳宗元文"雄深雅健，似司马子长（迁）"。柳宗元思想深刻，对人民富有同情心。长篇论文《封建论》以充沛的气势、强有力的逻辑、大量的历史事实，说明郡县制比封建制优越，严厉地抨击藩镇割据局面和世袭制。柳宗元的传记文在选取人物和材料方面极具匠心。如《捕蛇者说》写赋税之毒甚于蛇毒。《童区寄传》谴责中唐南方边远地区抢掠儿童、贩卖人口的恶习。《段太尉逸事状》取之真人真事，描写生动，剪裁精当，突出了段秀实的高贵品质，揭露了贵族、军阀的罪恶。柳宗元的寓言讽刺小品笔锋犀利，语简意深，风格沉郁严峻。他善于体察物性，抓住特征，加以想象夸张，创作出生动而有寓意的形象。如《三戒》所刻画的人情世态与所蕴含的人生哲理，能给人多方面的警示。

柳宗元的山水游记，清新秀美，富于诗情画意。代表作《永州八记》将写景抒情融为一体，借山水之乐排遣心中的抑郁。他以精细的观察、精确的词语，把山水写得各具形态、栩栩如生，精美异常。柳宗元的山水游记继承《水经注》的成就，而又有所发展，为游记散文奠定了稳固的基础。

晚唐时期至五代十国，古文运动缺乏有力的后继者，以李商隐为代表作家的骈体文仍然居优势。欧阳修在北宋中期再度发起古文运动，很快形成了以他为首的，包括曾巩、王安石、苏洵、苏轼、苏辙等在内的文学集团，于是一度中断的韩柳古文传统得到了继承和发扬。宋代散文平易自然，流畅婉转，比唐文更宜于说理、叙事、抒情，更实用。唐文奇特，结构上纵横开合，波澜起伏，词语上也追求新奇；宋文从容，曲折舒缓，不露锋芒，语言则以明白如话见长。

欧阳修是宋代散文文风的创立者，他提倡学习韩文，但不是机械模仿。他取法韩文文从笔顺的一面，对其奇险的一面弃而不取。韩文重气势，欧文重风神，韩文雄放，欧文绵邈，有跌宕唱叹的韵致。欧阳修的议论文有为而发，有感而作，《朋党论》引用大量历史事实，又连用排比，增加了说理的气势；《与高司谏书》，言辞锋利，甚至出之以嬉笑怒骂，它与《朋党论》都是古文的实际功用与艺术价值有机结合的典范。《五代史·伶官传序》《五代史·宦者传论》等序论文，吊古伤今，感慨遥深，每段都以"呜呼"二字开头。他的《丰乐亭记》《醉翁亭记》，前者于描写风景之后，忽然插入五代干戈之际一段，感慨无穷，风神卓绝；后者从写醉翁亭的环境位置，一直到山中四季景物的描写，忽而山，忽而亭，忽而醉翁，忽而人，信笔所至，而一齐归结到太守之乐上，表现作者"与民同乐"的情怀，使抒情写景融为一体。文中用了大量的骈偶句，有似散非散的韵味；又多用陈述句，以21个"也字结尾，造成了一唱三叹的吟咏句调，宜于朗诵。欧阳修对骈体文的艺术并不一概否定，如《醉翁亭记》散中带骈，骈散相见，有似骈非骈的情趣。骈体赋，在唐代已有转散的趋势，唐代杜牧的《阿房宫赋》虽注意铺陈，但全无堆砌，已可算是一种新文赋，欧阳修则进一步推进骈散结合，确立新体文赋。他的《秋声赋》，既部分保留了骈赋的铺陈排比、骈词偶句及设为问答的形式，又活泼流动，呈现散体的格调。其描写秋声秋景，充满着凛冽肃杀之气，是一篇具有浓厚诗意的散文。

继欧阳修之后领导古文运动取得完全胜利的是苏轼，他的创作代表了宋代散文的最高成就。苏轼的散文豪放自然，多姿多彩。他的议论文明晰透辟，雄辩滔滔，气势纵横，善于随机而发，翻空出奇，表现出高度的论说技巧，南宋的叶适称之为"古今议论之杰"。但他更为精美的是游记、杂记、随笔、文赋等文章，做到了涉笔成趣，姿态横生。他的写作手法比前人更为自由，把抒情、状物、写景、说理、叙事等多种成分糅合起来，随着自己的情感思绪信笔写去，结构似乎松散，却与漫不经心中贯穿了意脉。如《文与可画筼筜谷偃竹记》似乎全无结构，实际上每一层都围绕对文与可的追怀展开，有其内在联系。《石钟山记》先是就命名缘由提出怀疑，而后自然转入游览探察过程，最后引发出"事不目见耳闻"则不可"臆断其有无"的议论，气脉在叙事、写景、议论之间从容流贯，不见人工安排的痕迹。他的《超然台记》《放鹤亭记》《凌虚台记》《喜雨亭记》，也都是描写、叙述、议论错杂并用，而行文随意变化，曲折自如。苏轼文章写得最为自由洒脱的是杂记、随笔之类的短文。《记承天寺夜游》，全文仅80余字，意境超然，韵味隽永，富有诗意。苏轼的赋，也是下笔有行云流水之妙，《赤壁赋》在自夜及晨的时间流动、游览过程与情绪变化过程中，把写景、诵诗、问答、议论水乳交融地汇为一体，摆脱了赋体的拘束，流转自如，堪称优美的散文诗。苏轼驾驭语言的能力极强，重视通过捕捉意象和声音、色彩等因素的组合，构成意境，传达自己的感受，词语新鲜，句式则骈散兼用，长短错落。

唐宋八大家中，曾巩的文章委曲周详，完整严谨；王安石的文章见识高超，挺拔劲峭；苏洵的文章纵横驰骤；苏辙的文章汪洋醇厚。苏洵的《六国论》、曾巩的《墨池记》、王安石的《游褒禅山记》、苏辙的《黄州快哉亭记》，都一直为后人传诵。

五、明清

散文发展到明清，就不得不说说归有光的《项脊轩志》。该文用散文形式叙述了作者的情趣志向，别具风味。文章结构讲究，细节描绘动人，语言质朴清新，文学价值极高。同一时期的代表人物还有"明初诗文三大家"（宋濂、高启、刘基）和"公安三袁"（袁宏道、袁宗道和袁中道）。他们的散文也各具特色，分别强调了不同的方面，为后世提供了不同的参考价值。

至于近代，则应属梁启超先生的《少年中国说》。文章布局格式、酣畅淋漓，多用比喻、对比，具有强烈的进取精神，歌颂了少年的朝气蓬勃，寄托了作者对少年中国的热爱和期望。其"新文体"的"笔锋常带感情"的特点在该文中体现得淋漓尽致。

第三节　中国传统戏剧

中国戏剧源远流长，最早是从模仿劳动的歌舞中产生的。

先秦是戏曲的萌芽期。《诗经》里的"颂"、《楚辞》里的"九歌"，就是祭神时歌舞的唱词。从春秋战国时期到汉代，在娱神的逐渐演变出娱人的歌舞。从汉魏到中唐，又先后出现了以竞技为主的"角抵"（即百戏）、以问答方式表演的"参军戏"和扮演生活小故事的歌舞"踏摇娘"等，这些都是萌芽状态的戏剧。

唐代中后期是戏曲的形成期。中唐以后，中国戏剧飞跃发展，戏剧艺术逐渐形成。

宋金时期是戏曲的发展期。宋代的"杂剧"、金代的"院本"和讲唱形式的"诸宫调"，从乐曲、结构到内容，都为元代杂剧打下了基础。

元代是戏曲的成熟期。到了元代，"杂剧"就在原有基础上大大发展，成为一种新型的戏剧。它具备了戏剧的基本特点，标志着我国戏剧进入成熟的阶段。

元曲原本来自所谓的"蕃曲""胡乐"，首先在民间流传，被称为"街市小令"或"村坊小调"。随着元灭宋入主中原，它先后在大都（今北京）和临安（今杭州）为中心的南北广袤地区流传。元曲有严密的格律定式，每一曲牌的句式、字数、平仄等都有固定的格式要求。

一、元曲概论

元曲是中华民族灿烂文化宝库中的一朵奇葩，它在思想内容和艺术成就上都体现了独有的特色，和唐诗宋词鼎足并举，成为我国文学史上三座重要的里程碑。元代是元曲的鼎盛时期。一般来说，元杂剧和散曲合称为元曲，两者都采用北曲为演唱形式。散曲是元代文学主体。不过，元杂剧的成就和影响远远超过散曲，因此也有人以"元曲"单指杂剧。

继唐诗、宋词之后成为一代文学之盛的元曲有其独特的魅力：一方面，元曲继承了诗词的清丽婉转；另一方面，元代社会使读书人位于"八娼九儒十丐"的地位，政治专权，社会黑暗，因而使元曲放射出极为夺目的光彩，透出反抗的情绪；锋芒直指社会弊端，直斥"不读书最高，不识字最好，不晓事倒有人夸俏"的社会，直指"人皆嫌命窘，谁不见钱亲"的世风。元曲中描写爱情的作品也比历代诗词来得泼辣，大胆。这些均足以使元曲永葆其艺术魅力。

元曲的兴起对于我国民族诗歌的发展、文化的繁荣有着深远的影响和卓越的贡献，元曲一出现就同其他艺术之花一样，立即显示出旺盛的生命力，它不仅是文人咏志抒怀得心应手的工具，而且为反映元代社会生活提供了人民群众喜闻乐见的崭新的艺术形式。

元杂剧得以呈一代之盛，艺术发展和社会现实从两个方面提供了契机。从艺术的自身发展来看，戏剧经过漫长的孕育和迟缓的流程，已经有了很厚实的积累，在内部结构和外在表现上都达到了成熟。恰恰此时的传统诗文，在经历了唐宋鼎盛与辉煌之后，走向衰微。在有才华的艺术家眼里，剧坛艺苑是一块等待他们去耕耘的新土地。从社会现实方面来看，元朝统治者废除科举制度，不仅断绝了知识分子跻身仕途的可能，而且把他们贬到低下的地位：只比乞丐高一等，居于普通百姓及娼妓之下。这些修养颇高的文化人，被沉入社会底层。在疏远经史、冷淡诗文的无可奈何之中，他们只有到勾栏瓦舍去打发光阴、去寻求生路。于是，新兴的元杂剧意外地获得一批又一批的专业创作者。他们有一个以"书会"为名的行业性组织，加入书会的剧作家，称为"书会先生"。这些落魄文人在团体内，又合作又竞争，共同创造着中国戏剧的黄金时代。与从前的偏于抒发主观心绪意趣的诗词不同，元杂剧以广泛反映社会为己任。显然，这是由于作家们长期生活于闾巷村坊，对现实有着深切了解和感受的缘故。

在元代近百年的时间里，北杂剧作家云起，涌现出一批卓越的戏剧作家，著名的剧作家有关汉卿、郑德辉、白朴、马致远，他们被后人称为"元曲四大家"。伟大的戏剧家王实甫创作了被称为是"天下夺魁"的《西厢记》，称为元代戏曲最高成就的代表。

二、王实甫与《西厢记》

王实甫的生卒年月及生平事迹，均不可考。但他为我们留下一部不朽的杰作《西厢记》。《西厢记》的故事出自唐代元稹（公元779—831年）的小说《莺莺传》。小说叙述书生张生游学蒲州，与寄居普救寺的崔相国之女莺莺相恋，后入京赴试，将她遗弃。王实甫改写了这个始乱终弃的悲剧，让张生与莺莺相互爱慕，为争取爱情自由，在婢女红娘的热情帮助下，共同向崔老夫人进行斗争，最后相偕出走。剧中对青年男女幽会、私奔行为的大胆描绘，以及剧终时愿"天下有情人终成了眷属"的祝福，都明确宣告了自主婚姻的合法性，尽管它仍属于才子佳人式的一见钟情。在封建正统观念看来，一见钟情的本身，也是十足的叛逆。颇具说服力的团圆结局，成为中国戏曲的常用模式。它体现了中国人热爱生活，追求理想的精神气质，对民族的文化心理构成，有着重要意义。

戏剧性与抒情性的完美结合，使《西厢记》成为一部文学价值很高的作品，被视为古代剧诗的一个范本。在诗情画意的氛围中，矛盾起伏跌宕。张生的热烈执著、莺莺的含蓄蕴藉、红娘的锋利俏皮，都写得活灵活现。尤其是作者怀着民主思想刻画的红娘，以自己的聪明机智、泼辣爽朗，不但为莺莺张生穿针引线，传书递简，而且在私情败露的紧要关头，不畏家法挺身而出，维护着他们的爱情。所以红娘这个晶莹亮丽的形象，在后世成了热心撮合男女恋爱婚姻者的共名。

三、关汉卿与《窦娥冤》

关汉卿，号已斋叟，元代杂剧作家，位居"元曲四大家"之首。因不满于黑暗社会的压抑与摧残，关汉卿长期"混迹"在勾栏妓院。在戏剧天地纵横驰骋，发挥着自己的心智和才能。他自称是"普天下郎君领袖，盖世界浪子班头"，并形容自己是有如"蒸不烂、煮不熟、捶不扁、炒不爆、响当当一粒铜豌豆"。在玩世不恭的表面，隐藏着冷峻悲凉的内心世界和热烈乐观的战斗精神。关汉卿写作勤奋，一生共著杂剧67部，今存18部，其中"旦本"戏占12个。他那贴切现实、充满血肉之感的笔触，诉说着社会底层民众的困苦与无奈；又将一腔悲悯的情怀，倾洒在被侮辱的女性身上。最脍炙人口的作品是《窦娥冤》。

《窦娥冤》取材于汉代流传下来的"东海孝妇"民间故事，关汉卿结合了自己在现实生活中的体认，精心构制了这个大悲剧。窦娥因家贫被卖给蔡家做童养媳，丈夫早死，婆媳相依为命。流氓张驴儿闯入这个家庭，胁迫窦娥婆媳嫁给他们父子为妻，遭到窦娥严词拒绝。张驴儿欲毒死蔡婆，结果反毒死了自己的父亲，便嫁祸给窦娥。昏聩的桃杌太守严刑逼供，窦娥被屈打成招，并被处死。违法的人并未得到制裁，守法的人却被"法纪"送了性命。戏剧的锋芒直指酷虐的封建统治。当窦娥幻想破灭，她愤怒地呼喊出："为善的受贫穷更命短，造恶的享富贵又寿延。天地也做得个怕硬欺软，却原来也这般顺水推船。地也，你不分好歹何为地！天也，你错勘贤愚枉做天！"窦娥的责天问地，也是关汉卿的呼喊，代表着不屈从于现实命运的浩然正气。元杂剧多充溢着一种郁闷、愤懑的情绪，这是在异族统治下的元代作家目睹种种黑暗现象后的自然流露。但关汉卿在《窦娥冤》中表达的是对整个社会的否定与诅咒般的诘难，具有无可辩驳的深刻性。

四、四大传奇与《琵琶记》

南戏在元朝继续发展和流行，它自觉不自觉地吸纳了杂剧的优长，对自身作出新的规范与提高。于是，这时的南戏出现了由粗变精的飞跃。其代表作就是元末流传甚广的《荆钗记》《白兔记》《拜月亭记》《杀狗记》四大传奇。

《荆钗记》，一般认为是元末柯丹邱所作。剧情主要是：穷秀才王十朋和大财主孙汝权分别以荆钗和金钗为聘礼，向钱玉莲求婚。玉莲重才而轻财，留下了王十朋的荆钗。成婚后，十朋赴京考中状元，因拒绝万俟相招其为婿的好意，被改调至烟瘴之地潮阳任职。而他邀请母亲带领玉莲前往任所的家书，却被孙汝权套改为"休书"，继母因此逼迫玉莲改嫁。玉莲不从，投江自尽，幸被钱安抚救起。十朋得知玉莲死讯，设誓终身不娶；玉莲也听到了十朋死于瘴疫的误传。后来两人在钱安抚舟中以荆钗相认，重续前缘。《荆钗记》情节结构颇为精巧，戏剧性较强。它利用荆钗这一道具贯穿全剧，层次分明地展开冲突与纠葛，因而"以情节关目胜"（徐复祚《曲论》），特别适宜于舞台表演。

历史人物刘知远以破落户起家，从军卒升为将帅，最后当上皇帝。这个颇具传奇色彩的生平事迹，自是民间文艺创作撷取的绝好题材。《白兔记》以刘知远鱼龙变化的故事作为全剧骨架，流露出封建时代小生产者的思想意识。他们渴望改变贫富不均的社会现实，又苦于上天无路，不免艳慕或幻想能通过某种机遇而出人头地。剧中赞扬李三娘不以贫贱论人，识刘知远于草莽之中，也是从这点出发。但是《白兔记》所产生强烈审美效果的不是这些思想，而是李三娘所受的非人苦难，"日间挑水三千担，夜间推磨到天明"，几近家奴。这种苦难，控诉了那个妻离子散，民不聊生，几人升迁，万众受虐的年月。质朴自然的艺术特色，却浓重地传递出由动乱酿成灾难的社会环境。

《拜月亭记》是在一幅兵荒马乱的画面里，讲述一个颠沛流离的故事。男女主人公踏上逃避战火的风雨旅途，在患难相扶之中，他们萌发了爱情。离乱中的结合，既无父母之命，媒妁之言，又不门当户对，自然有悖于封建伦理，但作品肯定了它。充满干戈的人生遭际是极其痛苦的，舞台上着意渲染的是关切他人的美好情操。温和的关系与严峻背景的对比，人物亮丽的情感色彩和非常巧合的情节的融合，是它的重要艺术特点。

《杀狗记》写富家子弟孙华结交市井无赖，反视胞弟为仇敌，使之沦为乞丐。孙妻屡劝不听，便杀狗伪装成死尸放在家门口。孙华见后十分惊惧，找酒肉朋友帮忙，均被托辞拒绝。只有弟弟不记前恨，将"尸首"背到城外掩埋，并向官府自首，说人是自己杀的，与兄弟无关。孙华顿然悔悟，兄弟和好，共受官府旌表。这是一出劝诫剧，通过一个生硬设计的事件，让那些违背封建行为规范的人改邪归正。人们能接受《杀狗记》并非由于这个主旨，而是在表现孙华的遭遇时，展示了市井无赖的无信、无聊、无行，让人们看到了一幅可憎的世态图画。

南戏绝唱《琵琶记》在南宋民间文艺和早期南戏中，蔡伯喈是个"弃亲背妇，为暴雷震死"的坏人。高明改写了他，不再是个负心男子。他本无心功名，因严父催逼，才不得已进京赴考；高中以后，屈于皇帝和牛丞相的淫威，被迫入赘相府，不能归家。只因他辞试、辞婚、辞官的请求都被拒绝，终于酿成了父母饥饿而死，妻子赵五娘卖发葬公婆，沿途弹唱行乞，千里寻夫的悲剧。作品的最后，以一夫二妇守孝三年一门旌表作结。剧作家把功名利禄与家庭幸福对立起来，表明对皇帝的效忠义务原来是以剥夺人的赡养权利为前提的。戏剧的结构极富特色，依据男女主人公的两地处境，分成两条线索交错递进。一面是蔡伯喈一步步陷入功名富贵的罗网；一面是赵五娘独自支撑门户，苦苦挣扎，将统治者的飞扬跋扈、安富尊荣和农村灾年一派残破的生活情景同时写入戏中，鲜明的对比折射出社会的深刻矛盾。尤其是赵五娘这个人间苦难负荷者的形象，更具震撼人心的艺术感染力。全剧典雅、完整、生动、浓郁，显示了文人的细腻目光和酣畅手法，它是高度发达的中国抒情文学与戏剧艺术的结合。

五、明清传奇

到了明代，继承南戏某些特点，在吸收了元杂剧北曲基础上形成的戏曲形式——传奇取代了杂剧在剧坛的主导地位，从明代中叶开始的传奇繁荣迎来了中国戏曲的又一高峰。明代中叶以后，嘉靖、万历年间，社会经济有明显的发展，传奇创作的题材也因之逐渐开阔，出现了一批抨击时政、歌颂青年男女突破封建礼教藩篱追求个性解放的剧作。明初阶段仍然勉力维持统治地位的杂剧，此时已经衰微，而从"村坊小曲""里巷歌谣"基础上产生的南戏，却深得群众的喜爱与支持，获得了蓬勃的发展。诸腔的竞胜和各阶层对演剧的强烈兴趣，激发了剧作者的创作热情，大量传奇是在这种情况下诞生的。

明代后期（嘉靖至崇祯，即公元1522—1644年）的传奇创作盛极一时，汤显祖的《牡丹亭》便是其中杰出的代表。知名的作家除李开先外，还有专心致力于昆山腔传奇创作的梁辰鱼、张凤翼、徐复祚、凌濛初、冯梦龙、阮大铖等200余人。各类传奇可考者不下700种，内容广泛，风格多样。这时期的作品对社会的黑暗与统治集团的暴虐、贪婪，进行了比较深入的揭露和批判，还从个性解放的要求出发，对封建礼教与专制主义进行了激烈的批评。《鸣凤记》《磨忠记》《焚香记》《织锦记》《牡丹亭》《玉簪记》《红梅记》都是其中的优秀剧目。特别是《牡丹亭》深化了传奇中的爱情主题，向封建宗法家庭关系和禁锢人心的礼教发起了挑战，是我国罕见的浪漫主义悲喜剧杰作，其主人公杜丽娘是继《西厢记》中的崔莺莺之后又一光彩动人的女性形象。

《牡丹亭》是汤显祖的代表作。剧情是这样的：福建南安太守杜宝的女儿杜丽娘到花园游玩，梦中与书生柳梦梅幽会。梦醒后她为相思所苦，伤情而死。三年后，柳梦梅去临安应试，经过杜丽娘的墓地，拾得她的自画像，和杜丽娘的鬼魂相会，并掘墓开棺，使杜丽娘起死回生，二人结为夫妇。但杜宝不承认他们的结合，直至柳梦梅中了状元，由皇帝赐婚，事情才获得圆满解决。

女主人公杜丽娘不甘心做循规蹈矩的闺阁典范，而大胆披露自己的内心欲望，"一生儿爱好是天然"，要求过"花花草草由人恋，生生死死随人愿，酸酸楚楚无人怨"的自由生活。满园春色，更催醒了爱情。现实中被压抑的情感，终于在睡梦中突破了牢笼，到广阔的天地去寻找本该属于自己的那一份情感和生活。这种勇敢而自主地追求人性自由的女性，是此前戏剧乃至文学的妇女形象中从未出现过的。

这个戏剧的故事出乎生活常理，带有幻想性质。但就它所反映的社会生活和人物的精神而言，极其真实可信。杜丽娘的形象所蕴含的巨大的艺术力量，强烈地叩动着古代青年男女的心灵。一个娄江女子因读《牡丹亭》竟断肠而死；著名女伶商小伶为此剧伤心而亡；以致曹雪芹《红楼梦》中也有林黛玉听了《牡丹亭》曲文，心动神摇，如醉如痴的描写。以人的感情为出发，提出情理冲突的命题——汤显祖用《牡丹亭》呼唤着一个人性解放的新时代。

然而，即使是这些具有积极意义的优秀作品，在思想内容上也并不完美。对清官和帝王抱有幻想，对人民的反抗行动摆脱不了固执的阶级偏见，表现男女爱情大多数不脱才子佳人的俗套。

明末清初的大动荡，使传奇创作又有新的发展。以李玉为代表的苏州地区作家，继承了《鸣凤记》等传奇反映现实斗争的优良传统，写出了《清忠谱》《万民安》《一捧雪》《人兽关》《永团圆》《占花魁》《千钟禄》等昆曲作品。入清以后，社会矛盾发生了急剧的变化。一些作家写出了讴歌民族英雄、表彰民族气节的作品。洪昇的《长生殿》、孔尚任的《桃花扇》不仅以主题的深刻和强烈的现实感震动了剧坛，而且以精巧的结构、妥贴的宫调与曲牌，优美的文辞，形成了传奇创作的又一高峰。

《长生殿》取材于唐明皇与杨贵妃的恋爱故事。从帝妃之间产生了一点真情的那一刻，杨玉环为卫护自己与李隆基稳定的关系，她妒忌、吵闹、百般邀宠；而作为天子的唐明皇则是"弛了朝纲，占了情场"。朝纲废弛，又引起了野心家安禄山的叛乱和军民的怨恨。在军士哗变的逼迫下，唐明皇在马嵬坡赐死杨玉环。然而，马嵬之变不是戏剧的结束。此后，洪昇把情感的实现寄托到理想的天国。男女主人公飞升仙境，在情悔与梦幻中，爱情最终得到升华与净化。

《长生殿》不是简单的爱情剧，它是在广阔的社会政治背景下诉说众人皆知的李杨爱情故事。帝妃间"真心到底"的海誓山盟与天上人间的不尽思念，是洪昇对至情理想的讴歌与悲剧性呼号。与此同时，在剧中展示的社会动乱、民生疾苦的长幅画卷里，又分明寄寓着洪昇的民族兴亡感和对帝王"溺情误国"的政治批判。所以，《长生殿》对李杨形象的塑造，赞扬针砭兼而有之。洪昇笔下的情，包容着善与恶两个对立的方面，这是他和他的作品难以克服的矛盾。

桃花扇是侯方域、李香君定情之物。孔尚任以此记录着男女主人公的沉浮命运，又用它勾连出形形色色的人物活动。一把纤巧的扇子在孔尚任手中不仅串络着纷乱的历史人物与事件，并雄辩地展示出它们的破灭的必然性。在民族沦落、社稷倾圮的时代，作者把高尚的人格给予身为妓女的李香君，把一个孱弱的灵魂赋予了享有盛名的才子，而将最深沉的同情寄予在社会地位卑微的民间艺人身上。孔尚任借助他们的口，抒发了对末世既临的无可奈何、无可挽回的叹息。

清初的传奇作品，还有李渔的《笠翁十种曲》、万树的《风流棒》、方成培改前人的《雷峰塔》等。乾隆时期及以后，统治者加强了文化专制，传奇创作受到沉重的打击。与此同时，朝廷又命张照等御用文人编撰《劝善金科》《踦平宝筏》《忠义璇图》等宫廷大戏，以备平时与节日庆典演出需要。由是传奇创作在思想与艺术上都趋于没落。但传奇的折子戏，却缘于昆、弋争胜而有所发展。从整本传奇中撷取精华段落而相对独立的折子戏，由于故事生动，表演精湛细腻，结构精练而完整，人物形象也鲜明，受到观众的欢迎，许多传奇便借助于折子戏的演出长期保存在舞台上。

嘉靖时期，传奇创作最优秀的作品是突破封建说教条框，直接将现实斗争和历史上重大政治题材搬演于舞台的三部大戏：《宝剑记》《鸣凤记》《浣纱记》。

明清的戏曲理论，在中国戏曲史上占有重要的地位。明代后期，出现了徐渭的《南词叙录》、王骥德的《曲律》、吕天成的《曲品》、祁彪佳的《远山堂曲品》、李渔的《闲情偶寄》等著作。李渔对前人的创作和演出实践作了深入探索和系统总结，使戏曲理论取得了重大的发展，他较多地接受了王骥德的影响和启发，但也表现了自己的真知灼见，是明清戏曲理论家的重要代表。

第四节 中国传统小说

一、魏晋南北朝时期的"志怪小说"与"志人小说"

中国古代神话故事、历史传说、寓言故事已经具有志怪小说的苗头。《左传》《国语》《战国策》等记述人物言行的史书，又给小说创作以启发。经过相当长时期的发展，直到魏晋南北朝时期才产生了志怪小说。

干宝的《搜神记》是志怪小说的代表。志怪小说中，一方面多有宣扬宗教迷信思想的作品，一方面也有反映广大人民思想愿望的作品。前者如《阮瞻》叙述素不信鬼的阮瞻被鬼吓坏的故事；《蒋济亡儿》叙述蒋济的儿子在阴司官府当差的故事。后者如《干将莫邪》记写巧匠莫邪为楚王铸成雄雌二剑后被楚王杀死，其子赤为父报仇的故事；《紫玉韩重》记写吴王的小女紫玉和童子韩重相爱，吴王不许，紫玉愤恨而死，韩重痛哭墓前，紫玉灵魂出现，两人墓中结为夫妇的故事；《宋定伯捉鬼》记写宋定伯不但不怕鬼，而且捉住鬼，卖了鬼的故事。后者是志怪小说中的精华。志怪小说对后世的小说创作有很大的影响。

志人小说的代表是《世说新语》。刘义庆，刘宋宗室，封临川王，他喜招聚文学之士，此书可能是他与其他手下文人杂采众书加进所闻而编的。

《世说新语》原名《世说》，因西汉刘向也有《世说》（已佚），故唐人为区分，称为《世说新说》，到宋朝，又改为《世说新语》，一直沿用到今天。此书记载的是从汉代到东晋的逸闻轶事、言行风貌，其中尤详于东晋，全书按内容分三十六门，如德行、言语、政事、文学等。

二、唐代时期的"传奇小说"

这是一种有文人意识的文学创作，它"叙述婉转，文辞华艳"。唐传奇的题材大致分为爱情婚姻、文人仕途、豪侠行义、历史故事、神仙怪异等，而神仙怪异又往往穿插各类题材中，这是六朝小说的胎记。

唐代社会生产力的发展，促进了手工业、商业的发达和都市经济的繁荣，市民阶层兴起了。这给小说创作提供了丰富的素材；韩柳倡导的朴实的新体散文，比较适合于小说的创作；白居易倡导的新乐府运动，也在一定程度上影响作家面向现实。唐代传奇就在六朝志怪小说和当时社会现实基础上繁荣了起来。它虽源于志怪小说却又有很大的发展，由志怪转向了反映复杂的社会现实。

中唐时期是传奇创作的黄金时代。作品很多，主要反映现实。即使是谈神说怪的作品，也往往具有现实社会意义。《南柯太守传》，叙述淳于棼与二友酒醉、入梦，在大槐安国招驸马，任太守，煊赫一时，后因战败，公主又死，国王怀疑，有人构陷，被送回乡，梦醒时二友正在床边洗脚，即以虚幻曲折的故事情节，讽刺沉迷仕禄的士人，揭露了封建官场互相倾轧的情况。

唐传奇中成就最高的是爱情小说。如《任氏传》中的狐女任氏爱恋家境贫寒的郑六，严斥企图恃富施暴的韦崟道："郑生，穷贱耳。所称惬者，唯某而已。忍以有余之心，而夺人之不足乎？哀其穷馁，不能自立，衣公之衣，食公之食，故为公系耳。若糠糗可给，不当至是。"体现了妇女要求主宰自身命运的愿望和敢于反抗强暴的斗争精神。《柳毅传》具有神话色彩，叙述龙女被丈夫虐待，柳毅仗义传书，几经曲折，二人终结良缘的故事，表现出柳毅性格善良、品德高尚，龙女反抗压迫、执着爱情，具有揭露封建婚姻制度罪恶的社会意义。

唐传奇构思精巧，情节曲折，结构完整。如《柳毅传》写柳毅为龙女完成传书使命，钱塘君杀了泾河小龙，救回龙女后，又陡生波折，平添钱塘君逼婚，柳毅严词拒绝一节。柳毅回家后连娶两妻皆亡，似与龙女无缘，不料三娶的卢氏竟是龙女的化身。作者围绕龙女争取婚姻自主这一主线安排情节，展开矛盾，波澜迭起，出乎意料，入乎情理，构思极巧妙，体现了"作意好奇"的特点。

唐传奇的语言生动流杨，简洁而富于表现力。这与作者不少是诗文高手，讲究修辞造句，注意汲取骈文和口语之长有关。如钱塘君救回龙女后，"洞庭君曰：'所杀几何？'曰：'六十万。''伤稼乎？'曰：'八百里。''无情郎安在？'曰：'食之矣。'"寥寥数语，钱塘君的性格、说话时的神情口气跃然纸上。

唐代传奇标志着我国小说趋于成熟，揭开了我国现实主义小说的序幕。

三、宋元时期的"话本小说"

话本是讲故事的人用的故事底本。话本即说书艺人——在宋代称为说话人,演出的底本。说书人只能用当时流行的口语来说,故话本即当时的白话小说。这是一种不同于志怪、传奇的新兴小说。小说话本在人物塑造及情节处理上都有相当高的成就。在塑造人物时,不但长于动作、语言描写,还长于心理描写。在展开情节时,不但曲折生动,而且善于制造悬念和进行细节描写。北宋统治者鉴于唐代藩镇的割据跋扈,加强了中央集权制度,又采取了轻徭薄赋的措施,国内局势比较安定,农业、工商业得到了空前的发展,形成了繁华的大都市,市民阶层扩大了。这时期,传奇创作趋于衰微,话本却在唐代基础上有了很大的发展。话本是民间说话艺人的底本,亦即当时的白话小说。话本这种民间艺术在唐代已经产生。

到了宋代,在汴京、杭州等大都市里,为了满足广大市民的娱乐要求,出现了不少说话场所"瓦子",促进了说话艺术的发展。元代也是这样。宋元话本可以视为一个整体部分。传留下来的长篇有《新编五代史平话》《三国志平话》《大宋宣和遗事》《大唐三藏法师取经记》等。这些话本,分别和后来的《三国演义》《水浒传》《西游记》等长篇小说的创作有很密切的关系。短篇有《碾玉观音》《错斩崔宁》《志诚张主管》等。这些短篇小说,多以城市中的小商人、手工业者和下层妇女为正面描写对象,更广泛地反映了现实社会生活,刻画人物也有新的发展,标志着我国文学史上白话小说的进一步成熟。

如《错斩崔宁》,写刘贵从丈人家借得十五贯钱,回到家后,他的妾陈二姐问他钱是从哪来的,刘贵和她开玩笑,说是将陈二姐典给了他人换来的。"那小娘子听了,欲待不信,又见十五贯钱堆在面前;欲侍信来,'他平白与我没半句言语,大娘子又过得好,怎么便下得这等狠心辣手?'只得再问道:'虽然如此,也须通知我爹娘一声。'"等刘贵睡去之后,"那小娘子好生摆脱不下,'不知他卖我与甚色人家?我欲先去爹娘家里说知。就是他明日有人来要我,寻到家里,也须有个下落。'"通过这一系列细节的动作、对话、心理描写,把陈二姐不满刘贵,但又无可奈何的温顺性格和口中虽不明言,但又颇有心机的性格刻画得十分生动细致。之后写刘贵被杀,而偏巧小娘子又在路上遇到一个身带很多铜钱,但又颇为斯文的年青人,又为后文的"错斩"设下了悬念。

四、明清时期的"小说"

章回小说是我国古代长篇小说唯一形式,也是标明回目、分章回叙事的白话长篇小说。源于宋代评话，至明、清两代最为发达。明郎瑛《七修类稿》："小说起于宋仁宗时，盖时太平盛久，国家闲暇，日欲进一奇怪之事以娱之，故小说得胜头回以后，即云话说赵宋某年。"章回小说全书分若干回，少则数十回，多至百余回，每回标以对偶的回目，概括全回故事内容。有的开头有"话说某年"、结尾有"且说下回分解"的套语。著名的有明吴承恩的《西游记》、陆西星的（一说许仲琳编辑）《封神演义》、清曹雪芹的《红楼梦》、清吴敬梓的《儒林外史》等。这些作品直到现在还为我国广大读者所欢迎。

拟话本小说是指摹拟宋元话本的形式而创作的作品，主要供文人案头阅读，其形式特征有入话或得胜头回，并征引较多的诗词。代表作是"三言"与"两拍"。

"三言"包含《喻世明言》《警世通言》《醒世恒言》，是由冯梦龙搜集、整理、创作、编辑成书的，各收四十篇小说，内容广泛，反映了多方面的社会生活。《杜十娘怒沉百宝箱》等，描写爱情生活，反映被压迫妇女的追求美满生活，抨击封建社会对妇女的压迫；《沈小霞相会出师表》等，描写忠奸斗争，谴责权奸的罪恶，体现人民的同情和憎恶；《俞伯牙摔琴谢知音》等，描写人与人间的关系，歌颂真挚友谊，鞭笞堕落世俗；《灌园叟晚逢仙女》等，描写阶级压迫，同情善良人民，鞭笞邪恶势力。"三言"在描写人物上取得了长足的进展，但有些篇中的露骨色情描写，则不足取。

历史演义是指用通俗的语言将争战兴废，朝代更替等为基干的历史题材，组织敷演成完整的故事，并以此表明一定的政治思想、道德观念、美学理想。

世情小说是以描写世俗人情为主要内容的小说作品，又叫人情小说。如《金瓶梅》等。

我国古代小说，经过长期的发展，优秀作品各呈异彩，从中可以获得美的享受，认识古代社会面貌。

文化沙龙

一、调查交流

1. 制作一份关于中国古代文学常识的调查问卷并在班级或学校展开调查，了解当代大学生对于中国传统文学的掌握情况。

2. 朋友之间怎样做才是真正的讲义气？有人说《三国演义》的文化特质是"忠义文化"，作为今天的大学生，怎样看待"忠义文化"？

二、争鸣空间

1. "人生如戏，戏如人生。"不管你是居庙堂之高，还是处江湖之远，无论你是身价超凡，还是清贫拮据，每个人都将不可避免地归于尘埃。面对这不能抗拒的宿命，有人感叹韶华易逝，人生苦短，于是及时行乐，游戏人生。有人认为好的剧本不只用笔墨来书写，还应用生命来书写。人生可以不完美，但过程一定要精彩，每个人都应演好自己的人生大戏。对这样一个严肃的生命质量问题，建议全班开展研讨。

2. 如今热门小说翻拍电视剧成风。然而不少依据畅销小说或网络热门小说翻拍的电视剧却被人诟病，有的是因为人物形象相去甚远，有的则是因为情节上改动太多。阅读原著小说和看由小说翻拍的电视，你更喜欢哪个呢？对于时下小说翻拍成风的现象你是怎样理解的呢？

三、妙笔生花

时下热门的流行音乐中，中国风的词风与曲风独树一帜。比如《青花瓷》《庐州月》等，中国传统诗词正逐渐渗透进大众喜闻乐见的艺术形式里。为什么大众会越来越喜欢中国传统诗词的词风及古典清丽的曲风？中国传统诗词之美美在哪里？请以此写一篇随笔散文。

四、旧瓶新酒

《中国诗词大会》是中央电视台2016年开播的一档全民参与的诗词节目，节目以"赏中华诗词、寻文化基因、品生活之美"为基本宗旨，力求通过对诗词知识的比拼与赏析，带动全民重温哪些曾经学过的古诗词，分享诗词之美，感受诗词之趣，从古人的智慧和情怀中汲取营养，涵养心灵。栏目中最激动人心的环节当属选手间的对抗赛——"飞花令"。

飞花令，原本是古人行酒令时的一个文字游戏，源自古人的诗词之趣。古代的飞花令要求，对令人所对出的诗句要和行令人吟出的诗句格律一致，而且对规定好的字出现的位置同样有着严格的要求。《中国诗词大会》中的"飞花令"要求相对简单许多，对诗句的要求没有古代那样严格，选手只要背诵约定的字且诗句不要与说过的重复即可，对字的位置也没有要求。每场比赛设置一个关键字，不再仅用"花"字，而是增加了"云""月""春""夜"等诗词中的高频字，挑战者必须在极短时间内完整地说出一联诗句，这不仅考察选手的诗词储备，更是选手临场反应和心理素质的较量，具有很强的竞赛感和很高的观赏性。

想测试一下你的诗词储备吗？和你的小伙伴们玩一次"飞花令"，关键字可选一个诗词中的常用字，如风、雪、云、月等并把它记录在你的笔记本上。

五、知识拓展

向朋友列出一份阅读推荐书目，并写出推荐理由。

第四单元 中国传统艺术

单元导语

在世界艺术的长河中,中国古典艺术独树一帜,瑰丽多姿,它以丰富的样式题材、变化多端的表现手法,描摹中国社会的人文情态,反映中国人的志趣追求,展示中国文化的精神内涵。学习、了解和把握中国艺术文化传统,不仅能让我们感性地了解中国传统文化,也有助于我们坚守自己的精神家园,增强自身的艺术修养和审美能力。一张宣纸,浓墨勾勒,淡墨烘托,勾画时代,书写人生;精彩的戏文,舞台的风光,句句声声唱古今曲调,唱念做打演历代离合;玉石陶瓷,传承巧夺天工的工艺,精雕细琢里流淌文化血液。中国传统艺术,给予我们的是美学的智慧和生存的力量。她征服了你我,成为我们永恒的精神家园。

知识精讲

第一节　书法艺术

书法是中国传统文化最具标志的民族符号，以其独特的艺术形式和艺术语言释读了中国的传统文化内涵。书法是用毛笔书写汉字并具有审美惯性的艺术形式，历史悠久，从甲骨文、金文演变而为大篆、小篆、隶书，至定型于东汉、魏、晋的草书、楷书、行书诸体，散发着东方艺术之美，在世界文化艺术宝库中独放异采。

一、书法的主要书体

中国书法艺术经历了起源、发展、成熟、繁荣等阶段。从距今 8000 多年前至殷商之前为书法的起源阶段。从殷商到西汉，为书法的发展时期，这时的字体先后有甲骨文、金文和篆书，它们都带有较重的象形意味；东汉到南北朝为书法的成熟期，先后出现了隶、草、楷、行四种不同的字体形态；隋唐至近代为书法艺术的繁荣期，书法艺术朝着书体多样化的方向发展，出现了不同风格的流派。

1. 篆书

篆书产生于商朝的甲骨文，是现存中国最古老的文字。这些最早的汉字遗迹已具备了书法的用笔、章法、结字三要素，其章法大小不一，方圆多异，长扁随形，布局多为纵行，大小变化，错落多姿而又和谐统一，奠定了我国书法艺术的基础，标志着我国书法艺术的产生。

商周时期出现的金文或称"钟鼎文"，是商、西周、春秋、战国时期铜器上铭文字体的总称。钟鼎文整齐且笔画粗壮，起笔、收笔及运转比甲骨文圆润，曲直变化丰富。成熟的金文外形偏长，每字的大小匀称，各部分讲究呼应与配合。《毛公鼎》《散氏盘》是其代表作。从金文遗迹看，书法的艺术性已逐渐丰富起来。

石刻文产生于周代，兴盛于秦代。东周时期秦国刻石文字，在 10 块花岗岩质的鼓形石上各刻四言诗一首，内容歌咏秦国君狩猎情况，故又称猎碣。石鼓文结字比金文有更大的规律性，笔画遒劲凝重，结构茂密浑厚，开始向小篆转化。它不仅是以后秦统一文字的基础，而且对后代的书法风格影响极大。

甲骨文、金文的主流是沿着刀刻、凿铸道路发展，而在春秋战国时期，毛笔开始在书法上广泛应用。毛笔表现力丰富，特别是内蕴的笔法技巧，构成了以后中国书法的重要要素——书者的情性、审美趣味、用笔技巧等。加之春秋战国时期，国家分裂、社会动荡，各诸侯国在不同的艺术追求下，朝着各自的审美趋向发展，形成了书法艺术绚烂多彩的局面。

秦代开创书法先河。秦统一后，秦始皇下令"车同轨，书同文"，官方文字称为秦篆，又叫小篆，由著名书法家李斯主持整理，在金文和石鼓文的基础上删繁就简后产生，是一种规范化的官方文书通用书法体。篆书是大篆、小篆的统称。小篆是秦统一六国后的文字，从广义上来说，大篆指小篆之前的文字，甲骨文、石鼓文和金文等都属于"大篆"这个范畴。刘熙载说："秦碑力劲，汉碑气厚，一代之书，无不肖乎一代之人与文者。""篆之所尚，莫过于筋，然筋患其弛，亦患其急。"可见其笔力之"劲"，乃是用笔的首务，因为它还未具备后代书体点画形态的变化之美，只能在力劲中表达出线条的美感来。历代写小篆以唐李阳冰最负盛名，自他以后直到清代，篆书很是沉寂，只有到了清代中晚期，在碑学大倡的时代潮流中，篆书才出现了繁荣振兴的局面，大家辈出，如邓石如、吴让之、吴昌硕、章太炎等，无不为篆书园地灌浇了风姿各异的花朵。

2. 隶书

秦代文字的统一，为书法艺术的成熟奠定了基础。由于小篆字形扁长、结构复杂等特点，作为官方文字不便速写，于是结构较为简单、便于迅速书写的隶书出现了。隶书是继小篆之后通行于两汉的书体。它已属于今文字范畴了。隶书与楷书已极为相近，因此，自从唐代立楷为正书以来，隶书一直是既有审美价值又有实用价值的书体。

隶书从西汉初期发展到东汉末期，成为官方标准字体，并且在300多年中达到精熟的程度，流派纷呈，美不胜收，体现了书法发展从简到繁、从质到妍的必然过程，其体势也从篆书的纵势变成横势，以崭新的面貌、更为方便的实用价值取代了篆书的地位。汉代隶书笔画平直，结构简便，顿挫明显，尤其是碑刻，精妙绝伦。同时，为了字的方整和书写便利，隶书把用作偏旁的独体字规定特殊的形态，例如"刀"做右旁时则写成"刂"，使隶书较篆书易记、易写，适应了时代发展的要求，从用笔到结字所形成的风格，显得既庄重严整，又变化多姿。这种字体，上承篆书和古隶，下启楷书，用笔通行草。所以隶书在书法艺术上有继往开来的重要地位。隶书虽是一种古老的书体，但至今仍有强大的生命力。

《宣和书谱·行书叙论》中说："自隶法扫地，而真几于拘，草几于放，介乎两间者，行书有焉。"即隶法解体后，写得近于谨严些的就成了真书（楷书），写得近于奔肆些的就成了草书，介乎真、草之间的就是行书。至此，汉字的几种书写形式均已产生，写字也不仅仅在于实用，美感和享受也成为发展的动力，书法艺术进入成熟时期。

3. 草书

草书形成于汉代，是为了书写简便在隶书基础上演变出来的。特点是结构简省、笔画连绵。草书分章草和今草，而今草又分大草（也称狂草）和小草，在狂乱中觉得优美。

在由篆到隶的演化中，由于毛笔快写和笔法发展的缘故，章草产生了。唐代张怀瓘《书断》中说："汉元帝时，史游作急就章……此乃存字之梗概，损隶书之规矩，纵任奔逸，赴速急就，因草创之意，谓之草书。"章草保留了隶书的书写意味，虽笔画出现牵带钩连现象，但字与字之间仍相对独立。东汉书法家张芝，擅作章草，被称为"草圣"。

汉末，章草进一步草化，脱去隶书笔画行迹、上下字之间笔势牵连相通，偏旁部首也做了简化和互借，称为"今草"，其最明显的特征是简化了一部分章草的点画形态，加强了点画之间的萦带联系。不但每个字内部如此，更重要的是加强了字与字之间的呼应关系，行与行之间的相辅相成关系。虽然它们未必笔笔相连，但可以明显感到揖让、顾盼关系是极密切的，使字与字之间、行与行之间有气贯通。

今草自魏晋后盛行不衰，到了唐代，写得更加放纵，笔势连绵环绕，字形奇变百出，称为"狂草"，亦名大草。大草给人以气盛神足、动人心魄之感，在酣畅淋漓的笔飞墨舞中人笔似乎合一，通篇浑成、朦胧、新奇，富有浪漫的意境。

宋代黄庭坚的草书创造了张旭、怀素之后又一个高峰，其《诸上座帖》笔势飘动隽逸，有独特风格。明代狂草形成一种汪洋恣肆的视觉效果，反差很大的是楷书又写得相当严谨。作品有楷书《出师表》、草书《自书诗卷》等。

4. 楷书

楷书也叫正楷、真书、正书，汉末从隶书逐渐演变而来，更趋简化。《辞海》解释："形体方正，笔画平直，可作楷模"故名楷书。楷书始于汉末，通行至今，长盛不衰。

楷书的产生，紧扣汉隶的规矩法度，而追求形体美的进一步发展。汉末、三国时期，汉字字形由扁改方，笔画逐渐变波、磔为撇、捺，且有了"侧"（点）、"掠"（长撇）、"啄"（短撇）、"提"（直钩）等，横平竖直，形体方正，结构严整。汉末钟繇对楷书的贡献最大。他大胆创新，以楷书的横、捺取代了隶书的"蚕头雁尾"，促进了楷书的定型。

楷书定型于魏晋时期。东晋王羲之，善于博采众长，自成一家，人称"书圣"。楷、行、草诸体皆佳，他的楷书《乐毅论》《曹娥碑》等，继承了钟繇的笔法，又有所发展，笔画较之钟书更加圆润清秀，结构更加谨严。王献之，王羲之第七子，书艺超群，与其父并称"二王"。他的楷书作品《洛神赋》，传至宋代只存13行，有玉版刻本，世称《玉版十三行》，其笔画精严挺健，字型萧散逸宕，章法顾盼有姿。

楷书到南北朝时期有了较大发展。南朝重要的书法家僧智永是王羲之的七世孙，他的《真草千字文》为楷草书结合的典范。北朝以碑刻独步书苑，其中以北魏成就最高，《张猛龙碑》是其代表碑刻。其书体被称为"魏碑体"或"魏体"，是楷书的一种，对后世产生了重要影响。

唐代是中国封建社会的鼎盛时期，唐代博大气象所形成的唐人激越的胸襟和心态，在书法艺术上体现为洒脱奔逸、恢宏宽博的气势。楷书至唐代出现了繁荣局面，今天仍有"学习楷法从唐入手"的说法。名家辈出。欧阳询、虞世南、褚遂良是初唐书法名家，他们融二王之流美与魏碑之凝重于一体。其中欧阳询尤负盛名，其书法世称"欧体"，所书写的《九成宫醴泉铭》是唐代楷书精品。盛唐颜真卿的楷书结体方正茂密，笔画横轻竖重，笔力雄强圆厚，气势庄严雄浑，人称"颜体"。颜真卿书迹很多，著名碑帖有《多宝塔碑》《颜氏家庙碑》等。颜真卿后成就卓著的是柳公权，他避开了颜字肥壮的竖画，把横竖画写得大体均匀而瘦硬，又吸取了北碑中斩截分明的长处，把点画写得好象刀切一样爽利深挺，形成了独树一帜的"柳体"。楷书碑帖有《玄秘塔碑》《神军策碑》等。后人对比颜柳风格，喻为"颜筋柳骨"。

宋代楷书不及唐代，值得一提的是的蔡襄和赵佶。赵佶即宋徽宗，独创"瘦金体"，横画收笔带钩，竖画收笔带点，撇如匕首，捺如切刀，竖钩细长。碑帖有《千字文》等。元代楷书名家有赵孟頫。他遍学前辈，兼擅各体，尤以楷书与行书冠绝当时，他的楷书于法度严谨中见秀美，被称为"赵体"，与欧阳询、颜真卿、柳公权齐名。明代重视帖学，书家大多擅长小楷，著名的有祝允明、文徵明、董其昌等。清代书家大多学赵、董，很少有独立的特色。清末何绍基学颜体，兼习汉碑，能自成风格。

5. 行书

行书是楷书的快写，它不及楷书工整，也没有草书草率，最大特点是用连笔和省笔，却不用或少用草化符号，较多地保留正体字的可识性结构，从而达到快速书写又通俗易懂的目的，便于传达文字信息。

在篆、隶、楷、草、行五大书体中，写行书和精于行书的大家最多。从实用意义上来说，行书的使用价值高于楷书和草书。在艺术表现力上，能从容不迫地抒发性情的，莫过于行书。尤其是确立了王羲之崇高的地位后，行书的生命力在历代大家的努力下，愈来愈活跃，流派纷呈，各擅风姿。而且，有才能的书家把篆的笔意、隶的情趣、草的气势，巧妙地融化、结合进去，使行书的艺术性更臻完美。性气和平时可近楷而成行楷，意气风发时可近草而成行草，若有篆隶功夫，也可融化进去化流美为古雅。所以"字如其人"的道理，于行书中更能得到发挥。

行书出现于两汉，成型于魏晋，至东晋产生了以"二王"为代表的具有高度艺术典范性的行书风格。王羲之的行书《兰亭序》被誉为"天下第一行书"，其笔势"飘若浮云，矫若惊龙"。王珣的传世之作《伯远帖》行笔峭劲道丽，自然流畅，为珍贵的晋人墨迹。之后，历代大家在写行书时有意无意地运用了"仁者见仁，智者见智"的观念，宗法二王，但各取所需，行书流派纷呈。

唐朝中期颜真卿行书开一代新风，其行书刚劲挺拔，笔势奔放，其《祭侄赠赞善大夫季明文》别名《祭侄季明文稿》，简称《祭侄文稿》被誉为"天下第二行书"。宋代行书注重表现文人意趣，著名的行书大家有苏轼、黄庭坚、米芾、蔡襄，并称为"宋四家"。苏轼行书流利自然，用笔圆润活泼，作品有《黄州寒食诗贴》《前赤壁赋》等；米芾人称"米颠"，其《研山铭》手卷，运笔刚劲强健，具奔腾之势，乃米书之精品。

元至明中叶，无论是赵孟頫还是祝允明、文徵明、董其昌均在晋唐书风中占据一席之地。清代行书受赵、董影响较深，形成了"台阁体"，典型代表如刘墉。而郑板桥反对"台阁体"，勇于创新，其行书杂有篆、隶、楷、草诸体，自成一格。

二、书法艺术的审美特征

1. 形式美

书法之所以能成为一门艺术，与汉字息息相关。中国最早的文字有相当一部分是象形字，主要靠描摹事物的形状来造字，汉字以形示意的特点对书法能成为一门艺术具有很大的作用。汉字除了能表意之外，还有一种独特的形式美，使人们可以撇开文字的内容，对形式进行欣赏。

中国书法史上的五种主要书体（篆书、隶书、草书、楷书、行书）无论哪种书体都包括三个基本要素：笔法、字法和章法。笔法是写字的基本技法，主要是指运笔的能力和技法，笔法讲究运笔中尽显线条的力度和质感；字法即结体，是指每个字的笔画、部首的呼应避让，在点画安排与笔势布置中，讲究平衡、避就、顶戴等；章法是指整篇书法作品气息的连贯和统一，在布白、行气的运思中，使作品充满意趣和气韵。

2. 法度美

法度，指法则、秩序、行为的准则，书法的法度就是书法法则，向据基本笔法的起笔、行笔、收笔，也包括结字的法则，如穿插、避让、横画等距、竖画等距等等。书法在笔法、结体、章法上充满了刚柔、轻重、浓淡、疏密等矛盾，而它就是在这矛盾中把握了尺度和法则，也就是笔法、结构和章法。如张旭和怀素的草书，不管怎样狂放不羁、千变万化，终不失法度，这和孔子所说的"七十而从心所欲，不逾矩"有异曲同工之妙。

3. 人格美

书法创作的过程，就是熔铸创作者人格的过程。书法创作时，书法家个人的审美倾向、气质、性情、学养都会倾注到作品中去，书法之所以能够成为一门艺术，正是由于它包含着丰富的精神内涵，从中我们能领悟中国人对宇宙的认识和思维方式，体会到中国哲学思想的深深烙印，一个时代的书风，或是个人的角美趋向往往是一个时代哲学思潮的体现。

我们常说"字如其人""书为心画"。柳公权说："心正则笔正。"傅山说："作字先做人。"如李白赞王羲之："右军本清真，潇洒出凡尘。"李嗣直也赞美他："清风出袖，明月入怀。"既赞其书，更赞其人。如颜真卿的《祭侄文稿》，书法浑雄大气，一气呵成，记述了颜氏一门为国捐躯、精忠报国的悲壮情怀，书法作品与文章内容浑然一体，通过书法的风采，淋漓尽致地表现出作者的内心世界。颜真卿是唐代杰出的书法家，他的楷书一反初唐书风，行以篆籀之笔，化瘦硬为丰腴雄浑，结体宽博而气势恢宏，骨力遒劲而气概凛然，并与他高尚的人格相契合，是书法美与人格美完美结合的典例。

《兰亭集序》

《兰亭集序》文字灿烂，字字珠玑，是一篇脍炙人口的优美散文。通篇用笔道媚飘逸，手法既平和又奇崛，大小参差，自然天成。其中，凡是相同的字，写法却各不相同，"之""以""为"等字，各有变化。《兰亭集序》是王羲之书法艺术的代表作，被誉为"天下第一行书"。

三、书法传世名帖品录

1. 《贺捷表》

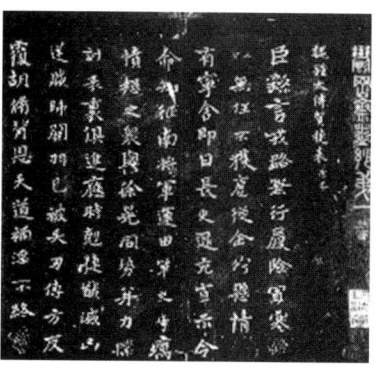

钟繇（公元151—230年），字元常，豫州颍川长社（今河南长葛）人，魏明帝时进太傅，封安陵侯，故后人称为"钟太傅"。钟繇少小学书精勤，曾对他儿子钟会叙说了他学书的经历："吾精思学书三十年，若与人居，画地广数步，卧画被穿过表。"在与胡昭向、刘德升学书时，"十六年未尝窥户"。钟繇在我国书法史上有着突出成就，他的书法艺术影响深远，与汉末张芝，东晋王羲之、王献之父子合称"书中四贤"，作品有《宣示表兴荐季直表》《九命表》《贺捷表》《调元表》等。

《贺捷表》碑文又名《戎路表》《贺克捷表》，是东汉建安二十四年（公元219年）钟繇68岁时写，也是最能代表钟书面貌的一帖。内容记载了蜀将关羽被擒杀等重要历史事件。故宋《宣和书谱》云："楷法今之正书也，钟繇《贺克捷表》备尽法度，为正书之祖。"钟繇的《贺捷表》被认为是目前较为可靠的最早传世文人书法作品。其字虽然保留了许多隶书笔意，但已完成了隶书向楷体的转变，楷书规范已然完备。钟踪的书法平易自然，古朴无华，在章法结字方面，呈现出茂密幽深的美感，在古雅的主调中透露出勃勃生机。钟繇主张作书必须意在笔先，点画、结体和章法的处理要生动自然，而且要具备救失的本领，在这个基础上才能求取更高的艺术意趣。

2.《平复帖》

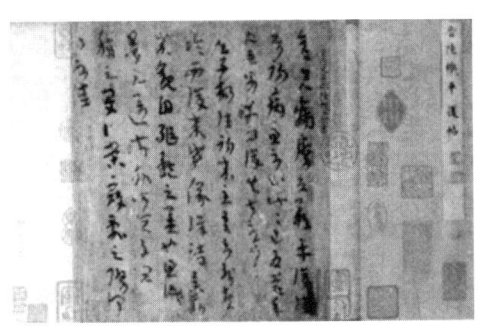

陆机（公元 261—303 年），字士衡，吴郡华亭人（今上海松江），西晋文学家、书法家，与其弟陆云合称"二陆"。吴亡后与弟陆云到西晋首都洛阳谋仕，曾历任平原内史、祭酒、著作郎等职，世称"陆平原"，后死于"八王之乱"。所作《文赋》为古代重要的文学论著，他的《平复帖》是我国古代存世最早的书法真迹。

《平复帖》为麻纸本，贴文 9 行 86 字，残 5 字，书体是"章草"。内容为朋友间致问之词。该帖字形趋长，左高右低，用笔凝重，上笔笔意与下笔相呼应，极富力感。风格朴拙自然，平淡圆润，雄浑奇崛，是今草的萌芽，也是研究书体演变、字体嬗变的重要实物资料。

3.《兰亭序》（即《兰亭集序》）

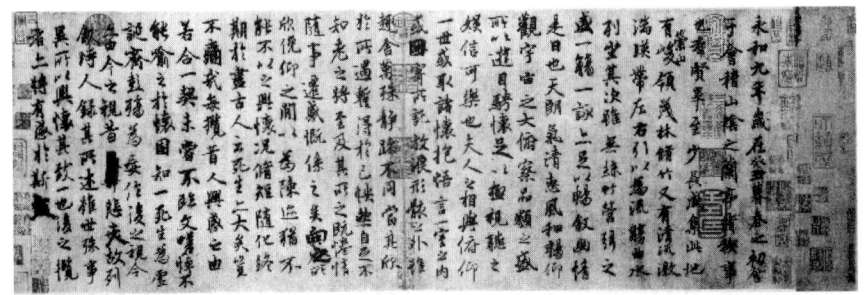

王羲之（公元 303—361 年），东晋书法家，字逸少，号澹斋，祖籍琅琊临沂（今属山东），晋朝王室南渡以后，迁会稽（今浙江绍兴），晚年隐剡县金庭，有"书圣"之称。王羲之历任秘书郎，宁远将军，江州刺史，后为会稽内史，领右将军，人称"王右军""王会稽"。其子王献之书法亦佳，世人合称为"二王"。王羲之在继承传统的基础上，转益多师，推陈出新。他的书法刻本很多，以《乐毅论》《兰亭序》《十七帖》《黄庭经》等最为著名，《兰亭序》被后人称为"天下第一行书"。

王羲之品性清峻孤高,风度谦洒率真,成就了其"书圣"的内在条件。其传世神品《兰亭序》,写于永和九年(公元353年),时与谢安、孙绰等41人于绍兴兰亭雅集,曲水流觞,饮酒赋诗,他为此写了这篇序,是其微醺状态下的神来之笔。书写真正达到了心手双畅的高度境界。据说他日后重写,始终达不到这个水平。

《兰亭序》的真迹过去一直在王氏子孙手中,唐太宗酷爱王书,得此帖后,认为是王书之冠,命人临摹。后世流传版本众多,唐太宗逝世后,原本陪葬昭陵。在《兰亭序》众多副本中,最为有名当属"神龙本",传为冯承素所摹,形态最接近原作。该贴在中国书法史上声名显赫,世人言书法必谈王羲之,论王羲之必论《兰亭序》,明方孝孺评《兰亭序》说:"得其自然,而兼具众美。"的确,这"自然"之美正是《兰亭序》成功之处。该帖记叙兰亭周围山水环境之美和亲朋好友欢乐之情,表达了作者对好景难再、生死无常的感叹。全贴共28行,324字,用笔中锋为主,笔画多露锋,表现细腻,侧媚多姿,遒丽劲健,重字皆构别体,例如帖中的二十余个"之"字,富于变化,无一字雷同,流淌出一种天然之美。结构上体势纵长,左低右高。大小相应,长短相间,虚实相生。章法以纵势为主,每行又有摇曳动荡,变化多姿,文辞和书法皆具有极高的艺术价值。

4. 《鸭头丸帖》

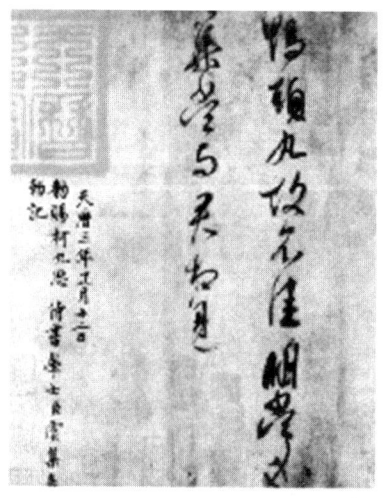

王献之(公元344—386年),字子敬,王羲之第七子,官至中书令,人称"王大令"。王献之自幼聪明好学,五六岁始学书法,传说他少年时学书,王羲之想从他背后拎出他的笔管,试试他的笔力如何,结果笔拎不出,说明他笔力大。王羲之于是感叹地说:"此儿后当复有大名。"可见王献之书法的天赋是很高的。王献之初学父亲的书法，后又学张芝，最终形成了自己风格。他的传世名帖有《鸭头丸帖》《廿九日帖》《中秋帖》《新妇地黄汤帖》《东山帖》《授衣帖》，世存草书较多，在《淳化阁帖》中刻有二卷，共76帖。

此帖是王献之写给亲朋的短札，行草书体，唐代摹本，内容是："鸭头丸，故不佳。明当必集，当与君相见。"行笔流畅舒展，结体妍美质朴，笔迹转折清晰，起落分明，气脉连贯，是王献之"极草纵之致"变通古人书法而神驰万象又潜心笔端的性情流露之作。帖后有历代柳充、赵构、虞集、黄其昌等人题印。

5.《倪宽赞》

褚遂良（公元596—659年），字登善，钱塘（今浙江杭州）人。褚遂良博学多才，历官显宦。因反对武则天为后，遭贬。武后即位后，再贬爱州（今越南清化）刺史。褚遂良工书法，初学虞世南，后学王羲之和王献之，与欧阳询、虞世南、薛稷并称"初唐四大家"。传世墨迹有《孟法师碑》《雁塔圣教序》《倪宽赞》《枯树赋》等。

《倪宽赞》（局部）原帖现藏台北故宫博物院。此帖高七寸七分，横五尺二寸七分，字共50行，满行7字。此帖用笔轻活，笔画之间，有粗有细。粗细变化清晰，笔势翩翩、笔画疏瘦，字形方扁。字的姿态，翩翩自得，秀丽美妙，以行入楷，有流畅飞动的效果。

6.《祭侄文稿》

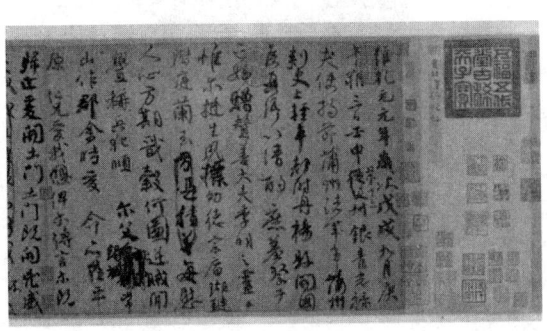

颜真卿（公元709—784年），字清臣，京兆万年（今陕西西安）人，创雄劲书法风格，被称为书法史上的"亚圣"。他历仕玄宗、肃宗、代宗、德宗四朝，封督郡公，人称"颜鲁公"。颜真卿出身于世代书香之家，少年勤学，有深厚的文化修养，对于祖上精通草隶篆稿的家庭传统留有深刻印象。他在20多岁和35岁时，又两次向书法大家张旭请教，打下了书法艺术的深厚基础，并探明了向高峰迈进的道路。颜真卿活动在风云突变的时代。"安史之乱"时，他在平原太守任上起兵抗贼，联络来归的十七郡，被推为盟主。德宗时，李希烈反叛，宰相卢杞故意要颜真卿去劝降叛军，借李希烈之手杀害了忠直不屈的颜真卿。颜真卿流传下来的碑版、刻帖很多，如《颜勤礼碑》《李玄靖碑》《多宝塔碑》《东方朔画赞》《刘太冲帖》《裴将军诗》《自书告身》《刘中使帖》等。

《祭侄文稿》，被后人誉为继《兰亭序》之后的"天下第二行书"，原帖现藏台北故宫博物院。此帖为麻纸本，23行，共234字。此稿书写于唐天宝十四年（公元755年），是颜真卿为祭奠就义于安史之乱的从侄颜季明所作，该稿以情感主运笔墨，用笔果断自然，反映出内心的无比哀恸之情，尤其是在文尾，作者几乎无法抑制内心的悲伤，任笔赋性，神情两忘。此帖是颜真卿性情、心情、工力高度融合后的充分发挥，呈现出撼人心魄的艺术感染力。

7. 《大达法师玄秘塔碑》

柳公权（公元778—865年），字诚悬，唐朝京兆华原（今陕西耀县）人。元和初考中进士，历官秘书省校书郎、侍书学士、中书舍人、谏议大夫、工部侍郎、太子宾客、太子少师，后以太子太保致仕。柳公权精书法的名声很大，唐穆宗即位不久就召见他，表示钦佩之意。但穆宗是一个爱玩乐、疏朝政的皇帝，有一次他又问柳公权用笔之法，柳公权答道："心正则笔正，笔正乃可法矣。"柳公权明明是在影射皇帝荒纵的劣习，皇帝马上变了脸，领悟到柳是在借笔法规谏自己。其实，柳公权这句话不仅是对皇帝的进谏，对一般学书《玄秘塔碑》的人也是至理名言。因此在千年的书学史上常被引证与发挥。柳公权与颜真卿并称"颜柳"，是楷书四大家（欧阳询、颜真卿、柳公权、赵孟頫）之一，传世作品主要有《大达法师玄秘塔碑》《金刚经》《神策军碑》等。

《大达法师玄秘塔碑》共28行，每行54字。叙大达法师在德宗、顺宗、宪宗三朝所受恩遇，以纪念大达法师之事迹而告示后人。其结体紧密，笔法锐利，筋骨外露，阳刚十足，字迹如刀刻一般，且笔画粗细变化多端，风格特点显著。《大达法师玄秘塔碑》为柳公权书法创作生涯中的一座里程碑，标志着"柳体"书法的完全成熟，历来被作为初学书法者的正宗范本，对后世影响深远。

8. 《自叙帖》

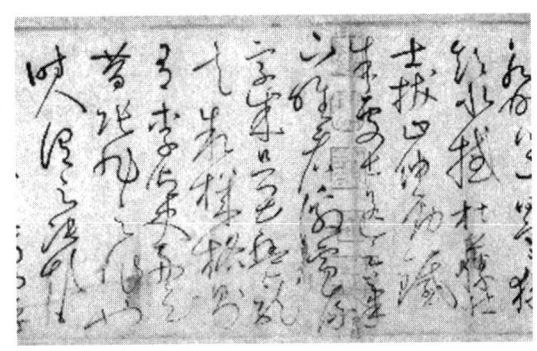

释怀素（公元737—799年），字藏真，俗姓钱，永州零陵（今湖南零陵）人。自幼出家，擅长草书，因而有"草圣"之称。因无钱买纸，便在寺庙四周山上种植万棵芭蕉，以其叶为纸练字。他的书法虽率意颠逸，千变万化，而法度具备，结构自然。传世墨迹有《自叙帖》《苦笋帖》《食鱼帖》《论书帖》等。

《自叙帖》现藏台北故宫博物院，纸本墨迹，共126行，698字。此帖自述学习草书的经历和经验，和当时士大夫对他书法的品评。全帖气势酣畅，用笔刚健，富于变化，将篆书笔法融入草书之中，有"中华第一草书"之称。明代安岐谓此帖："墨气纸色精彩动人，其中纵横变化发于毫端，奥妙绝伦有不可形容之势。"

9. 《黄州寒食诗帖》

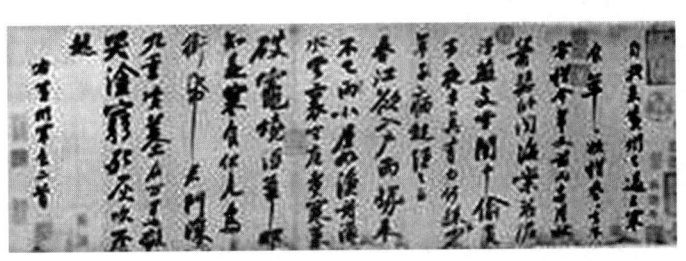

苏轼（公元1037—1101年），字子瞻，号东坡居士，眉山（今四川眉山）人，少负才名，博通经史。中年仕途坎坷，屡次遭贬，晚年因新党执政又被贬惠州、儋州。宋徽宗时获大赦北还，途中于常州病逝。他的书法位列"宋四家"之首，历来备受赞誉，传世墨迹有《治平帖》《一页帖》《黄州寒食诗帖》《渡海帖》等。

《黄州寒食诗帖》原帖现藏台北故宫博物院，墨迹素笺本，行书17行，129字。此帖是苏轼行书的代表作，内容为两首五言诗："自我来黄州，已过三寒食。年年欲惜春，春去不容惜。今年又苦雨，两月秋萧瑟。卧闻海棠花，泥污燕支雪。暗中偷负去，夜半真有力。何殊病少年、病起须已白。""春江欲入户，雨势来不已，小屋如渔舟，蒙蒙水云里。空庖煮寒菜，破灶烧湿苇。那知是寒食，但见乌衔纸。君门深九重，坟墓在万里。也拟哭途穷，死灰吹不起。"两诗是其被贬黄州第三年的寒食节所发的人生之叹，亦是他生活困顿潦倒的真实写照。在用笔方面，他以侧锋为主，书写刚健有力，有如行云流水，烂漫不羁。此帖在书法史上影响很大，后人将其与《兰亭序》《祭侄文稿》合称为"天下三大行书"。

10.《蜀素帖》

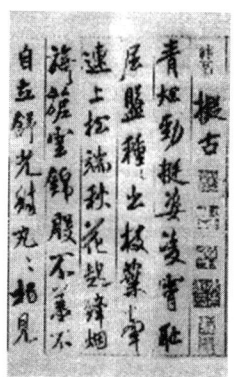

米芾（公元1051—1107年），初名黻，后改芾，字元章。北宋宣和年间，被提升为书画博士，有机会临摹内府所藏的古代书画。后官至礼部员外郎，古人称礼部为"南宫"，所以后人称米芾为"米南宫"。他天资高迈，为人狂放，人称"米颠"。米芾书画自成一家，山水画独具风格特点。在书法方面，他遍临晋唐诸家书法名帖，融汇众家之长，形成自己独特的风格，有"八面出锋"的美誉。传世墨迹有《蜀素帖》《苕溪诗卷》《珊瑚帖》《方圆庵记》等。

《蜀素帖》，亦称《拟古诗帖》，现藏台北故宫博物院，有"中华第一美帖"之誉。墨迹绢本，与《苕溪诗卷》并称"米书双璧"。该帖笔法清健端庄，肥不没骨，字形秀丽颀长，用笔纵横挥洒，率意自然，一洗晋唐以来平和简远的书风，创造了一种阳刚之美，营造风樯阵马、神采奕奕的意境。

11. 《草书千字文》

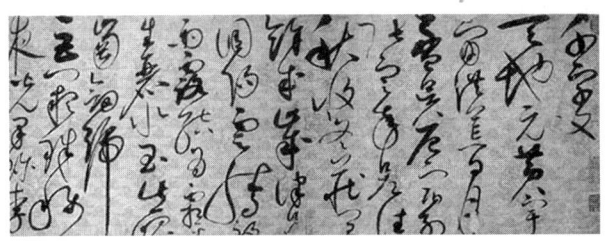

赵佶（公元1082—1135年），即宋徽宗。赵佶精通音律，兼善书画，书法初学黄庭坚，自创"瘦金体"。传世墨迹有《草书千字文》《夏日诗帖》《芙蓉锦鸡图题诗》等。

《草书千字文》是徽宗传世狂草，洋洋千宇，笔势飞动，变幻莫测，一气呵成，毫无倦笔。全帖圆通流畅，浑然天成，用笔、结体熟稔精妙，是继张旭、怀素之后的草书杰作。

12. 《前后赤壁赋》

赵孟頫（公元1254—1322年），字子昂，号松雪道人，宋太祖嵩孙，浙江湖州（今浙江吴兴）人。官至翰林学士承旨、荣禄大夫。他的书法早期学隋僧智永、唐褚遂良，后研习钟繇、王羲之笔法。中年以后，转益多师，创出独特的"赵体"书法。

赵孟頫是一位具有全面才能的艺术家，诗文清俊，善于画人物与山水，尤其是画山水，他可算是承前启后的大家。其书法开宗立派更为后人推崇，可以说是继颜真卿之后的又一代宗匠。《元史》说他"篆籀分隶真行草无不冠绝古今，遂以书名天下"。他的书法风格遒媚、秀逸，结体严整、笔法圆熟，与欧阳询、颜真卿、柳公权并称"楷书四大家"。传世墨迹有《前后赤壁赋》《三门记》《洛神赋》等。《前后赤壁赋》，纸本，现藏台北故宫博物院。该帖点画精到，行笔劲健酣畅，潇洒中见高雅，秀逸中见清气，笔力遒劲，挥洒自如。

第二节　绘画艺术

中国绘画的发展有十分悠久的历史。早在 2000 多年前战国时期楚国的两幅帛画，就以其生动的气韵，简洁的笔墨，流畅的线条，表达出完美的意境。中国绘画艺术历经数千年的发展，形成了世界上独树一帜的风格，并对周围的国家和地区产生了深远的影响。

中国绘画按题材主要有人物、山水、花鸟三大类，技法可分工笔和写意两种，富于传统特色，各有蹊径，互有特色。在人物画方面，从晚周至汉、魏、六朝逐渐成熟。山水、花鸟等至隋唐之际，始独立形成画料。到五代、两宋、流派繁多，为高度发展阶段。元代水墨画盛行。明、清和近代，大体承袭前代规则。在各个时期中，都出现了不少富于革新创造性的画家，使中国画各自具有鲜明的民族形式和独特风格。在描绘物象上，主动运用线条、墨色来表现形体、质感，有高度的表现力，并与诗词、款赋、书法篆刻相结合，达到形神兼备、气韵生动的效果。

一、中国绘画的主要类型

从艺术的分科来看，中国画可分为人物、山水、花鸟三大画科，它主要是以描绘对象和题材的不同来划分的。

1. 人物画

人物画主要表现历史人物、宗教人物和现实人物三种，从人物画的艺术手法来说，有工笔重彩、写意、白描等形式。中国人物画起源于何时，在历史研究中还有待于继续探索。现在所能看到的具有中国人物画模型的是战国时代的两幅帛画。一幅是 1949 年在长沙楚墓中出土的《人物龙凤帛画》，另一幅是 1973 年在长沙另一楚墓中出上的《人物御龙图》。这是我国现存最早的两幅人物画。这两幅帛画，用线描造型，笔致圆转流畅，形象刻画生动，人物都为正侧面，体型修长，基本比例正确。《人物龙凤帛画》中的妇女，显得庄重肃穆，画得较为朴拙、天真、富有浓厚的装饰性；《人物御龙图》中的男子，气宇昂然，神情安详，从容不迫，他那微微向后用力的姿态，正好与龙的奋力向前形成对照，表现得非常微妙。这两幅画的艺术性，在早期中国绘画中达到了相当的水平。这也说明，中国绘画的起源，应该推到战国前很远的年代。

战国之后，进入秦汉时代，大一统的中央政权已经形成，国势强盛，经济繁荣，人物画也有了较大的发展。据文献记载，汉统治者为了表彰功臣，激励后生，专门修盖了表彰功臣的建筑，称为阁，在阁的周围四壁画上历代功臣的画像，人们以此为荣，地方机关也跟着效仿，在衙署里也画上历代地方官的肖像。生前住的房屋有画，死后的墓室也有画。在有地位的大臣的墓室四壁，也多画着墓主人生前的生活情况，而有的官僚甚至在自己死前就修好墓，并把自己的肖像画刻在正壁，且自提赞颂之词。这一切促进了肖像画、人物画的发展。

魏晋南北朝时期是大动乱、大灾难的时代，也是民族大融合、文化大融合的时代。大一统的局面被打破，封建礼教的束缚被松弛，竹林七贤崇尚清谈之风影响后世，对中国画的影响十分深远。文人有了较多的思想自由，艺术表现主观情趣的要求突现。画家们把更多的注意力投放到刻画人物性格方面来。这一时期的著名画家顾恺之，明确提出了"以形写神"的主张，使人物画向着"神形兼备"的道路发展。据古代文献记载，顾恺之的作品很多，其中《贞观公私画史》著录有17卷，可惜都已失传。现在看到的《洛神赋图》《女史箴图》都是后人临摹的。

隋唐时代，随着社会安定，经济高度发展，人物画水平也得到提高。隋唐绘画中以人物画和道释人物画为主流，成就最为辉煌，名画与名画家辈出。初唐的阎立本曾画过许多开国立业的功勋大臣们的肖像，但他在绘画史上最为有名的还是他的《步辇图》。盛唐名画家吴道子以绘制宗教壁画和宗教人物画而著称。据传他画的宗教壁画，在长安、洛阳两地的寺院道观中就有300多幅。而《地狱变相图》，是他佛教画方面的代表作品，被评之为"笔力劲，怒变状阴怪，睹之不觉毛戴"，竟使有些杀生为业的屠户和渔夫，也"见之而畏罪改业"。中唐名画家张萱是宫廷画家，他的人物画多以豪门贵妇和宫女为对象，代表作品有《捣练图》和《虢国夫人游春图》。周昉，曾是张萱的学生，也多以宫女和贵妇人为描绘对象，他继承和发展了张萱的艺术风格，代表作有《簪花仕女图》《纨扇仕女图》等。

五代、两宋时期，人物画无论从题材或技法方面看，都向多元化发展。而随着城市的繁荣，市民阶层的壮大，反映世俗生活的作品也有所增加，这一时期出现了许多著名的人物画家，五代的名画家顾闳中和宋代名画家李公麟为一时翘楚。五代南唐的画院画家顾闳中擅长人物画，设色浓丽，善于描摹神情意态。他最为著名的画是现存于北京故宫博物院的一幅《韩熙载夜宴图》。宋代人物画大师首推李公麟。据记载，他的学识修养极深，精于文学书画，还善于鉴别古器物，他在绘画上表现范围之广阔也是历代文人画家少有的。《宣和画谱》说他能"集众所善为己有，更自立意，专为一家"。李公麟的传世作品有《摩洁图》《五马图》《西圆雅集图》《临韦偃放牧图》等。

宋代画家张择端，是以反映城乡"市井小民"生活为题材的风俗人物画的杰出代表。他的艺术成就，历来不被士大夫评论家所重视，因而有关他的史料极为稀少。所幸的是他的不朽名作《清明上河图》完整地保存至今。才确立了他在中国绘画史上应有的地位。

元代由马上而得天下，蒙古族人崇尚武功，十分彪悍，不喜需要表现细腻情感的绘画艺术，聚集了许多画家的南宋画院也解体了。宫廷画派的没落，使社会文人画兴起。画家们大多回避现实，把描绘对象转向那些花鸟竹石、水波烟云，很少有人再画人物，人物画在元代开始衰落，甚至影响到以后的明清时代。

纵观元、明、清三代，在历史上很有成就的人物画家寥寥可数。只有明清之际的大画家陈洪绶，才使中国传统的人物肖像画在画坛上放出异彩。

2. 山水画

山水画，是一种表现山川之妙并能为人类寻求某种精神寄托的画种。中国古代文人崇尚一种"书读秦汉以上，意在山水之间"的超然情状，就是文人意境的具体描述。这样的意境直接成为山水画的内涵和动力。山水画的组成主要有山、水、石、树、房、屋、楼台、亭榭、舟车、桥梁、风、雨、阴、晴，雪、日、云、雾及春、夏、秋、冬气候特征等。

中国的山水画起源甚早。据史书记载，秦汉时期已有了山水画，但实物未见流传。而今天我们所能见到的最早的山水画，当是东晋名画家顾恺之的《女史箴图》和《洛神赋图》中的背景山水。顾恺之的这两幅画是以表现人物为主体，山水只是人物背景的衬托，但是作为人物背景组成部分的山、兽、林、鸟却结合得很完整，表现得也很真实。这些都是后来山水画的基本表现技法，为以后中国山水画的发展奠定了坚实的基础。

南北朝时期，陶渊明的精神影响着中国画家的思想，"采菊东篱下，悠然见南山"成为山水画勃然兴起的内核，一批能画山水画的画家和第一批专论山水画的论文出现了。但是迄今为止，还没有发现一幅当时的山水画作品流传下来，但是，山水画艺术的有关文献，记载了以较完备的表现技法和系统的理论，使山水画登上了中国画坛。

中国山水画到了隋唐时代有了一个大的发展。隋代以展子虔为代表的画家们的作品为研究这一时期的山水画提供了重要材料。展子虔最为杰出的贡献在于山水画方面，《游春图》为后来青绿山水画派的形成开了绪端。

唐代李思训和其子李道昭直接继承了展子虔一系的山水画画风，继承并发展了展子虔的画法，用笔工致严整，着色浓烈沉稳，画面格局宏伟，堂皇华丽，装饰性很强，形成了我国山水画中具有特色的青绿山水画派。唐朝还形成了水墨山水画画派的源头。水墨山水画的开山始祖是王维，王维不但诗绝，其山水画更绝，喜用雪景、剑阁、栈道、晓行、捕鱼等题材，并将诗和画有机结合，成为诗画结合的创始者。中晚唐时期，水墨山水画进入了一个自由的新天地。

五代两宋，是山水画家辈出和山水画派叠现的时代，这些画家继承并发展了南北朝、隋、唐山水画家的优秀传统，把中国山水画推向了前所未有的高峰，形成了五代时期的北派山水和南派山水，北宋时期的中原画派与院体山水画，北宋晚期的"米点山水"与青绿山水，以及南宋四大家为代表的南宋院体山水画。

五代时期，北派山水的代表人物是荆浩和他的学生关仝。荆浩所画山水多是北方及太行山的崇山峻岭，"上突巍峰，下瞰穷谷"，多作巨壑，以主峰为中心，用云蚰烟霞的断白，衬托出中、前景的全局安排。场面浩大，气势雄伟，空间感很强。据传《匡庐图》就为他的名作。关仝师荆浩，却有"青出于蓝"之誉，喜作秋山寒林、村居野渡的关、陕一带的风光。其传世之作为《关山行旅图》，巨峰高耸，气韵深厚，林木有枝无干，给人"乱而整，简而有趣"的感觉。南派山水代表为董源和他的弟子巨然。董源和巨然生活在长江中下游，山峦连绵、小溪林麓、渔舍山村，全是江南丘陵景色。董源的代表作是描绘潇湘地区风景的画卷《潇湘图》和描绘夏日江南风景的《夏山图》，董源的弟子巨然代表作有《秋山问道图》。

北宋出现了中原画派与院体山水画。中原画派以李成、范宽为代表，李成常以齐鲁原野的自然环境为描绘对象，范宽画以崇山雄厚、巨石突兀、林木繁茂、气势逼人见长。北宋政权统一后形成了以郭熙为代表的院体山水画。"米点山水"的创始人是米芾，他移居襄阳、镇江等地，受到南方雾雨潆潆云山烟树景象启发，他在山水画技法上用水墨点染的办法来画山水，水墨的融合晕染，形成了含蓄、空漾的神韵。北宋中期，一些画家们创造出适合宫廷欣赏趣味清丽的青绿山水画，著名的代表画家有王希孟、赵伯驹等。

南宋开初，在临安建立了南宋画院，形成了以李唐、刘松年、马远、夏圭四大家为代表的南宋院体山水画。南宋院体山水画创新为简笔化、单纯化的形式。常用两对角远近对照方法，来形成对角线构图，使画面的重心偏离正中，坐落在半边一角。被称为"一角半边"式的艺术境界。这种形式为后来的欣赏中国画树立了主题欣赏观念。

五代和两宋时期出现了文人画。文人画兴起于北宋初期，最早提到"文人画"概念者为苏轼。文人画的意思是指区别于民间画工和宫廷画师风格的文人、士大夫的绘画，其主要特点是主张以抒发作者的主观情趣为目的；取材花鸟竹石、水波烟云、借物寓意、回避现实；在创作方法上不受程式束缚，在艺术形式上强调融诗入画的意境。文人画的兴起，促进了中国山水画和花鸟画的发展。在山水画的领域，这种画风在宋之后通过"元四家"的艺术追求和实践，成为画坛的主导。

元代最早的代表人物是赵孟頫。赵孟頫首先将诗书画印融为一体，成为以后画家传习的风格。"元四家"是指元代最负盛名的四大山水画家黄公望、王蒙、倪瓒、吴镇。四家均善诗书，诗书画印结合就成为他们共同采取的艺术形式，都强调抒发个性，强调绘画的娱乐性，强调笔墨趣味。

明代山水画，大多以摹古为能事，突出笔情墨趣，中期之后有所突破，手法灵活多变，构图自由安排，强调生活情趣。明代中期的吴门四家——沈周、文征明、唐寅、仇英的山水画成就较高。沈周融合了前代大师们如董源、巨然、米芾、吴镇、王蒙等诸家之长，创作出了多种风格的山水画，有的细密，有的粗简，有的壮阔，有的秀雅。有全景式的高山大川，小也有田园小景，传世作品有《庐山高图》《沧州趣图卷》等。文征明师法沈周，山水画有工笔、写意两种规格，写意水墨山水，自由挥洒，水墨淋漓。工笔山水细致入微，但又不刻板，有着典型的书卷气和文人味。唐寅绘画取法李成、范宽和南宋四家，兼采元人之法，集众家之长而自成一体。作品场面宏大，手法严谨，既沉郁又清逸，既奇峭又秀润，既浓厚又饶于气韵特色。仇英出身画工，艺术上受到了文人画家和民间画师的双重影响，具有雅俗共赏的艺术趣味。吴门四家之后，明代山水画坛也开始派别林立，有华亭派、苏松派和云间派，其中以华亭派影响为最大。而这三派由于同属一地区（松江），且美学思想和绘画风格基本一致，后来者将三者合称为"松江派"。

清代山水画坛继承了明末林立的派别，出现了所谓的"正统派"和"创新派"，并一直左右整个清代画坛的风气。清代是中国美术史上的一个重要时期，清代统治者实行闭关自守和文化专制政策，使明中期以来的资本主义因素和在艺术上冲破传统的思潮失去了滋生发展的土壤，全面的复古主义和禁欲主义盛极一时，文人画在艺术思想、创作态度、艺术风格上出现了新的变化，与当时的政治思想文化的变化相随。绘画领域出现倒退和变异。以"清初六大家"为代表，在艺术上强调"日夕临摹""宛然古人"，脱离现实，醉心于前人笔墨技巧的路线。摹古成为他们山水画创作的一大倾向。这种艺术主张和艺术风格颇能迎合当时清王朝的思想束缚政策以及士大夫的审美口味，很得当权者的支持和欣赏，被奉为所谓的"正统派"。清初六大家有王时敏、王鉴、王翚、王原祁、吴历和恽寿平。王时敏、王鉴、王翚、王原祁在画坛上也称为"四王"。他们都提倡摹古，多以临摹所得来进行创作，笔法超凡，功力极深，使山水画在技术功力上被推进了一大步。但后来恽寿平放弃山水，另辟蹊径，专攻花卉，也别开生面，名盛一时。

3. 花鸟画

花鸟与人们的生活关系密切,与人们朝夕相伴,远古时期,花鸟就时常作为艺术表现的对象。早在河姆渡遗址中,就有双凤朝阳的刻骨,在仰韶文化的彩陶图案装饰上,以植物和动物(如鱼、鸟、鹿等)为主题,成为仰韶文化的重要特征之一。花鸟画表现的方法有:白描(又称双勾)、勾勒、勾填、没骨、泼墨等等。和山水一样,有悠久的历史。花鸟画的学习步骤不外乎临摹、写生、创作。表现的主题是:花有竹、兰、梅、菊、牡丹、荷花等;禽鸟有鸡、鹅、鸭、仙鹤、杜鹃、翠鸟、喜鹊、鹰等;昆虫有鹦鹉、蝴蝶、丰、蜻蜓、蝉等;杂虫有:蝈蝈、蟋蟀、蚂蚁、蜗牛、蜘蛛等。

进入阶级社会之后,花鸟画作为工艺美术的一部分,常在各种屏风、器物或装饰品中出现。到了魏晋南北朝时期,花鸟画开始从工艺美术范围中独立出来,已出现了专门从事花鸟画创作的艺术家。据画史记载,梁元帝肖绎曾画有《蝉雀百团扇》,南宋一画家也画有《蝉雀图》。历史使这些实物灰飞烟灭,无可佐证。到了隋唐,特别是唐代,具有独立审美意义的花鸟画才正式产生。从此,花鸟画作为一个独立的画科登上了画坛。

唐代花鸟画,画种分工也日趋明显,出现了各种专长的画家。最负盛名的是薛稷和边鸾。薛稷是盛唐最受时人称颂的花鸟画家,尤擅画鹤,史称他在官署、寺庙和私邸中画了不少花鸟壁画,杜甫称赞薛稷画鹤:"薛公十一鹤,皆写青田真,画色久欲尽,苍然犹出尘。"他对唐末、五代花鸟画的发展有很大的影响。

五代的花鸟画形成了两种风格、两大流派,以西蜀宫廷画院画家黄筌为代表的"黄家富贵"体、以南唐徐熙为主的"徐熙野逸"体。黄筌17岁入宫廷画院,是典型的御用画家。所画题材、手法多描写禁中所有珍禽瑞鸟、奇花怪石,用笔精细、不见墨痕,只以轻色染成,带有一种宫廷的官员气韵,故称之为"黄家富贵"。徐熙出身于江南名门望族但不愿为官,"志节高迈,放达不羁"。其画风摆脱了院派约束,以质朴手法表现大自然中的山花野竹、水鸟塘鱼等通俗题材,极富"野逸"风格,被称之为"徐熙野逸"。

北宋统一,黄筌进入北宋画院,"黄家富贵"开始在北宋宫廷中延伸。北宋中期的赵昌,开始变化"黄家富贵"风格,创"没骨"花鸟,色墨融合,有了突破,稍后,有长沙人易元吉、安徽人崔白异军突起,融"富贵"与"野逸"之长,用没骨画法,并结合多种技法,先描绘对象骨骼、状态,再罩以淡色。多强调画面的形象动感,使各种花鸟画极具特点。宋徽宗赵佶管理国家昏庸无能,但在艺术上他则"无不能",是一个有相当艺术修养和艺术才能的艺术家。由于他对绘画的特殊嗜好，绘画开始正式被列为国家科举项目。同时他还亲手培养画家，建立了中国历史上第一个皇家美术学院。设立"画学"专业。赵佶常亲临课堂指导创作，要求绘画尚理法，重形似，寓意深刻，耐人寻味。所出之画题，也多用古人诗句，构思巧妙者为立。赵佶是一个诗书画全能的人。他的花鸟画，有不少作品流传，且风格多样，不乏杰作。他的《芙蓉锦鸡图》《祥龙石图》《瑞鹤图》等，都可以称得上花鸟画的精品。

南宋初期绘画传统多沿袭北宋没有突破性进展。南宋中期，马远将山水、花鸟与人物结合，使花鸟画寓意明确，找到了最佳的"以物寓意"的途径。马远的代表作品《梅石溪凫图》，是山水画与花鸟画的完美结合。梁楷开创了减笔写意花鸟画，今藏北京故宫博物院的《秋柳双鸭图》是一幅难得的艺术珍品。

元代的花鸟画趋于没落。一部分沿袭宋画院的传统，工致艳丽；另一部分则继承了宋代文人画的发展道路，作水墨写意枯木竹石，追求书法趣味。使号称"四君子"的梅、兰、竹、菊为题材的作品空前兴盛。借物寓意，人各一态，风格多样，拓宽了花鸟画的审美领域。最著名的画家王渊的水墨花鸟画被时人称为"当代绝艺"。传世作品有《竹鸡图》。

明代随着"吴门四家"的崛起，水墨写意花鸟之风大兴。在花鸟画中，他们在前人的基础上进一步追求笔情墨意，强调对象神态与画家情趣的统一。后来明代花鸟画大师陈淳和徐渭使花鸟画最终走向了成熟和完善。陈淳的花鸟画属文人秀雅一路，多表现庭园中和自然界的普通花草、动物，不追求浓妆艳饰。而尚简捷的笔情墨趣，其传世作品有《松菊图》《牡丹图》《设色花卉》。陈淳之后，徐渭则从思想性和艺术性两方面把写意花鸟画加以进一步发展。徐渭以写意花卉为主，在艺术上大胆创新，把水墨写意花鸟画借题发挥，把恣意纵横的笔墨与题跋诗结合，抒发心中的感受，成为画言意的代表。代表作有《墨葡萄图轴》并题诗"半生落魄已成翁，独立书斋啸晚风。笔底明珠无处卖，闲置闲抛野藤中"。把其文人失意、怀才不遇、投门无路、一生潦倒的境遇以及由此升起的愤懑伤感之情抒发。徐渭的绘画和风格对清代写意花鸟画的扬州画派有着直接的影响。

清代花鸟画最重要的是扬州画派。扬州画派的成员有郑板桥、汪士慎、金农、黄慎、李鱓、罗聘、李方膺、高翔等人。他们突破清初"正统派"画风，主张在继承传统的基础上敢于创新，主张师造化，注重创作，他们在生活上也安于清贫，不追名逐利，常用书画来发泄对社会的不满。因此人们又称他们为"扬州八怪"。扬州画派最终以一种清新的生气勃勃的姿态振奋了中国画坛，在中国画史上有极重要的地位，对后世影响很大。

二、中国绘画艺术的审美特征

1. 独特的艺术技巧体系

笔、墨、纸（绢）是中国人民的智慧创造，是中国画的基本材料和中国画技巧运用的基础。中国画传统的造型手段（艺术语言）的起点则可归纳为"线"，以线的刚柔强弱、粗细长短、阴阳顿挫、虚实浓淡的变化，达到造型的要求。线条比起其它绘画艺术语言来说，则是含蓄的、更深层次的，在笔锋转折、顿挫快慢、力度虚实中形成线的多样变化。所以中国画表现力的高低决定于"线"，即用笔用墨的技巧，中国画是在千变万化的线条变化中表现神奇世界的。

笔法线条在纸上主要靠墨色来体现，反之墨色的变化也靠对笔法的掌握与运用，这一点明代画家沈宗骞在《芥舟学画编》中指出："夫传神秘妙，非有神奇，不过使墨耳；用墨妙，非有神奇，不过以墨随笔，且以助笔意之所不能到耳。盖笔者，墨之帅也，墨者，笔之意也。"清画家王时敏则说："画不在形似，而在笔墨之妙。"墨附于笔，笔活则墨活，笔死则墨死，两者达到辨证的统一，才能描绘出好的艺术形象。可见线与墨的技巧对中国画来说是何等重要。

2. 艺术语言的追求——"气韵"

线条笔墨技巧之美是外在的，重要的还是作品内涵的美。中国画笔墨技巧的龙飞凤舞，只是诱导人们进入作品形象的门扉。明代画家徐渭指出："画并不在墨重墨轻，在生不生动耳。"笔墨技巧为的是气韵生动，如果把笔墨精妙视为中国画的最终目的，为笔墨而笔墨，必然会失去艺术语言技巧的表现价值，为形式主义开道。无笔墨难成好画，有笔墨无气韵亦非好画，作为艺术语言特殊体系的中国画，讲求笔墨，但不拘于笔墨的形式表现，而是以笔墨为艺术语言的造型手段，追求气韵生动，并由此辐射出感人的光彩。

3. 美学思想的核心——"神似"

中国画对待现实的表现，并非现实的照抄，而是现实对象的升华，是画家丰富个人感受在客观对象中的表现。这与西方绘画有较大的差异。西方绘画虽然也无法回避艺术表现中的主观成分，但却偏重于自然的摹仿，客观感觉上的再现。从美学上的反映来说，西方绘画追求物象的逼真，而中国画追求的是内在气质和神韵，以象形写神，形神兼备。清画家郑燮提倡"画到神情飘没处，更无真相有真魂"，就是主张画要讲"神似"。东晋画家顾恺之正式提出了"以形为神"和"迁想妙得"的主张。被称为唐宋八大家之一的古文运动领袖欧阳修，认为"古画画意不画形"。从意出发，把追求形似看成是画工的事，真正的画家应得意而忘形。明人陈洪绶把画家依次分为神家、名家、作家、匠家四等,达到"韵致、神似"的方可称神家。

三、 国画传世名画品录

1. 《洛神赋图》

《洛神赋图》,北京故宫博物院馆藏珍品。绢本,设色,纵 27.1 厘米,横 572.8 厘米。原《洛神赋图》卷,东晋著名画家顾恺之绘制(宋摹)。

这幅画根据曹植著名的《洛神赋》而作,为顾恺之传世精品。这卷宋摹本在一定程度上保留了顾恺之艺术的若干特点,千载之下,亦可遥窥其笔墨神情。全卷分为三个部分,曲折细致而又层次分明地描绘着曹植与洛神真挚纯洁的爱情故事。人物安排疏密得宜,在不同的时空中自然地交替、重叠、交换,而在山川景物描绘上,无不展现一种空间美。全画用笔细劲古朴,恰如"春蚕吐丝"。山川树石画法幼稚古朴,所谓"人大于山,水不容泛",体现了早期山水画的特点。

2. 《步辇图》

《步辇图》,北京故宫博物院馆藏珍品。绢本,设色,纵 38.5 厘米,横 129.6 厘米,为唐代著名画家阎立本所绘,线条流利纯熟,富有表现力,是一件具有重要历史价值和艺术价值的作品。

《步辇图》是以贞观十五年(公元 641 年)吐蕃首领松赞干布与大唐文成公主联姻的历史事件为题材,描绘唐太宗接见来迎娶文成公主的吐蕃使臣禄东赞的情景。作者画中的唐太宗面目俊朗,目光深邃,神情庄重,充分展露出盛唐一代明君的风范与威仪。作者为了更好地突出唐太宗的至尊风度,巧妙地运用对比手法进行衬托表现。一是以宫女们的娇小、稚嫩,以她们或执扇或抬辇、或侧或正、或趋或行的体态来映衬唐太宗的壮硕、深沉与凝定，是为反衬；二是以禄东赞的诚挚谦恭、持重有礼来衬托唐太宗的端肃平和、蔼然可亲之态，是为正衬。该图不设背景，结构上自右向左，由紧密而渐趋疏朗、重点突出，节奏鲜明。从绘画艺术角度看，作者的表现技巧已相当纯熟。

3.《五牛图》

《五牛图》，纸本，设色，纵 20.8 厘米，横 139.8 厘米，为唐韩滉所画。

韩滉（公元 723—787 年），字太冲，长安（今陕西西安）人，唐代名相韩休之子。自幼聪明，精勤不懈，于艺文诸事皆有所好，尤在公暇之余，喜丹青书画，兼通音律，善鼓琴。书画格调高逸，时人称"自僧繇、子云之上"。画宗南朝画家陆探微，书法师同时代著名书法家张旭，尤擅长人物、畜兽、田家风俗等画。《五牛图》是其存世的唯一作品。

画中的五只牛或行或立，或正或侧，或俯或仰，姿态生动，将牛憨态可掬的模样描绘得惟妙惟肖。牛以较粗的墨线勾勒轮廓，赋色清淡却不失沉着，尤其对牛的眼睛、鼻子、蹄趾、毛须等部位作了着意渲染，凸显出牛强劲有力的筋骨和逼真的皮毛质感。最值得称道的是韩滉对牛的结构比例以及透视关系的准确把握。无论是牛的正面站立，还是回首顾盼，他都处理得生动巧妙，丝毫没有生硬之感，这是十分不易的。画作上有元代赵孟頫和孔克表、明代项元汴、清代高宗皇帝弘历等人题记。

4.《韩熙载夜宴图》

《韩熙载夜宴图》，绢本，设色，纵 28.7 厘米，横 333.5 厘米，五代顾闳中画。

《韩熙载夜宴图》是中国画史上的名作，中国十大传世名画之一。它以连环长卷的方式描摹了南唐巨宦韩熙载家开宴行乐的场景。分为五段：悉听琵琶、击鼓观舞、欣赏王屋山跳六么舞、更衣暂歇、清吹合奏、曲终人散。此图绘写的就是一次韩府夜宴的全过程。这幅长卷线条准确流畅，工细灵动，充满表现力。设色工丽雅致，且富于层次感，神韵独出。

《韩熙载夜宴图》全长 3 米，共分 5 段，每一段画面以屏风相隔。第一段描绘韩熙载在宴会进行中与宾客们听歌女弹琵琶的情景，生动地表现了韩熙载和他的宾客们全神贯注侧耳倾听的神态。第二段描绘韩熙载亲自为舞女击鼓,所有的宾客都以赞赏的神色注视着韩熙载击鼓的动作,似乎都陶醉在美妙的鼓声中。第三段描绘宴会进行中间的休息场面,韩熙载坐在床边,一面洗手,一面和几个女子谈话。第四段是描绘韩熙载坐听管乐的场面。韩熙载盘膝坐在椅子上,好像在跟一个女子说话,另有五个女子做吹奏的准备,她们虽然坐在一排,但各有各的动作,毫不呆板。第五段是描绘韩熙载的众宾客与歌女们谈话的情景。

这幅画卷不仅仅是一幅描写私人生活的图画,更重要的是它反映出那个特定时代的风情。由于作者的细微观察,不放过任何一个细节,把韩熙载生活的情景描绘得淋漓尽致,画面里的所有人物的音容笑貌栩栩如生。在这幅巨作中,画有40多个神态各异的人物,蒙太奇一样地重复出现,各个性格突出,神情描绘自然。全图用笔工整精细,色彩艳丽,构图极为巧妙,人物形象细腻传神,以展现夜宴的不同场面。是古代人物画中杰出的作品之一。

5.《听琴图》

《听琴图》,绢本设色,纵147.2、横51.3厘米,宋赵佶绘。

赵佶(公元1082—1135年),神宗赵顼第十一子,在位25年。工花竹翎毛,尤善墨花石。书法秀逸挺劲,自成一体,称为"瘦金体"。此图主人公背后,画松树一株,女萝攀附,枝叶扶疏,亭亭如盖。松下有竹数竿,苍翠欲滴,折旋向背,摇曳多姿。道具除琴案外,仅一几,几上置薰炉,香烟袅袅。主人公对面,设小巧玲珑山石一块,上有一小古鼎,中插花枝一束,除以上这些外,别无它物。整个画面的气氛,仿佛使人觉得,在这静谧之中,有一阵阵的琴声,混合着微风吹动松枝竹叶之声,从画中传出。

6.《簪花仕女图》

《簪花仕女图》，卷本，设色，纵46厘米 横180厘米，唐氏周昉绘。

周昉（生卒不详），字仲朗，又字景玄，京兆（今陕西西安）人。主要活动于唐代宗和德宗时期（公元763—804年），出身显贵，先后任越州、宣州长史。能书，擅画人物、佛像，尤其擅长画贵族妇女，容貌端庄，体态丰肥，色彩柔丽，为当时宫廷士大夫所喜爱。他的佛教画曾成为长期流行的标准，被称为"周家样"。传世作品有《簪花仕女图》卷、《挥扇仕女图》卷、《调琴啜茗图》卷等。

该图是贵族妇女的生活写照。这幅画上共绘就6位丰颊厚体的贵妇，她们打扮艳丽入时，云髻高耸，顶戴的折枝花朵皆不相同，脸上又晕染娥眉，衣饰华丽，身着低胸长裙，外罩薄纱，显出半透明的质感，是中晚唐以后典型的贵妇形象。贵妇的脸上、手上罩染的白粉，千年而下，仍然给人肤若凝脂、粉妆玉琢的细腻感觉。尤其是纱衣透体和肌肉丰腴的描绘，表现了画家勾线、赋色的高超技巧。全画光彩照人，仕女们神态安闲，或戏犬、或漫步、或赏花、或拈蝶，在庭院中闲散地消磨着时光。现藏辽宁省博物馆。

7.《清明上河图》

《清明上河图》绢本，设色，纵24.8、横528厘米，宋张择端绘。

北京故宫博物院馆藏珍品，是北宋画家张择端存世的仅见的一幅精品。

《清明上河图》画卷，北宋风俗画作品。传世名作、一级国宝。该画是中国绘画史上最著名的作品之一，不但艺术水平高超，而且围绕着它还流传下来许多有趣的故事。《清明上河图》以精致的工笔记录了北宋末叶、徽宗时代首都汴京（今开封）郊区和城内汴河两岸的建筑和民生。该图描绘了清明时节，北宋京城汴梁以及汴河两岸的繁华景象和自然风光。全图分为三个段落，以长卷形式，采用散点透视的构图法，将繁杂的景物纳入统一而富于变化的画面中，画中人物500多，衣着不同，神情各异，其间穿插各种活动，注重戏剧性，构图疏密有致，注重节奏感和韵律的变化，笔墨章法都很巧妙。

8.《千里江山图》

《千里江山图》，北京故宫博物院馆藏珍品。绢本，设色，纵51.5厘米，横1191.5厘米，为中国北宋王希孟青绿山水画作品。

王希孟可以称得上中国绘画史上仅有的以一张画而名垂千古的天才少年。王希孟十多岁入宫中"画学"为生徒，初未甚工，宋徽宗赵佶时系图画院学生，后召入禁中文书库，曾奉事徽宗左右，但宋徽宗慧眼独具："其性可教"，于是亲授其法。经赵佶亲授指点笔墨技法，艺精进，画遂超越矩度。工山水，作品罕见。徽宗政和三年（公元1113年）四月，王希孟用了半年时间终于绘成名垂千古之鸿篇杰作《千里江山图》卷,时年仅18岁,此外再没有关于他的记述,惜年寿不永,20余岁即去世,是一位天才而又不幸早亡的优秀青年画家。

宋徽宗将王希孟传世之唯一作品《千里江山图》卷图赐予蔡京,从其卷后的题跋中得知,此图为绢本,设色,纵51.5厘米,横1191.5厘米,全图以大青绿为基调,山脚、屋墙、水天交接处用深浅各异之赭石色渲染,屋顶用浓黑,人物多粉画,用笔敷彩精细,轻重浓淡生动活脱,灿烂艳灼,美不胜收,千里江山秀丽多姿,雄伟壮观。时人赞其画"一点一画均无败笔,远山近水,山村野市,渔艇客舟,桥梁水车,乃至飞鸟翔空,细若小点,无不出以精心,运以细毫",人物如蚁,不可胜数,生息劳作,生动活泼。卷后有宋代蔡京、元代李溥光题记,曾经南宋内府、元代李溥光、清代梁清标及乾隆内府收藏,现藏故宫博物院。

9.《富春山居图》

《富春山居图》,纵33厘米,横636.9厘米,纸本,水墨。始画于元代至正七年(公元1347年),于至正十年(公元1350年)完成。是元代画坛宗师、"元四家"之首黄公望晚年的杰作,也是中国古代水墨山水画的巅峰之笔,在中国传统山水画中的艺术成就可谓空前绝后,历代莫及。该画于清代顺治年间曾遭火焚,断为两段,前半卷被另行装裱,重新定名为《剩山图》,现藏浙江省博物馆。被誉为浙江博物馆"镇馆之宝"。

元至正七年(公元1347年),黄公望开始创作这卷山水画名作,历时3年方始告竣。它以长卷的形式,描绘了富春江两岸初秋的秀丽景色,峰峦叠翠,松石挺秀,云山烟树,沙汀村舍,布局疏密有致,变幻无穷,以清润的笔墨、简远的意境,把浩渺连绵的江南山水表现得淋漓尽致,达到了"山川浑厚,草木华滋"的境界。这卷名画在此后的数百年间流传有绪,历尽沧桑。

10.《汉宫春晓图》

《汉宫春晓图》,中国重彩仕女第一长卷。绢本重彩,尺幅很大,纵37.2厘米,横2038.5厘米,作为装饰性绘画来说属于巨制。汉宫春晓是中国人物画的传统题

材,主要描绘宫中嫔妃生活。明代仇英所画。

仇英(约1494—1552年),字实父,号十洲,中国明代画家,原籍江苏太仓,后移居苏州。吴门四家之一。擅画人物,尤长仕女,既工设色,又善水墨、白描,能运用多种笔法表现不同对象,或圆转流美,或劲丽艳爽。偶作花鸟,亦明丽有致。与沈周、文征明、唐寅并称为"明四家"。

《汉宫春晓图》用手卷的形式描述初春时节宫闱之中的日常琐事,画后妃、宫娥、皇子、太监、画师凡115人,个个衣着鲜丽,姿态各异,既无所事事又忙忙碌碌,显示了画家过人的观察能力与精湛的写实功力。人物皆唐以来衣饰,取名汉宫,是当时对宫室的泛指。被称为"中国十大传世名画"之一。

第三节 音乐艺术

中国传统音乐源远流长,早在远古时期,先民们在狩猎前后就常常模仿狩猎对象和狩猎活动舞蹈,用以抒发他们的心情与感受。在面对神秘的大自然时,他们怀有敬畏之心,他们以边歌边舞的巫术方式,沟通人神,驱除鬼魂,以求风调雨顺,五谷丰登。在表现爱情、战争、婚姻、图腾等方面,先民们都可以通过音乐歌舞来表现的。原始时期的歌舞尚处于萌芽状态,歌、舞、乐是三位一体的,音乐在当时并没有独立出来,音乐形式也非常简单。当时的乐器是极为简陋的,一般都采用骨、石、竹、革等做材料,主要的乐器有石磬、籁、陶铃、骨笛与古哨、陶埙等。经过了夏、商时期,音乐逐渐从歌、舞中分化出来,变得成熟起来,到春秋战国时期,音乐成为了一门独立的艺术,形成了中华民族独具特色的艺术形式。

一、中国传统音乐的类型

中国有迹可考的音乐文化历史至少有5000年的发展历程。在漫长的发展进程中，我们的先人以其非凡的智慧和灵性创造了极其丰富的音乐艺术作品。

1. 宫廷音乐

宫廷音乐是指在宫廷内为统治者演奏的音乐，西周的雅乐、唐朝的燕乐是宫廷音乐发展的两座高峰。雅乐包括六代之乐、房中乐和诗乐。六代之乐是集诗、歌、舞、乐而成的规模宏大的典礼音乐，其主要内容是祭祀天地山川。房中乐是宫廷内部所演唱的歌曲，只用琴瑟伴奏，由后妃歌唱从民间采来的诗篇，以侍奉君王。诗乐是由专人到各地采集民间歌谣，经加工修饰后作为与典礼配合的诗篇，用"雅""颂"声调歌唱。隋唐燕乐继承了乐府音乐的成就，是汉族俗乐与境内其他民族以及外来俗乐相融合而成的宫廷新音乐。燕乐中包括多种音乐形式，如声乐、器乐、舞蹈、百戏等。燕乐所使用的主要乐器有琵琶、箜篌、筚篥、笙、笛、羯鼓、方响等。主要由乐舞伎人表演。安史之乱以后，宫廷音乐衰退。

宫廷音乐按其功能性质又可分为典制性音乐和娱乐性音乐。典制性音乐主要用以显示典礼的隆重和皇帝的威严，包括祭祀乐、朝会乐等；娱乐性音乐以供人欣赏、愉悦身心为目的，包括筵宴乐、行幸乐、吹打乐等。

《霓裳羽衣曲》是宫廷乐舞的集大成之作，是音乐舞蹈史上的一颗璀璨的明珠。《霓裳羽衣曲》是唐玄宗为道教所作之曲，用于在太清宫祭献老子时演奏。全曲分为36段，描写了唐玄宗向往神仙而去月宫见到仙女的神话，舞、乐、服饰都着力描绘虚无缥缈的仙境和舞姿婆娑的仙女形象，给人以身临其境的艺术感受。白居易称赞此舞的精美道："千歌万舞不可数，就中最爱霓裳舞。"《霓裳羽衣曲》在安史之乱后失传。南宋年间，姜夔发现商调霓裳曲的乐谱十八段，这些片段现保存在其《白石道人歌曲》里。

2. 文人音乐

文人音乐是具有一定文化修养的知识阶层创作的流行音乐作品，主要包括琴乐和词调音乐。所表现的是古代知识阶层在不同时代所特有的精神气质和审美情趣，其特点是文学和音乐的高度结合。著名的作品有《阳关三叠》《满江红》等。

《阳关三叠》为中国十大古琴曲之一。这首乐曲产生于唐代，是根据著名诗人、音乐家王维的名篇《送元二使安西》谱写而成的。因为诗中有"渭城""阳关"等地名，所以，又名《渭城曲》《阳关曲》。大约到了宋代，《阳关三叠》的曲谱便已失传，现所见古琴曲《阳关三叠》是由琴歌改编而成，曲谱最早见于《渐音释字琴谱》（1491年以前）。全曲分三大段，基本上用一个曲调作变化反复，迭唱三次，故称"三叠"。这首琴歌的音调纯朴而富于激情，特别是后段"遄行，遄行"等处的八度大跳，和"历苦辛"等处的连续反复地呈述，情意真切，激动而沉郁，充分表达出作者对即将远行的友人无限关怀、留恋的诚挚情感。

3. 民间音乐

民间音乐是指由广大人民群众在漫长历史过程中，通过口口相传而流传下来的音乐形式和音乐作品。它无论从使用的乐器、演奏的乐谱还是演奏形式，都有着极强的民族性和地域性，与当地的民俗习惯相融合，与当地的民俗活动相结合。我国古代的民间音乐以器乐艺术作品为主，比较有名的器乐艺术作品有《高山流水》《广陵散》《胡笳十八拍》《十面埋伏》等。除器乐之外，民间音乐还有民间歌曲、歌舞音乐、说唱音乐、戏曲音乐等。此外，我国的说唱艺术十分丰富，现存曲种200多个，如京韵大鼓、苏州弹词、山东琴书、凤阳花鼓、山东快书等。

二、中国传统乐器

中国古代乐器先产生打击乐、吹奏乐，而后产生弹弦乐和拉弦乐，按照其发展顺序，分为打、吹、弹、拉四类。

1. 打击乐器

鼓，在远古时期被尊奉为通天的神器，用于祭祀、攻击敌人和驱除猛兽，并且是报时、报警的工具。周代有八音，鼓是群音的首领。从原始的陶鼓、土鼓、皮鼓、铜鼓，一直发展到种类繁多的现代鼓，鼓是最为人们喜爱和广泛应用的乐器之一。

编钟，最早出现在商代，当时多为三枚或五枚一组，能演奏旋律。至春秋中晚期，一组编钟的数量增为九枚一组或十三枚一组，并在形制上有了很大改变。

2. 吹奏乐器

笙，古称卢沙，是中国古老的簧管乐器，也是古代八音乐器之一，距今已有3000多年的历史。笙是吹管乐器中唯一的和声乐器，也是唯一能吹吸发声的乐器，其音色清晰透亮，音域宽广感染力强。

埙，相传是起源于一种叫作"石流星"的狩猎工具。古时候人们常用绳子系上一个石球或者泥球，投出去击打鸟兽。有的球体中间是空的，抡起来一兜风能发出声音，后来这种"石流星"就慢慢演变成了埙。最初埙大多是用石头和骨头制成，后来发展成为陶制，以梨形最为普遍。

笛，是一种管乐器，特点是无簧片。竹笛由一根竹管做成，里面去节中空成内膛，外呈圆柱形，在管身上开有1个吹孔、1个膜孔、6个音孔、2个基音孔和2个助音孔。笛子之所以能发音，就是通过吹孔把气灌进笛管内，使笛膜和竹管内的竹簧产生振动。

箫，分为洞箫和琴箫，皆为单管，竖吹，是一种非常古老的中国吹奏乐器。箫的音色圆润轻柔，幽静典雅，适于独奏和重奏。箫一般由竹子制成，吹孔在上端，按音孔数量区分为六孔箫和八孔箫。六孔箫的按音孔为前五后一，八孔箫则为前七后一。在出土文物中，考古学家发现了距今7000多年的骨质发声器，称为"骨哨"。它被认为是箫的前身。

3. 弹弦乐器

琴，又称瑶琴、玉琴，俗称古琴，是一种七弦无品的拨弦乐器。《诗经》中有"窈窕淑女，琴瑟友之""我有嘉宾，鼓瑟吹笙"的记载，可见，3000年前琴已经流行。琴居"文人四友"之首，是为宾客演奏用的高级乐器，宾客在聆听琴曲时，必须正襟危坐，以体现文化素质和修养。

琵琶，古代是圆形，不同于现代的梨形。古时琵琶的弹奏是横抱，用拨子弹奏，弹奏的方式自由无拘束。后来琵琶分多个派别，弹奏方式也变为直抱、以戴上假指甲的手指弹奏。

4. 拉弦乐器

二胡，又名胡琴、始于唐朝，称奚琴，至今已有1000多年的历史，后与西方、北方民族的"胡人"乐器相结合，遂称"胡琴"。二胡形制为琴筒木制，筒一端蒙以蟒皮，另一端镶嵌着一个音窗，张两根金属弦。二胡由九部分组成：琴筒、琴杆、琴皮、弦轴、琴弦、弓杆、千斤、琴码和弓毛。二胡既适宜表现深沉、悲凄的内容，也能演奏出气势壮阔的意境。《二泉映月》《江河水》《三门峡畅想曲》等是代表性曲目。

三、中国戏曲的产生与发展

中国戏曲起源很早，在上古原始社会的歌舞中就已初现萌芽。戏曲主要由民间歌舞、说唱和滑稽戏三种艺术形式综合而成，在漫长的历史中发展形成了形式多样、风格迥异的戏曲大观园。

汉唐歌舞的发展，为戏曲音乐的产生奠定了坚实的基础。有故事情节的歌舞在宋元以后市民阶层的崛起过程中，更受中下层民众的喜爱。北方的杂剧盛行，南方的南戏诞生，成为中国戏曲成熟的标志。明清时，杂剧衰落，南戏茁壮发展，演变成了传奇剧。明清"四大声腔"的流行，为京剧和地方戏的产生和大发展提供了重要的条件。

唐时已有参军戏、歌舞小戏，到北宋时在北方已有杂剧出现，南宋时盛行开来。宋杂剧的音乐来源于唐宋大曲、法曲、词调和市井音乐小调，歌唱和道白交替,有乐器伴奏。结构分三段,一是艳段,是暖场的小段,二是正剧,相当于主体,三是尾段,以滑稽内容收场,提高兴致。角色中已有"末段""装旦""副净""副末"等,相当于后世的生、旦、净、丑。

到元代,杂剧艺术高度成熟,所用音乐包括原有的大曲、鼓子词、诸宫调等,再加上新创作的乐曲,统称北曲。结构上,四折加一楔子,更有多本连贯演出的。一折一宫调组成套曲,四折共有四个不同宫调组成。表演时,有曲(歌唱)、宾白(说白)、科(动作)三部分,以唱曲为主。唱时,一人为主,其他角色辅助但不唱。南方则有南戏,源于温州,又叫"温州杂剧"或"永嘉杂剧"。音乐用南曲,五声音阶组成,风格细腻,还采用"南北合套"式,即将同一宫调的南曲和北曲的曲牌连用成套,一组套曲可用多个官调。形式更为多样。角色上,生、旦、净、末、丑、付、贴七种行当都可以唱,还可对唱、合唱。南戏剧本结构庞大,一本戏可长达数十折。南戏最早的剧本收录在《永乐大典》中,有《张协状元》《小孙屠》《宦门子弟错立身》三种。元末明初时,出现了著名的"四大传奇"和《琵琶记》等优秀剧本,南戏在明清四大声腔的基础上,改称"传奇"或"南曲"。

明代四大声腔有海盐腔、余姚腔、弋阳腔、昆山腔。海盐腔无曲谱传世,逐渐衰落。余姚腔盛行于浙江小部分地区,留存资料亦少。江西弋阳产生的弋阳腔,唱腔高亢激昂,到清代直接称为高腔。虽无曲谱,但表演时有锣鼓伴奏,一人唱而众人和,音调与方言结合紧密,生活气息浓郁。传到其他地区后,形成各地方剧种,如川剧、湘剧、赣剧等。昆山腔,又名昆腔、昆曲,早时流行于昆山一带,明嘉靖时,魏良辅等人改造后,一时风行,成为具有全国影响力的声腔。改革后,在慢板中加入赠板,节奏慢了一倍,形成了婉转细腻、转音若丝的风格。伴奏上,用弦乐、箫管、鼓板合奏,用曲笛主奏托腔。时有梁辰鱼《浣纱记》第一个用改革后的昆山腔上演,获得了各界广泛认可,也成了昆曲成熟的标志。此后近200年间,大量优秀作品产生,如汤显祖的"临川四梦"、高濂的《玉簪记》、李玉的《千钟禄》、洪昇的《长生殿》、孔尚任的《桃花扇》等。

昆曲曲调迤逦,文辞华美,有"雅部"之称,清中叶后,其他"乱弹""梆子"等"花部"唱腔与其争胜,先是高腔,也就是京腔,与昆腔相争,贵族们喜新厌旧,高腔胜出。后有以魏长生为代表的秦腔艺人与高腔相争,于乾隆中期盖过了京腔。乾隆后期,秦腔遭到禁演,浙江官员送徽班进京为乾隆祝寿,逐渐取得了主导地位,京剧诞生。

清代四大声腔除昆山腔、高腔外,新加入了梆子腔和皮黄腔。与昆腔相比,梆子腔唱词通俗,音调高亢激昂,音乐用板腔体,即以七言或十言的上下句作为唱腔的基本单位,并演变出慢板、流水、尖板、滚白等不同板式。梆子腔在北方多地如河北、河南、陕西、山西形成不同的梆子剧。皮黄腔是西皮腔与二黄腔结合的产物。1790年,乾隆八十寿辰,安徽的三庆、四喜、春台、和春四大徽班相继进京祝寿。祝寿规模盛大,从北京西华门到西直门,每数十步设一戏台,南腔北调,荟萃一堂,众艺争胜。此次艺术竞赛中,三庆班的高朗亭才16岁,技艺精湛,一举成名。《目下看花记》称他:"宛然巾帼,无分毫矫强。不必征歌,一颦一笑,一起一坐,描摹雌软神情,几乎化境。"四大徽班各有所长,有"三庆的轴子,四喜的曲子,和春的把子,春台的孩子"。演出后徽班留在京中,并与秦腔、汉剧艺人切磋交流,"合五方之音为一致",逐渐形成了皮黄腔。

西皮用 la-mi 定弦,二黄用 sou-re 定弦。西皮弦硬,曲调高亢,常用切分节奏,其中板是强拍,眼是弱拍,眼起板落。二黄弦软,音调柔和,板起板落。与梆子腔一样,属板腔体结构,以上下句为基础,以慢板、原板、二六、流水、散板、摇板的交替变化构成大小不一的唱段。徽剧、汉剧、湘剧、赣剧均是采用皮黄腔。清道光、咸丰年间,皮黄腔吸收了昆曲、京腔之长,唱腔由板腔体和曲牌体混合,在有一批经典剧目、优秀演员演出的基础上形成了京剧。

京剧角色又叫行当,分生、旦、净、丑。生为男性正面角色,分老生、武生、小生,还有娃娃生,指扮儿童。旦是女性角色,分青衣、花旦、小旦、武旦、老旦、彩旦,青衣又称正旦,为女主角。净又称花脸,是性格粗豪的男性,分正净、副净、武净。丑要在鼻梁眼窝间勾一块白,又称小花脸或三花脸,是喜剧人物,只念白不唱,分文丑和武丑。另外,早期有末行,多由中年男性担任,后来并入生行。

戏剧的一般特征是用演员扮演人物,以人物的唱词、对话和动作来表现故事情节。所以,一台好戏必须有动人的唱腔、不凡的身段、精彩的剧情,必须是音乐性的对话、舞蹈化动作和文学化剧情的统一,必须是歌、舞、剧的统一。具体来讲:唱、念、做、打是传统戏曲的艺术手段,被称为"四功"。手、眼、身、法、步是传统戏曲的技术方法,又叫"五法"。"唱"是歌唱,要求字正腔圆,即发音准确,圆润流畅,内容多愁苦悲怨,不吐不快。"念"是念白,念的是接近生活的散体语言,"千金话白四两唱",不仅要清晰准确,还要抑扬顿挫,铿锵悦耳。"打"是传统武术的舞蹈化,也是生活中格斗场面的高度艺术提炼。"做"是做出面部表情和形体动作,包括手、眼、身、发、步五方面技巧。手法指手部动作多样,如兰花指、柳叶手、阴阳掌等,再加上扇子、手绢等道具的延长,要求很高。眼法是运用瞟、瞪、媚、眺等眼神,表达人物情态变化。身法是以腰为主的身段造型,表现出坐、卧、站、走等不同姿势。发法：以颈发力甩头发，使头上帽翅、翎子抖动而产生不同效果。步法是武技之功，分把子功和毯子功，把子功指舞刀弄枪，毯子功指翻滚扑跌。"四功"和"五法"不但是戏曲主要的表演形式，也是优秀演员应具备的基本功。

京剧发展成熟后，分成了不同的流派。著名的分法是根据1927年北京《顺天时报》举办的一次票选活动，选出梅兰芳、程砚秋、尚小云、荀慧生四人为"四大名旦"，京剧也就有了四大流派之说。梅兰芳对旦角的唱腔、念白、舞蹈、音乐、服装、化妆等各个方面都有创造发展，形成了独特的艺术风格，世称"梅派"。他功底深厚，文武兼长；台风优美，扮相极佳；嗓音圆润，唱腔婉转妩媚，创造了为数众多、姿态各异的古代妇女典型形象，代表作有《宇宙锋》《贵妃醉酒》《断桥》《霸王别姬》《穆桂英挂帅》等。程砚秋在艺术上勇于革新创造，讲究音韵，注重四声，追求"声、情、美、水"的高度结合，并根据自己的嗓音特点，创造出一种幽咽婉转、起伏跌宕、若断若续、节奏多变的唱腔，形成独特的艺术风格，世称"程派"，代表作《锁麟囊》《鸳鸯冢》《荒山泪》《青霜剑》《文姬归汉》等。尚小云功底深厚，嗓音宽亮，唱腔以刚劲著称，世称"尚派"，代表作有《昭君出塞》《二进宫》《祭塔》等。荀慧生功底深厚、戏路宽广，又出身于梆子班，所以能吸取梆子旦角艺术之长，将京剧青衣、花旦、闺门旦、刀马旦的表演熔于一炉，兼收京剧小生、武生等行当的技艺，从唱腔、念白、身段到化妆等方面进行了改革和创造，并逐渐形成风格新颖、独树一格的"荀派"艺术，代表作有《红娘》《金玉奴》《红楼二尤》《钗头凤》等。

传统地方戏除前面介绍过的昆曲外，全国各地保存下来的不下数百种，著名的有秦腔、川剧、河北梆子、评剧、豫剧、黄梅戏、粤剧、越剧、晋剧等。

秦腔又叫"乱弹"，源于古陕西民间歌舞，主要流行于西北地区。因以枣木梆子作为击节乐器，又名"梆子腔"。秦腔声腔系统分苦音腔和欢音腔。苦音腔最具特色，演唱时激越悲壮，表现悲愤、痛恨和凄凉情感；欢音腔欢快、明朗，表现喜悦、愉快情感。秦腔曲牌主要是弦乐与唢呐，二弦伴奏，琴师在戏中地位重要，居舞台后部中央位置。经典剧目有《武家坡》《下河东》《黑叮本》《三滴血》《周仁回府》《赵氏孤儿》《铡美案》《三娘教子》等。

川剧融高腔、昆腔、皮黄、梆子和四川灯戏为一体，主要流行于西南地区。高腔是川剧主要演唱形式，曲牌丰富，唱腔美丽动人。帮腔有领腔、合腔、合唱、伴唱、重唱，语言生动活泼，幽默风趣，充满鲜明地方色彩。在长期发展过程中，还融合了变脸、藏刀、钻火圈、开慧眼等诸多绝技。经典剧目有《情探》《焚香记》

《炮烙柱》《三英战吕布》《马嵬坡》《杀惜》等。

　　河北梆子由山陕梆子蜕变而成，形成于清道光年间。唱腔属板腔体，高亢激越，善于表现慷慨悲愤情感。演唱时讲究"腭嗽""喷口""砸夯"等技巧，效果酣畅淋漓。多以板胡伴奏，笛子辅助。经典剧目有《喜荣归》《辕门斩子》《窦娥冤》《宝莲灯》《杜十娘》《梁祝》《蝴蝶杯》等。

　　晚清时期，在河北滦县小曲"对口莲花落"的基础上，进入唐山、称"唐山落子"，后吸收东北歌舞"蹦蹦"形式，逐渐形成了评剧。评剧以唱功见长，唱词清晰浅显易懂，明白如诉，生活气息浓厚。经典剧目有《花为媒》《桃花庵》《秦香莲》《杨三姐告状》《刘巧儿》等。

　　豫剧也称河南梆子、河南高调。豫剧音乐分四个流派：祥福调，以开封为中心；豫东调，以商丘为中心；豫西调，以洛阳为中心；沙河调，以豫东南沙河流域为中心。豫剧唱腔结构为板式变化体，铿锵大气，抑扬有度，节奏鲜明，韵味醇美。豫剧流行地区遍至大江南北。经典剧目有《卷席筒》《花木兰》《七品芝麻官》《穆桂英挂帅》等。

　　黄梅戏发源于湖北，发展于安徽。最早源于湖北黄梅县的采茶调、黄梅调，后流播至周边地区。到晚清时期，在安徽怀宁周边流行由黄梅调发展的民间小戏，称作"怀腔""怀调"，即是黄梅戏的前身。黄梅戏的唱腔有主腔、花腔和三腔。主腔最具戏剧表现力，以板式变化为结构，区别于曲牌体。花腔属曲牌体，以演小戏为主，民歌风味较浓。三腔又分彩、仙、阴司三种，是对前二者的融合和补充。黄梅戏经典剧目有《天仙配》《女驸马》《牛郎织女》《孟丽君》《夫妻观灯》《打猪草》等。

　　粤剧又名广东大戏、广府戏，是本地唱腔与外省入粤声腔融合的剧种。粤剧以唱梆子、二簧为主，又有昆山腔、弋阳腔特点，并吸收南音、粤讴、木鱼、龙舟、板眼等广东民间说唱形式。除了使用传统乐器外，还大胆采用西洋乐器如大小提琴、萨克斯管等中低音乐器。武戏表演粗犷质朴，有单脚、筋斗、滑索等绝技。经典剧目有《搜书院》《帝女花》《三下南唐》《三娘教子》《平贵别窑》《刁蛮公主戆驸马》《审死官》等。

　　越剧前身是浙江嵊县一带的"落地唱书"，20世纪初，以小歌班、绍兴文戏名义演出。后经改良，吸收昆曲、京剧等剧优点，形成虚实结合的风格。越剧长于抒情，以唱为主，声音优美动听，表演真切动人，唯美典雅，极具江南灵秀之气。题材多是才子佳人，流行地区广泛。经典剧目有《梁山伯与祝英台》《西厢记》《红楼梦》《祥林嫂》等。

晋剧又称山西梆子、中路梆子，又名中路戏。与蒲州梆子、北路b子梆、上党梆子合称为"山西四大梆子"。晋剧旋律婉转流畅，曲调优美圆润，念白清晰，乡土气息浓郁，流行于山西中北部和内蒙古等地。经典剧目有《打金枝》《交印》《卧虎令》《寇准背靴》《下河东》《空城计》《齐王拉马》等。

湘剧是湖南省的传统戏曲剧种之一，又称长沙班子、湘潭班子"。湘剧源出于明代的弋阳腔，后又吸收昆腔、皮黄等声腔，形成一个包括高腔、低牌子、昆腔、乱弹的多声腔剧种。剧目以高腔、乱弹为主，与民间艺术和地方语言巧妙结合，富有湖南民间地方特色，经典剧目有《琵琶记》《白兔记》《拜月记》等。

上述剧种都是在全国影响较大的地方戏曲形态。此外，还有汉剧、楚剧、桂剧、莆仙戏、潮剧等数百个剧种，也都有各自独特的艺术魅力。

四、中国戏曲的特点

1. 程式性

程式是戏剧表现形式的材料，它是人民在长期的艺术实践中总结、抽象、固定下来的艺术表现形式，具有相对的稳定性。戏曲的表演采用一种"舞容歌声"表演手段，不论是音乐的曲牌、板式和组合、唱腔的音色、舞蹈的云手、走边、起霸等，以致挥鞭示马、以桨示舟等无不是按照音乐化、舞蹈化的原则而创造出来的。出现在戏曲中的各种表演要素不是对生活的简单模仿，而是经过了艺术加工、处理，形成了戏曲舞台中一个自足的世界。从演员的表演到观众的欣赏，都要有一种"共识"存在，否则就不能达到一种艺术的默契。

戏曲的程式化包含在戏曲的每个表演要素中，从角色行当到服饰化装、从动作表情到音乐舞蹈等，这些要素往往具有夸张性、鲜明性、典型性、规范性的特点，完全地艺术化处理了。例如，出现在戏曲中的动作要节奏化、装饰化的夸张变形处理。如表演乘船，就不能照搬在水中摇船的动作，而只选用足以鲜明表现乘船时的一跳和划桨动作，以及在船行时的身体摇晃起伏，并把这一切动作改造成节奏化、线条化的姿态。再如戏曲的服装实际上是"歌舞之衣"，它色彩鲜明调和，花纹丰富精美，本身就具有整齐、匀称、华美等艺术特质，而水袖、雉翎、帽翅、靠旗、鸾带的配合，更有利加强动作的韵律感和节奏感。当这些"歌舞之衣"在形制上被规划为蟒袍、官衣、靠、褶子等，色彩上被规划为红、白、黄、黑、绿的上五色和紫、蓝、粉红、湖色、古铜色的下五色等时，戏曲服装就纳入戏曲程式之中了。

2. 虚拟性

与西方戏剧写实的特点不同，中国的戏曲充分吸取了中国古典美学写意性的特点，它通过"以形写神""虚实相生"的表现方式，使演员利用戏曲的要素和空间，广阔地反映现实生活和表现思想情感。

中国戏曲虚拟化的表现：首先表现在动作的虚拟性，主要依靠某些特定化的动作来暗示舞台上不存在的实物、情景。戏曲舞台上，五六步可以走遍天下，七八人走台代表百万雄师，一根鞭子挥动表示马在飞驰，一支桨意味泛舟江湖，这样的动作有一种规定性和暗示性，观众在欣赏的时候能够心领神会。其次，舞台上的道具布景也有虚拟性。如舞台上简单的一桌二椅，通过演员的表情动作，可以展示出不同的情景：招待宾客、家庭宴会等，另外还可以通过虚拟的道具和布景，为演员提供很大的自由表现的空间。戏曲的这种虚拟性特点，让观众在欣赏剧情的时候，可以自由地发挥想象，进入一个忘我的艺术境界中，体会到无限的审美乐趣。最后，戏曲的时空也有虚拟性的特点。戏曲舞台空间和表演时间的局限决定了它不能像小说、诗歌那样，去展现广阔的时间和空间，它采用的方式是将时空虚拟化，这种虚拟主要是通过演员的演唱、动作、暗示以及说白等表现出来的，具有高度灵活自由的特点。演员通过表演可以把几天、几月、几年的时间压缩为几分钟，也可以把几秒钟的情感变化延伸到几十分钟；可以通过表演在七尺戏台中展现千军万马的战争，也可以通过表演在瞬息之间跨越万水千山。如京剧《三岔口》，一个舞台既是旅店又是郊外，剧中两个主人公在黑夜之中整整打斗了一个晚上，但是舞台上的时间只有几十分钟；尽管演员们的打斗是在灯火通明的舞台上展现的，但通过演员的动作和表情，观众好象置身于漆黑的夜晚中亲身目睹了这一场搏斗。这场戏中，白天和黑夜、旅店和郊外、舞台时间与生活时间等完全地虚拟化，它极大限度地调动了演员的能动性和创造性，将舞台的局限性化为灵活性，为艺术表现提供了更大的自由空间。

3. 综合性

戏曲是一种综合舞台艺术样式，它的特点是将众多艺术形式聚合在一起，在共同具有的性质中体现其各自的个性。清朝著名学者王国维说："戏曲，必合言语、动作、歌唱，以演一故事。"可见戏曲不是单纯的话剧、歌剧、舞剧，而是综合了这些剧种，融合了文学、舞蹈、音乐、武术、服装、道具、布景等多种元素，以歌舞来演绎故事，具有高度的综合性。

第四节　玉器、陶瓷艺术

中国传统器物文化博大精深，不仅品种丰富，造型各异，而且纹饰精美，寓意深奥，是中国古代人民劳动与智慧的结晶。

古代先民在制作、使用石制工具时发现了玉这种矿物，它比一般石头更为坚硬，又有与众不同的色泽和光彩，晶莹通透，惹人喜爱，于是用来做装饰品，即以"美石为玉"后，一部分"美石"从"石"中独立出来，称为"玉"。

玉器在古代具有人格化的美德，成为人们崇尚的对象。在《礼记·聘义》中孔子论及"君子比德如玉"，即把玉的物理性质同道德相联系，提出了"仁、智、义、礼、乐、忠、信、天、地、德、道"十一种玉的德性。《北齐书》明志之言："宁为玉碎，不为瓦全"也足供借鉴。中国人爱玉、崇玉、赏玉、藏玉，同时无不以玉德作为自己为人处世的行动标准和指南。玉石的物质属性与中国传统思想走向重合以至交融，被融入博大精深的中国传统文化内涵，成为一种独特的中国玉文化。

一、中国玉器发展过程

中国历史上盛产美玉。由于玉具有十分优良的品格，很多时候人们都将玉和中国历史文化联系在一起，使玉具有了深刻的文化内涵。还有一些历史传说同玉结合，形成了玉的另类文化内涵。玉文化也成为华夏文明最重要的组成部分。

中国玉器的发展经历了"巫、神、权、民"的过程。最早的高古玉，文化特质最为明显，除了祭祀、图腾、象征之外还有避邪的寓意，它们象征着远古的宗教、神权、财富、地位，附带有诸多神秘的色彩。古玉表达出了古人对生命和生活的热爱之情，蕴含着对天地万物等自然现象祈祷崇拜之意，折射出我国特有的一种远古巫、神精神文化精髓。

商周玉器大量出现装饰品、写实动物和人物、生活用品。造型丰富，纹饰精细，形象生动逼真，已熟练运用双线勾勒、圆雕、浮雕等雕琢技法。商朝妇好墓出土诸多玉器实证了和田玉在中原地带的流行。

春秋战国时期玉器出现玉带钩、玉剑饰、玉印章；玉璜多为三分之一圆形片状，玉龙造型从"C"形龙变"弓"形龙；人物造型极富动感，如翩翩起舞的玉人；形制从平面向浮雕、隐起发展，纹饰排列规整，镂空、透花技术十分娴熟。

汉代玉器奠定了中国玉文化的基本格局。汉代普遍重视玉料选择，尤其崇尚白玉，大量和田玉进入中原，为汉代玉雕奠定了物质基础。玉器设计打破对称等传统风格，内容丰富多样。汉玉在器表隐起处多以阴线勾勒，高浮雕和圆雕也大量运用。汉代抛光技术达到很高水平，玉衣片等玉器表面打磨光洁如镜。汉代玉雕作品

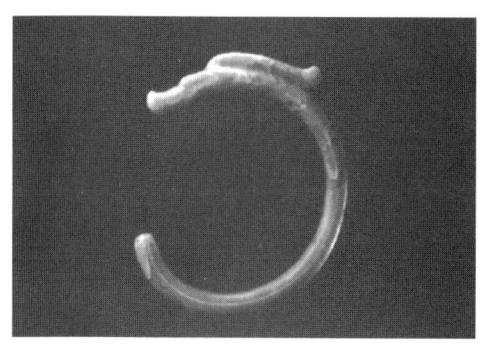

中大量采用镶嵌技术，有金镶玉、玉镶金等。1968年，河北省保定满城县城西南中山靖王刘胜和他的妻子窦绾的墓穴发现了令人震惊的一套保存完好的金缕玉衣。证实了中国玉文化走向王权文化的表征。

隋唐以后，玉器的礼制功能消失，代之以鲜明的装饰性和欣赏性，它的使用不再局限于统治阶级，而为社会各阶层所接受。这样的观念为后来者奉为圭臬，成为后来社会中的主导理念。唐代玉器从绘画、雕塑及西域艺术中汲取艺术营养，琢磨出具有盛唐风格的玉器。

唐代玉雕题材广泛，包括飞禽走兽、花鸟鱼虫、神话人物等。精致的玉步摇大量出现；飞天玉佩多袒上身、脸丰腴、衣裙紧贴身上，身下饰云纹或卷草纹。玉雕大量采用阴线刻划细部，并十分注重人物的肌理、动态，使其有强烈雕塑感。

宋代金石学的兴起，工笔绘画的发展，城市经济的繁荣，写实主义和世俗化的倾向，都直接或间接地促进了宋、辽、金玉器的空前发展。两宋玉器承袭两宋画风，讲究画面构图，形神兼备。宋代雕琢主要采用镂雕和圆雕，多以阴线刻划。此时的皇家用玉品种丰富，民间用玉也较前朝为盛，皇家、官僚及民间均风行收藏古玉。

元人彪悍的霸气和狂放的人文素质，使得在玉器制作上也凸显狂放起突手法，做工渐趋粗犷，表现了元人雄健豪迈的气魄。

明清时期是中国玉器的鼎盛时期，其玉质之美，琢工之精，器形之丰，作品之多，使用之广，都是前所未有的。清代玉文化鼎盛时期在乾隆盛世的后期，乾隆二十五年（公元1760年）后，玉器制作进入了一个繁荣昌盛时期，这一时期，回部每年两次向朝廷进贡玉料4000斤，玉料增多，促进了宫廷的玉业发展，同时城市经济繁荣，富有的商人、庶民都在购买各式玉器，扩大了玉器的供应量，但同时也出现了诸多问题，所以促使乾隆提出了一整套治玉理念：端正俗样、崇尚师古，提倡画意、推广痕玉。清乾隆中期以后，玉器的制作风格及玉器图案经过几十年的修正、丰富及发展，奠定了清代玉器在中国玉文化历史的崇高地位，极大地影响了后来中国玉雕文化的发展走向。

二、中国陶瓷的形成与发展

陶瓷瓷器是中国的象征，中国的英文小写"china"就是瓷器的意思。我国陶瓷一般分为陶和瓷两大类，胎体没有致密烧结的黏土和瓷石制品，统称为陶器，而经高温烧成、胎体烧结程度较为致密、釉色品质优良的黏土或瓷石制品称为瓷。

陶器出现于新石器时代后期，从现有的考古资料来看，中国原始陶器始于距今7000年左右。它是上古先民因为生活需要利用水和火，改变了黏土的形状和性质创造出的一种新的物质产品。最早的彩陶发源地在黄河流域，以陕西的泾河、渭河以及甘肃东部比较集中。商朝殷虚的遗址中挖出的陶片、陶罐包括很多种款式，广大民众的各种生活器皿采用陶器。因此商代制陶工艺得到普遍的发展，陶器在此时已经不再局限于盛物器皿，应用范围较广，大略可分为日用品类、建筑类、殉葬类、祭祀礼器类。汉代以后瓷器获得了迅速的发展，陶器渐渐失去了以往的规模，但仍有著名的品类受到人们的喜爱。唐代的三彩是一种低温铅釉陶器，在色釉中加入不同的金属氧化物，经过熔烧，便形成浅黄、赭黄、浅绿、深绿、天蓝、褐红、茄紫等多种色彩，但以黄、赭、绿三色为主，是中国陶器工艺中的瑰宝。创始于宋代的紫砂陶是用一种质地细腻、可塑性强、含铁量高的特殊天然陶土制成的，泥色有紫泥、红泥、淡黄色泥，最适于塑造茶壶。江苏的宜兴以盛产紫砂陶被誉为"陶都"。

商代以后出现了用高岭土烧制的原始青瓷。铅釉陶是汉代陶艺的一种创新，有黄、褐、绿等色，绿釉较为流行，火度高，釉质较硬，也是后来发展青瓷的开端。东汉的中后期有了青瓷，使用龙窑提高窑温，材料选用一般瓷器使用的高岭土。五代十国时期有名的是后周世宗的柴窑，以天青色为主，世宗评为："雨过天晴云破处、这般颜色作将来"，所以有"雨过天晴青"的美称。历史上记载"青如天、明如镜、薄如纸、声如磬"，可略知其制作精美。中国最早的瓷器都是青瓷，北朝晚期北方出现了白瓷。

唐代，瓷器制作到达成熟境界，形成了南方烧青瓷，北方烧白瓷的"南青北白"的格局，但青瓷的产量最大。唐代最著名的窑为越窑与邢窑。唐代越窑（浙江绍兴余姚一带）的青瓷胎质细腻，釉层均匀，浑厚滋润，有"如冰似玉"之誉，代表了当时青瓷生产的最高水平。邢窑在北方河北省邢台，主要制造白瓷。

宋代制瓷业蓬勃发展，汝窑、官窑、哥窑、钧窑、定窑五大名窑，形制优美，高雅凝重，不但超越前人的成就，即使后人仿制也少能匹敌。影响最大的是汝窑，汝窑在河南宝丰，是宋代为满足宫廷特殊需要而设立的窑场，又称汝官窑。汝官窑的特点是胎质细腻，釉色天青，开有细小纹片，底部有用细钉支烧的痕迹，制品素身多，极少以花纹作装饰。造型端庄，釉色晶莹似玉。官窑南宋制品线条挺健，釉色有粉青、月白、油灰和米黄等多种，以粉青为上。其釉面上布满纹片，这种釉面裂纹原是瓷器上的一种缺陷，后成为别具一格的装饰方法。这种瓷器的底足部为铁褐色，口部隐呈紫色，称为"紫口铁足"。典型的官窑器，坯体的厚度仅为釉层的三分之一左右，坯薄釉厚。哥窑在浙江龙泉，传世哥窑瓷器以仿古代青铜器造型的器物为主。胎骨较厚、胎质细腻，釉色有灰青、月白、深灰、米黄等。釉面滋润，多有缩釉小坑，开有不规格的细纹片，纹片呈黑、黄二色，俗称"金丝铁线"。烧练时大部分在器底用支钉。均窑在河南禹州，钧瓷的胎质细腻坚实，造型端庄古朴。其釉色除天蓝、月白外，还通过"窑变"，创烧成功铜红釉，釉色青中带红，犹如蓝天中的晚霞。由于釉层在干燥时或烧成初期发生干裂，后在高温阶段釉料流动填补空隙，常形成如同"蚯蚓走泥"般的纹痕。定窑在河北曲阳，以烧造白瓷著名，定窑瓷器质地洁白细腻，造型规整而纤巧。装饰以白釉刻、划花和印花为主，此外尚有白釉剔花和金彩描花。

元代青花登场。青花瓷作为景德镇传统名瓷中影响最大的品种，它在中国制瓷史乃至世界陶瓷史上都闪烁着夺目的光辉。由于水性的青花料，还有具有吸水性的干坯胎，青花料笔，都与中国绘画的笔墨工具在性能上有极大类似之处，青花料借助于水生发开来，继而可调出不同浓度的青花料，在釉下经高温烧成后所呈现出的是不同明度的青花兰色，所营造的画面效果就如一幅单色的水彩画，其水墨韵味也是非常丰富而神妙的，加之这显得深沉而智慧的青花兰色，配之以料色上嫩白的淡绿色的灰釉，使得青花既具备中国画的墨色韵味，又有天然的材质美、工艺美，整体上显示出一种沉着、素雅的谦和美，从欣赏角度来讲，其丰富性绝不亚于中国画艺术。

明代瓷器以白瓷为主，景德镇成为主要的窑厂。明代开始，窑址都趋於集中在景德镇，一直延续明清两代五六百年而不衰，描写当时盛况为"昼间白烟掩空，夜间红焰烧天"。明代无论官窑或民窑都偏向於彩绘瓷器，瓷胎也趋向薄、细、白，在坯身上记住款式也从此开始。万历年间有名的五彩、斗彩成为后世彩瓷发展的基础，甚至日本伊万里古瓷也是根据这时期的斗彩发展出来，万历彩也就在史上成名。同时又有红地黄彩、蓝地黄花、红地青花、黄地青花五彩、描红等等各式彩瓷及前代各窑之大成，图案更是千变万化、增加许多。

清代中国瓷器可谓登峰造极。数千年的经验，加上景德镇的天然原料，加之清朝初年的康熙、雍正、乾隆三代皇帝的爱好与提倡，使得清初的瓷器制作技术高超，装饰精细华美，成就不凡，是悠久的中国制瓷史上最光耀灿烂的时代。清代陶瓷生产，除以景德镇的官窑为中心外，各地民窑都极为昌盛兴隆，并取得很大的成就。这时期除了青花瓷的烧造工艺有了进一步提高，五彩瓷的色彩更加丰富外，还创造了极其名贵的珐琅彩瓷器和淡雅柔丽的粉彩瓷器。

三、中国陶瓷的审美特征

1. 装饰美

装饰美，是说它必须依附在陶瓷形体上，并和陶瓷造型协调一致给观者留下装饰美感，其基本要素包括装饰形象、装饰结构、装饰色彩、材质与表层处理等。装饰的艺术形式主要有绘画形式、图案形式、绘画与图案相结合的形式等三种。陶瓷的装饰技法有坯的装饰、釉的装饰和彩的装饰三种。装饰美包括器型和绘画（上釉）两个方面，陶瓷器型从种类上分有瓷板、瓷盘、四方瓷瓶等平面造型；瓶、罐、缸、坛等立体造型。此外，和谐之美、平衡之美、力度之美、韵律之美，也是衡量陶瓷艺术品装饰美的审美法则。陶瓷的艺术美尽管通过整个作品来体现，但装饰是关键，是最能体现艺术家的艺术技巧、功底、水平、修养以及审美追求。

2. 材质美

陶瓷艺术品属于工艺美术范畴，它与书法、国画等艺术品相比，最显著的特征就是具有材质美。一件陶瓷制作，有几十道工艺，用宋应星的话说："过手七十二，方克成器。"陶瓷被称为"火的艺术"，只有全部完满通过每道工序，才可能生产出优质的成品。如景德镇陶瓷具有"白如玉、明如镜、薄如纸、声如磬"的材质特色，即"白如玉"指瓷质白度；"薄如纸"指瓷胎厚度；"明如镜"指釉质透明度和滋润感；"声如磬"指瓷质的音乐感。在工艺上陶瓷艺术品已具备了相当高的水平，材质本身就能给观者带来美的享受。

3. 意境美

在长期的创作实践中，陶瓷艺术家吸收借鉴中国画的绘画手法和审美观，注重意境的营造，集中了现实生活中美的精华，充分通过画面反映出生活中能唤起美好情感的特征，往往能引起观者美感与共鸣。

四、玉器、瓷器传世精品赏鉴

1. 玉器

《青玉云纹灯》，高 12.8 厘米、盘径 10.2 厘米、足径 5.9 厘米。战国作品。玉质莹润，通身黄褐色浸斑。由灯盘、立柱、底座三部分组成。灯盘为直沿，盘心凸雕五瓣花一朵，花蕊琢涡纹，外侧琢勾连云纹。立柱上部凸雕三叶，下部琢勾连云纹。底座圆形，饰平凸五瓣花。纹饰细密繁复，虽反转起伏，却又回曲自然。战国时期，铜灯比较普遍，全部川玉琢成的玉灯，目前全国仅此一件，堪称珍品。

《玉鸟纹樽》，通高 12.3 厘米、口径 6.9 厘米、足径 6.8 厘米。西汉作品。王质润亮，通身浅褐色浸斑。有盖，盖面雕勾连云纹，中心镂雕二办花形纽，周凸雕三鸟。周身浅浮雕方折勾莲夔凤纹，并满饰勾连云纹及隐起的谷纹。口缘及底边各雕涡纹一周。近足处有三组兽面纹。三蹄足。器中部一侧凸雕环形板，上饰兽面纹。做工精湛，为汉代玉器中最为珍贵的一件。

《青玉镂雕飞天佩》，长 7.1 厘米、宽 3.9 厘米、厚 0.7 厘米。唐代作品。青玉质地，片状。镂雕飞天人物。人物头顶发髻高盘，右手扶云，左手持一物。肩披长飘带至身后。上身袒露，下身着长裙，裙摆随风飘动。身下有流云三朵，线条流畅，动感强烈。飞天多见于佛教石窟壁画，有吉祥之意。

《青玉双耳活环尊》，高 22.9 厘米、口径 6.4/8.2 厘米，足径 6.8/9.9 厘米。元代作品。青灰色玉质，扁圆形体，直颈，宽腹。颈部两面在"T"字纹锦地上各凸雕一条云龙，龙身自然弯曲，龙嘴张开，龙须向后披。两侧兽衔活环为耳。腹部饰有弦纹、夔龙纹及四组重环纹，重环纹内阴刻花草纹、回纹。方足外缘饰一周"T"形纹，其上部阴刻三角形纹。雕琢精致，层次清晰，为元代罕见之陈设品。

《青玉寿字执壶》，通盖高 34 厘米、通宽 29 厘米、口径 11/8 厘米。明代万历年时期作品。青玉质地，扁圆形，椭圆形盖，口沿阴刻"山"字纹一周，其中琢花草纹。盖顶雕一寿星，执仗，身旁有一鹿。颈部凸雕的方形玉板上琢一"寿"字，旁有诗文："诸仙庆万寿，方朔献蟠桃；湛霞擎供奉，仙酒贺长春。"腹部微鼓，琢有人物及松、竹、梅等。兽吞式流，流上琢云纹，流与壶之间镂雕灵芝纹。螭形把。近足处琢夔龙纹，足边缘琢"山"字纹一周。是明代的典型作品。

《大禹治水图玉山》，高 240 厘米、宽 96 厘米、座高 60 厘米。清代乾隆时期作品。青玉质，系仿宋人画稿设计雕成。描写传说中大禹治水时的劳动场面。巍然挺立的山峰上，重峦叠嶂，瀑布急涌。在险峻的山岩峭壁上，古木苍松，洞穴深秘。姿态各异的众多人物，有的举锤打石，有的挥镐刨砂，有的肩扛杠杆凿石开山等。工匠们以夸张的手法，高超的技艺，琢制出生动逼真的大禹治水的劳动图景。山正面中部阴刻乾隆的"五福五代堂古稀天子宝"篆文方印。背面下部刻有"八征耄念之宝"篆文方印，上部阴刻乾隆《题密勒塔山玉大禹治水图》御制纪事诗。玉山安置在错金山水纹铜座上，雄伟壮观。为清代巨型玉雕之稀世珍宝。

《白玉瓜棱提梁壶》，通高 10.1 厘米、通梁高 16.8 厘米、口径 8.9 厘米、足径 6.8 厘米。清代嘉庆时期作品。立体圆雕，有盖。圆口，花瓣式圈足。瓜形盖顶。器身凸雕十二条瓜棱纹。一侧凸琢张口羊首为流。在每间隔三条瓜棱线的顶端，各雕一凸凹纽，安接三只架式法琅提梁。器外底中部阴刻双竖行隶书"嘉庆御用"四字款。玉质莹润，洁白无瑕。设计精巧，造型别致。为清代嘉庆时期珍品。

《翡翠白菜式花插》，高 24.3 厘米、口径 12.8/7 厘米。清代乾隆时期作品。由翠根琢制而成，局部留有翡色。顶端丛叶中间，雕一椭圆形深孔。周围肥硕的菜叶有的挺拔直立，有的叶尖下垂，姿态各异。叶上浅浮雕叶脉纹，更显逼真茂盛。菜根上部用深琢加透雕的手法，形成自然围抱菜心状。底部椭圆形小平足。工匠因材施艺，按质料和翡色之深浅，巧施雕刀。不仅层次分明，立体感强，而且特意留下的翡色，似霞光映照，使白菜更加暗绿可爱。为清代宫廷名贵陈设品。

《翠"太平有象"磬》，高 24 厘米、长 26.5 厘米、厚 0.7 厘米。清代乾隆时期作品。翠质色泽鲜艳，晶莹光润。片状，两面浅浮雕纹饰。正面随形满琢一象纹，回首，两眼圆睁，大耳，双牙，长鼻前伸，鼻端内卷，两前肢斜立，两后肢呈半跪状，尾端搭于一后肢上。各部阴琢之皮皱纹清晰逼真。背面边缘饰凸弦纹，内雕勾连云头纹。中间琢一圆圈，内镌竖行篆书"太平有象"四字。象背正中，饰大小松球纹五个，中间松球钻一圆孔，可穿系悬挂。为清代乾隆时期珍贵的宫廷陈设品。

《黄玉兽面纹盖瓶》，高 16.1 厘米、口径 4.9/3.3 厘米，足径 5/3.4 厘米。清代乾隆时期作品。黄玉质地纯良。有盖。口、足椭圆。宽肩，束颈，扁圆宽腹。通体阴琢锦纹地。透雕"C"形盖纽，盖面垂云纹一周。盖口、器口外沿阴琢回纹。颈部仰饰蝉纹一周，透雕卷叶纹为双耳。腹部两面各饰兽面纹，上有勾形纹两周；下饰涡纹、蕉叶纹各一周。腹下及足部外缘为回纹。外底中部阴镌双行篆书"乾隆年制"四字款。为珍贵的宫廷陈设品。

《白玉镂雕牡丹花薰》，高 7.5 厘米、口径 13.4 厘米、足径 8.3 厘米。清代乾隆时期作品。由新疆白玉琢制而成。有盖，扁圆体，圆口，圈足。通体镂雕牡丹花叶纹。盖面镂空微鼓。两侧透琢并蒂牡丹花叶为耳。腹部正反两面各凸雕盛开的牡丹花两朵。玲珑透剔，工艺精湛。为清宫造办处的代表性作品。

2. 瓷器

《青釉堆塑谷仓罐》，高 46.4 厘米、底径 15.3 厘米。吴永安三年（公元 260 年）作品。

谷仓，又称堆塑罐、魂瓶，流行于三国、两晋时期，是当时长江中下游地区墓葬特有的随葬器物。1939 年浙江绍兴县出土。构思巧妙，采取堆、塑、雕、贴相结合的手法，在罐上堆成凸雕式的各种动物和鱼虫。罐口百鸟簇拥，引颈展翅，作觅食状。颈部堆塑有楼阙馆阁，楼阁上手持各种乐器的艺人，有的奏乐，有的耍戏，人物神态生动。最引人注目的是在颈、腹交界处竖着一块小碑，碑上刻有"永安二年时，富且洋（样），宜公卿，多子孙，寿命长，千意（亿）万岁未见英

（殃）"的铭文。它对研究我国古代早期青瓷的发展具有十分重要的意义。

《三彩马》，高77厘米、长83厘米。唐代作品。

器物全身施赫、黄、绿三色釉。马头向左微侧，顶鬃分向两侧，嘴微张，颈部左侧鬃毛下垂。马尾扎结，四蹄踏长方形底板上，前腿直立，后腿稍曲。马身有精致辔佩，马鞍上刻有花叶纹，显得富丽堂皇。雕塑手法写实，神态自然，釉色鲜明，为唐陶马中的上品。

《青釉凤头龙柄壶》，高41.3厘米、口径9.3厘米、足径10.2厘米。唐代作品。

唐初北方青釉瓷器的杰出之作。是吸收了波斯萨珊王朝金银器中鸟首壶的造型，又融合了中国本土的结构，经过精心烧造而成的。

壶身堆贴有各种瑰丽的花纹，繁缛而精美。壶盖为一高冠、大眼、尖嘴的凤头。盖的一端由门沿到底部连接着一条生动活泼的螭龙壶柄，前肢托于肩部，后肢安于喇叭形底座。这一设计，既富装饰性，又起到壶柄把手作用，颇具匠心。目前所见，此壶在国内传世仅此一件。

《三彩骆驼》，身高87厘米、身长71厘米。唐代作品。

骆驼双目圆睁，昂首、张嘴，四腿错落，作行走状。骆前峰向右，后峰向左，背上兽面皮囊垂于两侧，驮有丝束、绢帛、火腿、圆肉、鸭子、水壶等物。釉色鲜明，全身以深黄釉为主，胺为黄绿釉，鬃毛为黑褐色。生动地塑造出在远途跋涉中，引颈长鸣、不畏疲倦的"沙漠之舟"形象。

《哥窑双耳炉》，高8厘米、口径12.4厘米、底径9.2厘米。宋代作品。

哥窑是宋代五大名窑之一，属青瓷系，装饰风格独特，以器表的纹片而著称于世。炉仿古铜器式样烧成，形体庄重古朴，线条简洁流畅，胎骨较厚，釉呈米黄色，滋润如玉。周身布满大小不等的碎裂纹片，有如冬天江河中的冰裂，变化万千，别具自然雅趣，是传世哥窑瓷器中的精品。

《钧窑花盆》，高15.8厘米、口径22.8厘米、底径11.5厘米。宋代作品。

钧窑是宋代五大名窑之一。窑址在今河南省禹县的神厚镇。是北方最著名的窑口，以烧制五彩争艳、瑰丽多姿的窑变，而独树一帜。

这件器物敞口，折沿，菱花形，深腹，下有小圈足。型体变化曲直相间，上下呼应，和谐美观，犹如一朵盛开的菱花、构思颇具匠心。通体施铜红釉，由于铜元素的发色作用，釉层上的紫红斑如晚霞幻变，绚丽灿烂之至。

《汝窑三足奁》，高12.9厘米、口径18厘米、底径17.8厘米。宋代作品。

汝窑是宋代五大名窑之首，窑址在今河南省宝丰县清凉寺。以烧制青釉瓷器著称，作品风格独特，多属宫廷内藏。

这件三足奁为北宋宫廷陈设用瓷，清代列为皇家的珍藏品之一。仿古铜器式样，直口，平底、底部承三个弯形足，外壁上下各有凸弦纹数道。造型简洁雅致、制作严格规矩。里外均施天青釉，并开细碎纹片，釉色幽淡隽永，既有蓝色之冷，又有绿色之暖，显示出汝瓷的特殊魅力。

《定窑孩儿枕》，高18.3厘米、长30厘米、宽11.8厘米。宋代作品。

定窑是宋代五大名窑之一，窑址在今河北省曲阳县涧磁村。以烧制白釉瓷器著称于世，对我国南北各地的窑场具有重大的影响。枕塑成一儿童，俯卧在床榻上，头斜置于交叉的双臂上，脸向外，右手持一绣球，身穿绫罗长袍，人物神态天真可爱。以童背为枕面，榻周四面开光，内模印蟠龙、如意头等纹饰。通体施白釉，釉色白而略黄。雕塑技巧高超，构思新颖，在传世的定窑白瓷中，极为少见，为稀世珍品。

《青花釉里红开光镂花盖罐》，高41厘米、口径5.5厘米、底径18.5厘米。元代作品。

1934年5月出土于河北省保定市。

直口微卷，溜肩、丰腹、腹以下渐收，浅圈足。盖顶塑一昂首翘尾蹲踞的狮子。盖面与腹下部用青花绘变形莲瓣纹，肩绘下垂如意云头纹四组，内绘海水浮莲，如意云头之间的空隙处绘对称折枝牡丹四组，腹部四面各有一菱花式开光，内镂空浮雕菊花和太湖石，以青花绘叶，釉里绘花蕊和湖石。雕刻技巧高超，色彩美丽。既有青花的幽静雅致，又有釉里红的浑厚瑰丽。造型庄重，制作精美，具有高雅而又朴实的艺术风格，是元代瓷器中罕见的精品。

《斗彩鸡缸杯》，高3.3厘米、口径8.3厘米、底径4.1厘米，明代成化时期作品。

江西景德镇御窑厂烧制，为宫廷名贵的御器。

敞口、硕腹、卧足，足内青花双方框内书"大明成化年制"六字楷书款。制作精巧，线条流畅柔和。通体施斗彩做装饰，杯上一组兰花柱石，一组芍药柱石，一组子母鸡，另有雄鸡昂首长鸣，母鸡啄虫哺雏。色彩淡雅，画工精细，优雅传神。据文献记载，此杯在万历年间已值钱十万，足见其珍贵。

《五彩鱼藻纹盖罐》，高33.2厘米、口径19.5厘米、底径24.1厘米。明代嘉靖时期作品。

江西景德镇御窑厂烧制，宫廷陈设用瓷。

直口，无颈，硕腹，圈足，带盖。足内青花楷书六字双行款"大明嘉靖年制"。通体施白釉，绘五彩鱼藻纹。造型古朴，色彩浓重艳丽，构图严谨，所绘鲤鱼鳞鳍清晰，展鳍折尾，與周围的荷花、浮萍、水草融合在一起，生动活泼充满着情趣。

《青花五彩团龙花觚》，高41厘米、口径19厘米、底径16.6厘米。明代万历时期作品。

江西景德镇御窑厂烧制。宫廷陈设瓷。

仿青铜器式样，撇口，细长颈，圆腹，足外撇，足内书青花双圈六字楷书款"大明万历年制"。通体五彩装饰，里口绘缠枝莲一周，外口绘勾莲三角纹一周。颈部为缠枝莲和蕉叶纹。腹部主题图案为菱形开光内绘龙戏珠纹饰，开光外绘以勾莲，上下绘变形蕉叶。足上部为花鸟纹，足边绘变形莲办。纹饰繁密，层次分明，色彩浓重艳丽。

《五彩蝴蝶纹瓶》，高44厘米、口径12厘米、底径13厘米。清代康熙时期作品。

江西景德镇御窑厂烧制，宫廷陈设品。

撇门，短颈，溜肩，肩部以下逐渐内敛，圈足。造型端庄大方，胎体坚硬洁白，釉面光亮莹润。采用写生的笔法在腹部描绘翩翩飞舞的彩蝶，其间穿插蜻蜓、草虫作点缀。花蝶形象逼真，千姿百态，别有情趣。蝶上施彩丰富，有红、黄、绿、蓝、紫、褐、黑、金等多种颜色，色彩搭配协调，充分显示了康熙朝制瓷匠师们高超的工艺技巧。

《仿古铜彩牺耳尊》，高21.8厘米、口径13.2厘米、足径11.7厘米。清代乾隆时期作品。

江西景德镇御窑厂烧制，宫廷陈设瓷。

仿古青铜器式样，侈口丰肩，安牺耳一对，腹部圆鼓，圈足，足内双方栏内篆书"大清乾隆年制"六字款。颈部、足上各绘变形蟠螭一周，腹部绘菱形云雷纹及下垂变形蝉纹一周，造型古朴，釉彩仿铜器错金嵌银工艺，并装饰锈斑，效果逼真，充分体现了景德镇瓷工对于金属氧化物发色规律的熟练掌握和仿制技艺的高超。

《画珐琅牡丹花篮》，通高14厘米、口径16.5/17.3厘米。清代乾隆时期作品。

圆形，海棠式口，有提梁，矮圈足。通体黄珐琅地，提梁彩绘折枝花，外腹绘四朵硕大牡丹花，花朵以粉红色晕染而成，枝叶轮廓以黑色勾勒。底白釉，正中红色双方框内有"乾隆年制"楷书款。内壁施以天蓝釉。珐琅釉色明丽，器表光滑蕴亮，枝叶舒卷自如，纹饰舒朗，为做康熙花篮制成，具有典型的宫廷风格。

《各色釉彩大瓶》，高86.4厘米、口径27.4厘米、底径33厘米。清代乾隆时期作品。

此瓶号称"瓷母"，江西景德镇御窑厂烧制，宫廷陈设瓷。

洗口，长颈，颈两侧饰以双螭耳，腹饱满，圈足外撇，足内篆书"大清乾隆年制"六字款。瓶身共有纹饰十五组，各种纹饰采用高低温多种色彩，有红釉、青釉、窑变、钧釉及仿官、仿哥、仿汝釉和釉下青花、五彩、粉彩、斗彩、珐琅彩

等。腹部的主题图案是十二幅长方形开光，内绘三羊开泰、太平有象等多种吉祥纹饰。瓶体端庄大方，气势磅礴，图案绚丽精美。目前所见，国内仅此一件。

文化沙龙

一、调查交流

参观当地的艺术博物馆，参观中国书法、中国绘画及其古代其他艺术形式的展品，全面了解中国古代的艺术符号。

二、争鸣空间

1. 传统戏曲源远流长、影响深远，当代很多音乐人受它的启发，创作出了一些既有戏曲音乐元素又结合了流行音乐元素的"戏歌"，这些歌曲不但受到了中、老年人的喜爱，也受到了青年人的追捧，有的甚至还坐上了歌曲排行榜的头把交椅，如《北京的桥》《唱脸谱》《大碗茶》等，现在有《北京一夜》《霍元甲》《苏三说》等。请查找相关音乐网站，听听戏曲和戏歌，比较体会两种艺术的特点与魅力，你觉得戏歌与纯粹的流行音乐相比有哪些长处或短处？谈谈你对戏歌的感受。

2. 观看2008年奥运会开幕式文艺表演《画卷》和《文字》两个篇章。讨论中国书法、绘画、舞蹈、音乐等艺术形式的相通性。以下是《画卷》和《文字》两篇的解说词。

画卷篇——一幅画卷神奇地出现在场地中间，在观众面前缓缓铺陈开来。琴声悠扬，水墨浸染，画卷上墨迹漫卷，流淌变幻，依次呈现出檐画、陶瓷、青铜器等在中国文化起源和发展过程中极具代表性的文化符号。一袭黑衣的舞蹈演员来到画卷之上，用肢体做墨迹，表现中国水墨画的洒脱写意。随着舞蹈演员的动作，洁白的画纸上出现了起伏回旋的墨色线条。中国水墨画讲求以形写神，不拘泥形式而更讲究神韵。舞蹈演员独特的肢体语言，正体现出中国水墨画这种特有的意趣和韵味。最后，画作完成：一幅山峦错落、起伏延绵的水墨画呈现在眼前。

文字篇——中国汉字是世界上最古老的文字之一，古老的汉字承载着中华文明久远深邃的历史。片中孔子的3000弟子手持竹简高声吟诵，款款步入场地。《论语》中的经典词句响彻耳畔。70米长的画卷上出现了巨幅竹简，向世人呈现中国古代最早的书籍形式。随后在巨幅画卷中间，魔幻般地出现了立体的活字印刷版。方块汉字凹凸起伏不断变化，为我们呈现了中国汉字的演化过程。

三、妙笔生花

阅读：《美的历程》（李泽厚著），写出读书笔记。

提示：书中提出了原始远古艺术的"龙飞凤舞"，殷周青铜艺术的"狞厉的美"，先秦理性精神的"儒道互补"，楚辞、汉赋、汉画像石之"浪漫主义"，六朝、唐、宋佛像雕塑、宋元山水画以及诗、词、曲各具审美三品类等重要观念，可谓是一次美的巡礼。

四、旧瓶新酒

戏曲表演

材料：每位同学表演（或介绍）一段家乡戏，开展一次"百家戏苑"活动。

提示：有表演欲望的同学可以表演，不善于表演的同学可以介绍家乡戏。

五、知识拓展

《中国书法五千年》是央视中文国际频道制作的8集文献片。该片以中国文字篆、隶、楷、行、草五大书法体式为主角，挖掘它们的来龙去脉，讲述它们的前世今生。央视中文国际频道5个摄制组跋涉将近10万里，远行欧美亚三大洲，走访考古遗迹和博物馆数百处，参观有关书法文物3万余件，力图呈现书法这种中华文明核心符号体系的核心价值。这部巨片展示了书法这种民族文化的传承之法以及社会文明绚烂呈现之法，积淀着商周秦汉的凝重雄浑，缤纷着魏晋唐宋的文采风流，是了解中国书法发展历程的一部优秀纪录片。

第五单元 中国传统教育

单元导语

　　教育在无边的时空中穿行。当人们站在文明转折点的立交桥上重新审视这个文化世界的时候,既会有对未来的展望,又会有对过去的眷恋。社会主义现代化的实现在于塑造一代新型人格,现代化的滞后也正缘于人的落后,而新型人格的塑造取决于教育的成败,教育本身又深受传统教育的影响。这样,在教育目标的价值取向中,一方面要超越传统教育悖谬的历史魔圈,另一方面,要在传统教育的理性氛围中,注重受教育者能力的发展,知识的增长,品性的陶冶,体质的增强,以达到辉煌的理性彼岸!

知识精讲

第一节 传统教育模式

在中国古代文献中,教育一词最早见于《孟子·尽心上》,"得天下英才而教育之"。《说文解字》释"教,上所施下所效";"育,养子使作善也",教育就是教诲培育的意思。从广义文化的角度看,人类创造的文化,即经验、知识和技能等,是依靠广义上的教育手段来传承和传播的。所以,教育是人类文化传播的首要手段。

一、口耳相传中萌芽的中国教育

中国自古就高度重视教育,文化教育有着悠久而优秀的传统。

从夏朝开始,由于专门从事精神生产的社会阶层出现,在原始社会教育实践积累的基础上,夏朝的教育发生了质的变化。从历史进程看,先秦时代是中国传统教育的形成和奠基时期;秦汉至宋代是中国传统教育的发展时期、辉煌时期;明末清初至近代,中国传统教育出现了衰萎的倾向。从办学形式看,我国古代传统教育的发展有三条主线:一是官学,二是私学,三是书院。

古代中国视教育为民族生存的命脉。由于我们的祖先很早便知道教育的重要性,所以远在四五千年以前就开始了有组织的教育活动。根据历史文献记载,中国古代教育的起源可以追溯到夏以前。传说中的伏羲、神农、黄帝、尧、舜等都十分重视教育。据《尚书·舜典》记载,虞时即设有学官,管理教育事务,如命契为司徒"敬敷五教",即负责对人民进行父义、母慈、兄友、弟恭、子孝五种伦理道德的教育;命夔"典乐",即负责对人民进行音乐和诗歌教育。可见,原始社会的教育大多由长者通过实际活动身教与口耳相传。大约在公元前 3000 年左右已有"图书文字"和"象形文字"了。有了文字自然会有专门传授和学习的机构,当时称为"成均",这就是学校的最初萌芽。

这一时期的教育目的是为生产劳动和社会生活服务,基本内容为传授生产劳动技能、生活习俗教育、原始宗教教育、原始艺术教育、体格和军事训练等,它的主要途径是通过生产劳动和社会生活实践来进行,没有专门人员和专门机构。此时的教育没有阶级性,除了年龄、性别和初步的社会分工引起的差别外,没有阶级的界限。教育手段是通过语言、口耳相传、观察模仿。

二、垄断文化中发展的官学教育

（一）官学的产生

在我国原始社会末期或奴隶社会初期，学校产生。由于青铜器的使用，大大提高了社会生产力，劳动生产有了剩余，贫富差别、脑力劳动分工初步出现，使一部分人得以脱离生产劳动专门办教育。文字的产生也为日益繁复的社会知识和自然知识的积累创造了有利的条件，同时也造成了产生学校的现实需要。

到了夏代，则有了正式以教为主的学校，称为"校"。孟子说："夏曰校，教也。"到了商朝，称为"庠"，到周成为"序"。

"序"又分"东序"与"西序"，前者为大学，在国都王宫之东，是贵族及其子弟入学之地；后者为小学，在国都西郊，是平民学习之所。商代生产力日益发展，文化日趋进步，科学日渐发达，因之学校又有增加，称为"学"与"瞽宗"。"学"又有"左学"与"右学"之别，前者专为"国老"而创，后者专为"庶老"而设。国庶之界在于贵族与平民。贵族垄断文化教育，实行"官守学业""学在官府"，民众根本没有受教育的权利。"学"以明人伦为主，"瞽宗"以习乐为宗。

（二）官学的确定

官学机构与政治机构联系在一起，没有分离独立，历史上称这种现象为"学在官府"。西周是奴隶社会鼎盛时期。该时期政教一体，官师合一，以"明人伦"为教育宗旨，培养治术人才，学校组织比较完善。西周时不仅有国学，还有乡学；不仅有大学，还有小学；不仅有宫廷教育，还注意幼儿教育，逐渐形成了一个以礼、乐、射、御、书、数为主体的"六艺"教育体制。当时分为国学与乡学两种。国学专为贵族子弟而设，按学生入学年龄与教育程度分为大学、小学两级。小学设在王宫内。大学设在都城过郊。教育内容包括德、行、艺、仪四个方面，而以礼、乐、射、御、书、数等六艺为基本内容。

"六艺"是夏、商、西周时期教育的基本内容。"礼"，后世称之为周礼，包括周代的典章制度和以孝、悌为核心的道德规范以及各种礼仪。"乐"包括歌咏、舞蹈和演奏乐器等。"礼"和"乐"密切配合，"礼"是外在的政治原则、道德行为规范，是其思想行为准则，具有强制性。"乐"则陶冶人的感情，使强制性的礼转化为人们内在的道德和精神的需求。"射"即拉弓射箭的技术。"御"即驾驭战车的技能。"书"是读书、写字。"数"计数。"六艺"体现了文武兼备、诸育兼顾的特点，反映了中华文明发展早期的辉煌。

乡学主要按照当时地方行政区域而定。因地方区域大小不同，亦有塾、庠、序、校之别。一般情况下，塾中优秀者，可升入乡学而学于庠、序、校；庠、序、校中的优秀者或升入国学而学于大学。国学为中央直属学校，乡学是地方学校。在家庭教育方面，父母就是幼儿最初的教师。当时重男轻女的现象非常严重。女子在社会上和家庭里都没有地位，也没有受学校教育的权利和机会。

秦始皇统一六国文字，提倡"以吏为师，以法为学"。

（三）官学的发展

1. 汉代官学

到西汉，中国已有专门传授知识、研究学问的大学。汉武帝元朔五年（公元前124年）开创太学，设在京师长安的西北城郊，规模相当可观。它作为中国当时的最高学府，与西方的雅典大学、亚历山大尼亚大学等同为世界上最古老的高等学校。太学选聘学优德劭者任教授，称为"博士"；招收学生，随教授学习，称为"博士弟子"。太学的课程以通经致用为主，学生分经受业，经考试及格，任用为政府官吏。政府给予"博士弟子"以极优厚的待遇。西汉平帝元始四年（公元4年）为太学学生始建校舍，能容纳万人，规模巨大。东汉太学学生曾达3万多人，京师形成了太学区。东汉太学有内外讲堂，讲堂长10丈、宽3丈，同时听讲人数在数百人以上，出现了"大都授"——集体讲授的教学形式。

汉代的学校，是官学与私学并举。官学除中央政府所办太学之外，地方政府所办的学校，郡国曰"学"，县曰"校"，乡曰"庠"，聚曰"序"。校学设经师一人，庠、序置《孝经》师一人。私学则分两种，小学程度的称为"书馆"；而由著名经师设帐聚徒讲学的，一般具有大学程度。班固赞颂汉代"学校如林，庠序盈门"，可以想见当时学校教育发达的盛况。

2. 魏晋官学

魏晋南北朝时期，官学处于时兴时废的状态。晋代中央学制分为两种，一种为国子学，另一种为太学。前者限五品以上的贵族子弟入学，内设祭酒1人，博士1人，助教10余人。后者为平民子弟而设，立博士员19人。太学的规模很大，晋武帝时，太学生曾超过7000人。北方少数民族所建十六国中，不乏仰慕汉族文化而兴学者，如前赵刘曜、后赵石勒都建立了太学及小学。南北朝时期，学校教育以北朝为盛。北魏太学亦设五经博士，学生为洲郡选派，多达3000人。南朝宋文帝时，在京师设立四学，即儒学、史学、玄学、文学，称为"四学制"，打破了儒家一统教育的状况。到梁时，学校教育渐渐有了合儒、佛、道于一堂的做法。魏晋南北朝的选士制度，除了察举孝廉、秀士仍沿两汉旧制外，又新增一种旨在匡正两汉选举制度之流弊的"九品中正制"。

3. 隋唐官学

隋文帝提倡学校，置国子寺掌管全国的教育事业，设祭酒主持国子寺工作，从此我国有了专设的中央教育行政机构和专职的中央教育行政官员。

唐代是中国教育史上的黄金时代，官学制度达到相当完备的程度，成为我国古代官学制度的代表和教育的新巅峰时期。中央设国子监总辖各学，长官称国子监祭酒。国子监具有双重性质，既是大学，又是教育行政管理机构。下设国子学、太学、四门学（以上专收贵族官僚子弟）、书学、算学、律学等，此外还有弘文馆、崇文馆。地方官学——府州县和专门学校也很发达。唐代出现了律学、书学、算学、医药学、兽医学、天文学、音乐学等门类多、范围广的实科专门学校。教师称博士。入学年龄在14岁以上、19岁以下（律学为18岁以上，25岁以下），地方有府学、州学、县学，设博士、文学、助教与教官。

4. 宋代官学

宋代官学制度基本承袭唐代，中央官学除了有国子学、太学、律学、书学、算学、医学外，还有武学、画学、宗学。书院制度开始兴起。书院原为藏书、校书之地，或私人治学、隐居之地。宋代书院将教育、教学和学术研究结合起来，成为著名学者授徒讲学、培养人才的地方。当时著名的有江西庐山的白鹿洞书院、湖南衡阳的石鼓书院、河南商丘的应天府书院、湖南长沙的岳麓书院、河南登封的嵩阳书院、江苏江宁德茅山书院等。元代政府也大力扶持书院。书院院址多选于山林名胜之地，主持人称"洞主"或"山长"。建制有民办、官办、民办官助等多种形式。

5. 元明官学

元代有蒙古国小学，回回国小学，教授蒙文、阿拉伯和波斯文学。

明代的官学有其独特的方式，不分国子学和太学，也没有唐宋专科学校，只有中央官学和地方官学之分。明代学校，中央有国子监及宗学（贵族学校），学生称贡生、监生；地方有府学、州学、县学，边疆及特殊地方则有卫学（军事学校）。明代国子监分南北两监（北京和南京），还有日、朝等国学生。地方学校规模虽有大小，但彼此不相统属，学生皆有送至中央国子监资格。此外，地方性专科学校还有军事、医学、阴阳学等。明学称学正，副职均称训导，学生院试进学后的生员（秀才），按成绩优劣依次分廪生、增生、附生。

6. 清代官学

清代学制，大抵沿袭明制。地方府、州、县学计有1700余所，学生27000

余人。明清科举沿袭宋元,分乡试、会试、殿试三种。考试内容,第一类为经义,出题限于五经四书,文体多为八股;第二类为诏诰律令;第三类为经史时务策。

清代正式形成五贡——副贡、拔贡、优贡、岁贡、恩贡。明清府和州县设孔庙和学官(学校),府学教官称教授,县学称教谕。清代科举除常科外,又有特科,如山林隐逸、博学鸿词等,以网罗不愿应试的学者;还有翻译科,鼓励满人翻译汉文;还有武举之设。在启蒙教育方面,明清有私塾、义学、专馆三类。

清光绪三十一年(公元1905年),中央废除科举制度,建立新式学校——京师大学堂。自此,我国学校教育和社会教育发生了巨大变化,吸收西学成为第一要务,学校建制、教育思想大不同于古代。百多年前,就开始有了近代化的大、中、小学。从此,中国教育走向了全新的发展阶段。

总之,我国古代的官学历史悠久,制度发展形成了从教育行政机构的设置、学校经费的供给到教师、学生的管理等较为完善的体系,是中国古代教育的主体。在中华文明的传承中,官学始终扮演着重要角色。

三、百家争鸣中勃兴的私学教育

(一) 私学的产生

私学是中国教育史上历史悠久、影响深远的一种学校教育机构。私学的兴起是我国教育史上的一个创举。"学在官府"的垄断形式失去了原有的经济支柱和政治依据后,原在周王宫里的一批有文化知识的人,也失去了原来的地位和职务,于是他们把原来秘藏于官府中的典籍文物、礼器乐器带到了民间,出现了"学术文化下移"的趋势。春秋战国时期,诸侯国之间争雄加剧,士阶层成为各方争相利用的重要力量,因之养士之风大盛,想成为士就要拜师求学,这就促进了私学的发展。官学逐渐为私学替代。

私学在教学时各自宣传自己的政治主张、社会理想、伦理观念等,形成不同的思想体系,发展成为不同的学派,各派都有自己的代表人物,我们通常称之为"诸子百家"。各家各派之间因立场和解决社会问题上方法的不同,相互斗争,相互批评,形成"百家争鸣"的局面。

在"百家争鸣"中,教育始终是中心问题之一。不同的学派往往就是不同的教育团体;各家各派又因对教育在社会改造和人性改造等方面作用的不同认识而相互辨论。因此,"百家争鸣"必然推动教育实践的活跃、教育思想的繁荣、教育理论的发展。

（二）私学的复兴

战国时期，各家各派都重视教育活动，都不同程度地开展教育活动。在各家之中，儒、墨、道、法影响最大。四家之中，儒、墨更被称为"显学"，这不仅因为这两家的学说影响大，也因为这两家教育活动的规模大。道家和法家虽然在理论上不重视教育，但为了扩大学说的影响，也都有授徒讲学活动。

西汉私学重新恢复发展。汉武帝采纳董仲舒"罢黜百家，独尊儒术"的主张。在长安兴建太学，置《诗》《书》《礼》《易》《春秋》五经博士为教官，招收博士弟子，年龄在18岁以上。汉朝私学承担了绝大部分基础教育工作，让私学再一次勃发出新的生机。魏晋南北朝时期，官学在总体上呈衰微趋势，但私家办学却出现百家竞放的景象。唐朝鼓励私人办学，民间教育相当普及。宋、元、明、清时，私人讲学之风仍很盛，出现了不少私学名家。汉平常时，规定郡、国设学，县邑设校，乡聚设庠、序。

（三）齐国的稷下学宫

稷下学宫是一所由官家操办而由私家主持的特殊形式的学校。稷下学宫由齐国官方出资举办，始终不改变养士、用士的基本目的。从其主办者和办学目的来看，稷下学宫是官学。

但同时，它是由养士制度发展演变而成的教育机构，它保持了充分尊重士人之讲学，不加干涉与限制的风范，其教学与学术自由，体现出私学的性质。可以说，稷下学宫是一所集讲学、著述、育才活动为一体并兼有咨政议政作用的高等学府。

稷下学宫促进了战国时期思想学术的发展，显示了中国古代知识分子的独立性和创造精神，创造了一个出色的教育典范。它所独创的官方举办、私家主持的办学形式，集讲学、著述、育才与咨政为一体的职能模式，自由讲学和自由听讲的教学方式、学术自由和鼓励争鸣的办学方针，尊重优待知识分子的政策，都显示了它的成功之处。

总之，私学使学校从官府中解放出来，打破了"学在官府"的教育垄断局面，教育过程与政治活动有所分离，教师成为独立的职业；教育内容与社会生活发生了紧密的联系；扩大了教育对象，培养了各类人才；私学的发展在教育理论和教育经验方面有辉煌的成就，在中国教育史上有重要贡献，为百家争鸣奠定了基础，在世界教育史上也有很高的地位。

四、儒理、佛、道争胜中兼容的书院教育

书院是我国封建社会独具特色的文化教育模式。作为中国教育史上与官学平行交叉发展的一种教育制度，它萌芽于唐末，鼎盛于宋元，普及于明清，改制于清末，是集教育、学术、藏书为一体的文化教育机构。它在系统地综合和改造传统的官学和私学的基础上，建构了一种不是官学，但有官学成分，不是私学但又吸收私学长处的新的教育制度，它是官学和私学相结合的产物。自书院出现以后，我国古代教育便发生了一个很大变化，即出现了官学、私学和书院相平行发展的格局，三者成鼎立之势。直到清朝末年，它们之间有排斥，但更多的是互相渗透与融合，促进了我国古代文化教育的发展和繁荣。书院在中国大地上存在了1000余年，成为中国文化史和教育史上引人注目的一大奇观。

（一）中国古代书院发展之轨迹

1. 书院制度的起源

书院之名始于唐代，分官私两类，但都不是聚徒讲学的教育组织，前者如集贤殿书院为藏书修书之所，后者为文人士子治学之地。唐朝"安史之乱"以后，国家由强盛走向衰落，政治腐败，民生凋敝，文教事业也受到严重冲击，官学废驰，礼义衰亡。于是一些宿学鸿儒受佛教禅林的启发，纷纷到一些清静、优美的名胜之地读书治学。此后，归隐山林、论道修身、聚徒讲学之风逐渐兴起。真正具有聚徒讲学性质的书院至五代末期也基本形成，北宋初年才发展成为较完备的书院制度，成为中国传统教育制度的重要组成部分。

2. 书院制度的确立

到了宋代，国家重归统一，社会生产得到了恢复和发展，人民生活相对稳定，士心开始向学，由于统治者忙于拓疆守土，无暇顾及兴学建校之事，只重科举对现有人才的选拔和吸收，以满足立国之初的一时之需。因此在建国近百年的时间里，官学一直未得到应有的重视。正是在此背景下，书院才以其强大的生命力获得较大的发展，并确立了自己作为一种重要的教育组织形式的地位。宋代书院的发展轨迹，大致可分为三大阶段：

（1）宋初的勃兴

宋立国后，暂时无力顾及振兴官学，因而对著名私学采取"赎买"政策，始为官私联营的学校模式出现。宋初的六大著名书院即为代表。

(2) 中期的消沉

北宋三次兴学期间，官学空前兴盛。且重在改革的实践理性成为主流，纯学术的研究日渐消沉，因而书院不彰，连著名的六大书院也破败停办或改为官学。

(3) 南宋的大盛

外族的入侵、内部的倾轧和科举的腐败，致使南宋的官学形同虚设。更由于朱熹等人对书院卓有成效的复办和理学的流行，书院又日渐昌炽。宋代书院普遍订立了比较完备的条规，这是书院制度化的重要标志，其中朱熹亲自拟订的《白鹿洞书院揭示》，成为书院学规的典范。

3. 书院制度的官学化

到了元代，统治者为缓和蒙汉民族矛盾，笼络汉族士心，对书院采取保护提倡的政策，同时也逐渐加以控制，使元代书院日益呈官学化趋势。

(1) 控制书院办学的领导权

元代书院的中后期，其山长或洞主由朝廷或地方政府委任，或派员出任，他们是朝廷命官，纳入官制系统。

(2) 控制书院师资延聘权

元代书院的直学、教授等须经礼部、行省或宣慰司延聘、审批或在朝廷备案。

(3) 控制书院经费使用权

元政府通过给书院调拨钱物，遣员到书院监督使用，对经费进行控制。

此外，元政府还对书院的招生、考试、毕业后的出路等方面严格控制。元政府采取这些措施，逐渐使书院失去了其自由讲学的特质，最后与官学无异。它赖以生存、饮誉于世的学术特色逐渐由淡化到消失，最后沦为科举的附庸。不过，元代政府对书院改造所持的极为审慎的理性克制态度，值得注意。

4. 书院制度的勃兴与毁禁

明代书院的发展"经历了沉寂——勃兴——禁毁的曲折道路"。

(1) 明初的沉寂

明初因政府重视发展官学，提倡科举取士，使官学兴极一时，书院备受冷落，近百年不兴。

(2) 中期的复兴

明中叶以后，因官学空疏，科举腐化，书院教育由此复苏。嘉靖以后，发展到极盛。

(3) 后期的沉沦

由于书院研究学术特质的复归，书院讲学的政治色彩越来越浓，"讽议朝政、裁量人物",统治者深感"摇撼朝廷"。明代后期,当权者先后四次禁毁书院,严重地戕害了学术思想的发展。尤其是,"洞学科举"的创设,使书院、官学、科举逐渐融为一体。

5. 书院特质的消失与改制

清初,统治者为压制舆论,消除南明的复国情绪,对书院严加限制,但禁而不绝。不过这时的书院已经同官学没有什么区别,从元代开始的书院官学化倾向,到清代达到极致。清代书院学习的主要内容是八股文制艺,目的是参加科举考试,获取功名,完全丧失了书院原有的教学风格与学术研究的性质,其独立性和自主性已所剩无几。

鸦片战争之后,闭关锁国百余年的"天朝大国"的大门终于被西方列强的"坚船利炮"所打破。在"师夷制夷"的洋务运动中,洋务学堂如雨后春笋般兴起,改革旧式书院就成为大势所趋。在此情形下,清政府终于采纳了张之洞、刘坤一的建议,于光绪二十七年(公元1901年)下诏将各省城书院改为大学堂,各府书院改为中学堂,各州县书院改为小学堂,并多设蒙养学堂。至此书院制度走完了近千年的曲折历程之后,最终汇入了近代学校教育的洪流中。

(二)中国古代书院制度之评价

1. 形成机制

书院的出现绝非偶然,它不仅与中国传统思想文化源流密切相关,而且与封建经济的发展及其独特的政治结构紧密相连。

中国封建社会以儒家文化为核心,孔子首创儒学,后经汉代"独尊儒术"后,儒家思想由此成为官方哲学和统治方略。隋唐以后,儒、佛、道三教鼎立局面形成。为与佛、道抗争,再创儒家教育的真精神,宋代新儒家无可避免地要担此重任。当然,宋代理学家并非盲目地排斥佛、道,而是理智地吸收佛、道的某些思维。到了南宋,由于外族的入侵、内部的倾轧、科举的腐败,导致社会动荡不安,有识之士,纷纷避居乡野民间,创办书院,潜心研究学问,力图再造先秦儒学的自由讲学之风,借以化解各种社会矛盾,矫治社会弊病,以复兴华夏民族。

正是由于上述因素,书院才在宋代形成而勃兴,它是中国古代私学发展到高级阶段的产物,是私学的制度化阶段,为中国传统文化教育的传承和传播作出了历史贡献。

2. 办学特质

书院是介于私学与官学之间的一种特殊的教学组织形式,它具有"非官非私"

"既官既私"的特征。具体而论,其办学特质可以归纳为:

(1) 官方的认可、扶助

从历代书院的确立来看,往往与皇帝赐匾额、经书或学有关。宋初的六大书院皆是如此。

(2) 注重藏书、读书

宋代"书院之所以称名者,盖实为藏书之所",而藏书的目的自然是为了读书。

(3) 自由讲学,研讨学术

宋明的书院,更多地承袭了私学讲学自由、各有所本之风习,以传播学术思想为职志,宋代理学的流行与书院自由讲学、研讨学术的追求密不可分。

(4) 坚守儒理,与佛、道争胜

书院是"三教"鼎立、争斗和兼容的产物之一,可为印证的是书院的确立正好是佛、道式微的开始。书院大多选址于名山大川、风景优美之地,这与佛、道的抗争与影响不无联系。

3. 教学方式

(1) 讲演辩论

中国书院十分重视学术讲演,其形式有"升堂讲说""学术会讲"等。书院大师除了阐发自己的学术见解外,还十分重视不同学术观点的论辩交流。明代后期的顾宪成、高攀龙就特别制订了书院会讲制度,规定:"每年一大会""每月一小会",并订有"会约""会规",以道义相磋磨,学术相珍重。

(2) 自修问难

除学术讲演外,书院教学的另一个重要特点就是注重学生自修研究和质疑问难。书院藏书丰富,这为学生自由读书和独立钻研提供了方便。朱熹认为,除集体讲演外,书院老师的职责就是指导学生自修读书,强调读书须有疑,有疑而又深思未得者即当请教大师,这就叫做"质疑问难"。朱熹创造的读书六条(循序渐进,熟读精思,虚心涵泳,切己体察,著紧用力,居敬持志)对后世产生深远影响。

(3) 研究探讨

书院以学术探究和理智训练为根本。无论是大师讲演,还是学生自修,都十分明显地体现了注重学术探讨的研究精神。书院作为知识分子求知问学的精神家园,努力将学术研究与教育活动结合起来。他们一方面通过学术研究深化学理探讨,促进教学活动;另一方面又通过教学和学术研究培养人才,扩大学派影响。正是这样交互递进,极大地推动了中国封建社会思想和学术的发展。

4. 组织管理

在组织管理上、书院也与普遍学校有所不同：

（1）管理机构精简化

与私学一样，书院只有一位明确的主持人。其名称有洞主、山长、堂长、院长等，主持人往往是学派宗师，以讲学释难为主要职责，而管理实为兼领。有些规模较大的书院，虽增设副讲、管干、典谒等职，但专职人员极为有限，往往由书院学生轮流分任，相较于官学，书院冗员极少，且有吸收学生参与管理的特点，或称"高足弟子代管制"。

（2）管理原则民主化

与普通私学一样，书院师生均可来去自由，较少专制性地处罚。书院主持人的产生，多为公推，而非官委。有些书院明文规定主持者"不称职则更易"，还有"按季更易"的条例，不搞终身制。

（3）管理方式学规化

由于书院的管理人员少，而师生又朝夕相处，所以制订一套共同遵守的学规来进行自我约束、自我教育实属必要。书院的学规大体包括三方面的基本内容：一是指出为学的方向；二是为学、修养和待人处世的准则、方法；三是对犯过错的惩治规定。

最负盛名的学规有朱熹所订《白鹿洞书院教条》和吕祖谦所订《丽泽书院学规》。

（三）书院与官、私学之比较分析

由于书院具有"非官非私"和"既官既私"的特点，因而书院与官学相比，多有不同；与私学相较，也有所别。

1. 与官学的比较

与官学相比，书院从以下几个方面与官学多有不同：

从教师来看：官学的教师都是由朝廷任命，属封建王朝的官吏；书院的教师则由地方聘请推荐，多为德才兼备的学者、士大夫，有的虽是朝廷命官，但做书院教师仅为兼职。

从学生来看：官学学生来源多为官宦子弟，等级性强，且须经过严格考试方能入学；书院的学生则来去自由，没有等级尊卑之别，入学也无须什么考试。

从教育内容来看：官学教授的内容多为朝廷核定的教材，内容较为固定、单一；书院教学内容取决于该书院的特点及山长、主讲教师的所长，一般山长或主讲教师的讲授内容，取决于书院传授知识及学术的主流，因而教学内容较为灵活、宽泛。

从教学组织形式来看：官学的教学比较呆板、单调；书院教学比较灵活、多种多样。特别是书院的"讲会"制度，成为书院的重要教学形式，这也是书院区别于官学的重要标志。

2. 与私学的比较

书院自产生之日起，便与私学有天然的联系，有四个共通之点：其一，它同私学一样，是由民间集资创办的，不属官方之列，具有很强的独立自主性；其二，同私学一样，书院是向下层社会开放，面向乡间的；其三，同私学一样，书院是以平民子弟为培养和教育对象；其四，与私学一样，书院主要是一种素质教育，不以科举仕进为办学目的。

在这些带根本性的问题上，书院与私学有着不可分离的内在联系，从一定意义上说，书院是从私学脱胎而来，但书院又不是一般的私学，这已不是对私学经验的直接搬用，而是对私学进行了深刻的变革，是一种独立于官学和私学两大教育体系之外的另一种新的教育体系。

诚如前述，作为一般的私学，基本上都处于一种自发性的状态，它还未形成一套长期稳定完备的教育规则，具体表现为：其一，没有固定的校舍和教育设施；其二，没有固定的经济来源；其三，没有专门的图书藏所，更不具备印刷图书、讲义的条件；其四，没有相应的教学计划和规章制度；其五，是一种手工业式的办学方式，因此不可能像官学那样进行分班教学；其六，没有任何形式的考核体系，缺乏强有力的教育管理制度，学校处于一种无组织的松散状态，等等。而书院则不同，它站在当时历史的高度上，对官学和私学进行了全面审视，并进而对这两种教育制度进行了综合与改造，从而形成了一种既非私学又非官学的独具特色的教育组织形式。

书院与一般私学不大相同的是：

书院既有固定的校舍和教学设施，又有专门的图书藏所，不仅校舍宏伟，而且藏书极为丰富，这是一般私学所难以达到的。

书院有固定的教育经费作保障，建立了类似于官学的以学田为中心的教育经费体系。书院获取学田的渠道有二：一是民间捐献，二是政府拨赐。这是书院生存和发展的重要前提，这也是一般私学所不具备的。

书院有自己一套完整的管理体系，建立了类似于官学人员编制和岗位。每人根据自己的岗位职责，分别负责学生的授课、考核、生活和书院的经费、祭祀、保卫安全等。特别值得提及的是书院的学生也参与管理，如直接管理学生的学习和生活的堂长、管干、学长、斋长等，都由学生担任。

除此之外，书院通常都有一系列颇具特色的教条、学规、学训等，把得之于管理实践的一系列经验上升到一定的理论高度，这是书院走上制度化的重要标志。

综上所述，书院虽与私学有着天然联系，但又与私学有别；它既与官学有质的区别，但又吸取了官学中的许多积极成分，与官学有一定联系，书院正是在广泛吸取了私学和官学的有益经验基础上进行成功的改造之后，才形成的一种具有相对独立性的教育制度，它是中国古代社会近千年来一种重要而特殊的教育组织形式，它在教育中所起的极其重要的作用，始终是官学和一般私学所不能达到，也是它们所不能取代的。

第二节 传统教育思想

中国古代教育思想丰富多彩，流派众多，几乎每个时代的教育思想都有自己的时代特色。但从总体上来说，中国古代的教育思想还是一脉相传的，从中可以概括出以下几个基本特征：重视教育的社会作用，强调教育的必要性，主张德育和智育相结合。其间涌现出数量众多的著名教育家，积累了十分丰富的教育思想。这些教育思想成为中国古代文化的重要组成部分，为中国传统文化的延续和发展作出了重要贡献。

中国古代的教育思想主要有儒家教育思想、道家教育思想、法家教育思想和墨家教育思想等。

一、儒家教育思想

中国儒家思想拥有其自身的特点，且源远流长，博大精深，内涵极其丰富。作为中华民族优秀文化遗产的重要组成部分，儒家思想包含许多具有持续生命力的永恒的哲理和有益于人类文明的精华。2500年前的孔子，至今一直被认为是最伟大的教育家。的确，孔子思想在广义上就是一套关于教育的思想。孔子的人文主义的教育理念和实践对中国的传统教育发挥了最重要的影响。

从儒家的角度看，"教"的作用除了知识的传授外，老师的教诲是指出道德的榜样，并通过对人事的道德评价鼓励和引导学生德性的进步；教育者的任务是告诉学习者什么是伟大的精神，什么是高尚的人格，引导学习者成为高尚的人。儒家在理论上、形象上，肯定和树立人格的理想是"教"的一个重要的方面，通过赞扬和贬评，培养人的道德正义感和公共服务的精神。

不论是士还是君子，儒家的"学"就是学为一种高尚的人格、完整的人格、具有多方面优秀品质的人格。培养一种追求高尚人格的人，以德性教育为中心的全人格的塑造，是儒家的教育目标和理想，也是两千多年来儒家教育的历史实践。中国古代的教育理念是"做人"，学做君子，学至圣人，体现了"做什么样人格的人"是儒家教育观的根本问题。孔子和孔子以后的儒家都把教育的最高理想界定为使学习者成为圣贤。古代教育与学习，最重要的是树立道德的榜样。儒家文化中对的"君子人格""君子品质"的崇尚和表达，造成对受教育者的一种道德的感召，使受教育者努力学习具有这样的人格。

（一）孔子的教育思想

1. 理论体系的思想基础

孔子，名丘，字仲尼，中国古代伟大的思想家、教育家，儒家学派的创始人，也是私学的创始人。孔子是我国教育史上第一个将毕生精力奉献给教育事业的人，在文化教育上的贡献主要有两个：第一，编定六经，整理保存了我国古代文化的典集；第二，开创了私人讲学之风，积累了丰富的教学经验，成为我国古代教育思想的奠基人。

"仁"的思想：把"仁"视为最高的道德规范，体现在两个方面：一个是"德政"；另外一个是"忠恕"。

"礼"的思想："礼"是就政治而言的，集中表现在"正名"思想中。君臣和父子都应严格恪守各自的名分和尊卑长幼的次序，要求统治者提倡礼教。

2. 教育的作用

教育在社会发展中的作用：孔子政治主张的基本出发点是"为政以德"，他认为教育工作本身就是一种政治工作，通过文化教育工作可以把社会的政治思想、伦理道德传播到民众当中，这样就会对政治发生重大影响。

同时，孔子还阐述了他的"庶、富、教"的施政大纲。治理好一个国家，要有这三个条件：庶、富、发展教育事业。

教育在人的成长中的作用：孔子承认教育对人的成长起了决定作用，"性相近，习相远"。

3. 教育对象

孔子认为教育对象应当"有教无类"。"有教无类"的本意是在教育对象上，无分贵族与平民，不分华夏与华夷诸族都可以入学。孔子"有教无类"的提出是针对奴隶主阶级有教有类而言的，不仅把教育扩展到蛮夷之邦，而且打破了"礼不下庶人"的等级制度，顺应了历史发展的潮流。

4. 教育目的

"仕而优则学，学而优则仕"从理论上概括了孔子教育目的的一个重要方面。主张把官职与学习紧密联系起来，可见孔子教育的目的是仕途，要培养的是治国安民的贤能之士。

5. 教学思想

教学内容：以"六艺"为教学内容，"六艺"即《诗》《书》《礼》《乐》《易》《春秋》。其中他特别注重的思想品质和道德教育，把道德教育作为教育思想的核心。

教学方法：孔子认识到教学过程不仅是教师教的过程，更重要的是学生学的过程，他提出了一系列的教学原则和方法。

教学三个过程：学—思—行。

注重因材施教，解决教学中统一要求与个别差异的矛盾。实现因材施教的关键是对学生要有深刻、全面的了解，准确掌握学生的特点。

注重启发诱导，解决发挥教师的主导作用和调动学生积极性之间的矛盾。"不愤不启，不悱不发，举一隅，不以三隅反，则不复也。"在教学前务必先让学生认真思考，已经思考相当时间但还想不通，然后可以去启发他；虽经思考并已有所领会，但未能以适当的言辞表达出来，此时可以去开导他。

注重解决学习与思考或掌握知识与发展思维的矛盾。"学而不思则罔，思而不学则殆。"

注重由博返约，解决学习的广度和深度的矛盾，或者说解决知识的广博与专一的矛盾。

知识要广，但必须有一个中心加以统帅。

6. 道德教育思想

道德教育内容："仁"是最高的道德概念。其道德教育思想体系大体是以"孝悌"为本，以"礼"为规范，以"忠恕"为一贯，以"中庸"为准则。此外还提倡智、勇、信、义等道德。

道德教育原则：立志乐道、克己内省（自省自克）、身体力行、改过迁善。"立志"就是要确立人生的远大理想和宏伟目标，找到前进的动力；"乐道"就是要下决心为实现自己的政治抱负、心甘情愿地为之奉献。教育学生正确处理远大理想与眼前利益的关系、政治理想与物质享受的关系。能经受磨炼，有恒心。在处理人际关系时,主张重在严格要求自己,约束和克制自己的言行,使之合乎道德规范,他把这称之为"克己"。积极开展主观的思想分析活动,强调自觉地进行思想监督,把被动遵守变成为内在的自觉要求,而不受外来强加的限制,他把这种主观的思想活动,称之为"内省"。关于道德的认识与道德行为问题,孔子强调的是道德的行动,他提倡身体力行,言行一致。在处理过失和改过的关系方面,孔子强调改过,他把道德修养过程也看作改过迁善的过程。

7. 对教师的要求

孔子对教师的要求是学而不厌,诲人不倦。强调教师要尽职尽责;热爱学生对学生无私无隐;以身作则,身教重于言传;教学相长。

(二)孟子的教育思想

孟子,名轲,字子舆,战国时期鲁国人,为仅次于孔子的"亚圣"。研究孟子教育思想的主要资料是《孟子》一书。孟子在政治上的主要主张是劝说统治者施行"仁政"。

1. 教育的理论基础:性善论

孟子认为人性生来就是善的,有不学而能的"良能"和不虑而知的"良知",君子和庶人的区别就在于使保存还是丧失这种"善性",仁、义、礼、智等道德观念,就发源于先天就有的恻隐之心、羞恶之心、辞让之心和是非之心,但是由于后天接触的环境不同,有人因各种物欲影响,失去其善性,从而为恶。

2. 教育的作用和目的

教育的作用:从"性善论"出发,孟子认为人人都先天具有仁、义、礼、智四个"善端"。但是,仅有这些"善端"是不够的,必须加以扩充,使之达到完善的境地。相反,由于受外界环境的影响,人们的"善端"受到破坏,就会成为小人、恶人。因此,教育的作用在于把人天赋的善端加以保持、培养、扩充、发展,或把已经丧失的善端找回来,启发人们恢复天赋的善良本性,使之成为道德上的"完人";他从"仁政"观点出发,强调教育的社会作用是"行仁政""得民心"。他认为好的政治既非完善的政治制度,也非高明的统治手段,而是教育。

他认为办教育的目的在于"明人伦"。所谓的"人伦"就是五对关系:"父子有亲,君臣有义,夫妇有别,长幼有序,朋友有信。"以伦理道德为基本教育内容,以"孝悌"为伦理道德基础的教育。

3. 理想人格

孟子提出"大丈夫"的理想人格。"富贵不能淫,贫贱不能移,威武不能屈,此之谓大丈夫。""大丈夫"有高尚的气节，有崇高的精神境界——浩然之气。

培养理想人格的途径主要靠内心修养，大致有以下几条：持志养气、动心忍性、存心养性、反求诸己。孟子所说的，"持志"就是坚持崇高的志向，一个人有了志向与追求就会有相应的"气"——精神状态，志、气是互为因果的。动心忍性是指意志锻炼，尤其是在逆境中的磨炼。人人都有仁义礼智的善端，要形成实实在在的善性善行要靠存养和扩充。存养的障碍来自人的耳目之欲。要扩充善端就要寡欲，要发挥理性的作用。当你的行动未得到对方的回应时，就应当首先反躬自问，从自己身上找原因，对自己提出更高的要求，然后对人做得更到家。凡事必须严于律己，时时反省。

4. 教学思想

孟子对教学过程的基本要求是：要遵循和发展人的内在能力，强调个体认知中的自觉性。

孟子认为知识的学习，并非从外而来，必须经过自己主动自觉地努力钻研，才能彻底领悟。既然万事万物的道理都在我心中，那么只有自求自得，才能深入心通，心有所得，达到运用自如的地步。教学和学习的过程要有步骤，循序渐进。教学方法有很多种，要根据学生的特点采取不同的方法。孟子还重视学习的专心致志，反对三心二意。他认为，人们在学习上的差异取决于其在学习过程中专心致志与否，而不是在于天资的高低。

例如，孟子曰：虽有天下易生之物，一日暴之，十日寒之，未有能生者也。

(三) 荀子的教育思想

荀子，名况，字卿，又称孙卿，是战国末期赵国人，儒家荀卿学派的代表人物。研究荀子教育思想最可靠的材料是现存的《荀子》，共32篇，大部分为荀况本人所著。

1. 性恶论与教育作用

荀子认为，人性是人与生俱来的自然属性，它完全排除任何后天人为的因素。与生俱来的本能是"性"，而后天习得者为"伪"。人的本性是恶的，而人的善德是后天习得的。教育在人的发展中起着"化性起伪"的作用。教育作用主要包含两个方面：一方面是人的主观能动性，另一方面是环境的作用，因而，化性起伪是环境、教育和个体努力的共同结果。

2. 教育目的

统一的时代需要，理法兼治的政治思想，要求教育培养推行理法的"贤能之士"。他把当时的儒者分为几个层次：俗儒、雅儒、大儒。大儒是最理想的一类人才，他们不仅知识广博，而且能以已知推未知，自如应对新事物，自如地治理好国家。教育应当以大儒为培养目标。

3. 教育内容

《诗》《书》《礼》《乐》《春秋》，"五经"为教育内容，以《礼》为重点。"礼"是荀子整个教育理论的核心。荀子认为：礼是一切事物的绳墨和一切行为的规范。

4. 教学方法

荀况："不闻不若闻之，闻之不若见之，见之不若知之，知之不若行之，学至于行而止。"荀子认为，闻、见、知、行，每个阶段都具有充分的意义，由此构成一个完整的过程。

5. 教师的地位与作用

将教师视为治国之本。教师参与治理国家是通过一个中介实现的，那就是他的施教。在教师与学生之间，荀况片面强调学生对教师的服从。

二、墨家的教育思想

春秋战国时期，儒家和墨家是两个最著名的学派。两个学派的弟子甚多，遍布各地。但两派的阶级立场显然不同。孔丘旨在维护没落的奴隶主贵族的统治，墨翟则反映正在上升的"农与工肆之人"即小生产者的要求。彼此利益相反，所以两派形成对立面。由于儒墨两家立场不同，社会政治思想亦背道而驰。儒家主张"爱有差等"，墨家则主张"兼爱"；儒家信"命"，墨家则"非命"；儒家鄙视生产劳动，墨家则强调"不赖其力者不生"；儒家"盛用繁礼"，墨家则俭约节用；儒家严义利之辨，墨家则主张"义，利也"；儒家的格言是"穷则独善其身，达则兼善天下"，墨家则"摩顶放踵，利天下为之"，等等。因此，这两家的教育思想和实践也各有特点。

墨家的创始人是墨翟，他出生贫民，是小工业者，同情下层人民，自称其学说代表"农与工肆之人"的利益，其思想以兼爱、非攻为核心，以尚贤、节用为基本点。研究墨翟和墨家学派的资料主要就是《墨子》。

（一）教育的目的与作用

墨家的教育在于培养"贤士"或"兼士"，以备担当治国利民的职责。墨翟认为贤士或兼士是否在位，对国家的治乱盛衰有决定性的影响。作为贤士或兼士，必须能够"厚乎德行，辩乎言谈，博乎道术"。在这三项品德中，德行一项居于首位，因为"士虽有学，而行为本焉"，这与儒家的说法颇为类似。但墨家所强调的是"有力者疾以助人，有财者勉以分人，有道者劝以教人"，则又与儒家有所区别。关于言谈，墨家认为在学派争鸣时代，立论能否言之成理，持之有故，能否具有说服力，关系到一个学派势力的消长，因此作为贤士或兼士，必须能言善辩，能够奔走说教，转移社会的风气。兼士还必须"好学而博"，而且所学不仅是墨家的中心思想，并且包括技术的掌握。总的说来，墨家所要培养的贤士或兼士，必须具有"兼爱"的精神，长于辩论，明辨是非，又是道术渊博，有益于世的人才。

（二）教育内容

墨翟以"兼爱""非攻"为教，同时重视文史知识的掌握及逻辑思维能力的培养，还注重实用技术的传习。禽滑要学习战守之术，墨翟即教以战略战术和各种兵器的使用。《备城门》以下多篇，显示墨翟对于这方面的工艺有深入的研究。更重要的是墨翟的教导不仅是坐而言，而且是起而行。他为了实现非攻的主张，就反对楚王攻宋，并且派禽滑统率门徒300人帮助宋国坚守都城，使楚王不得不中止其侵略计划。

墨翟卒后，后学继承其业。当时物质生产条件有所改进，文化水平有所提高，百家争鸣亦有利于学术的繁荣。墨家门徒多出身于"农与工肆"，在阶级斗争与生产斗争中积累了多方面的经验，增长了不少科学知识。文章如《经上》《经下》《经说上》《经说下》以及《大取》《小取》等篇，大抵是墨家后学在百家争鸣中，进行研讨辩论，不断总结提高的结晶，其中所涉及的认识论、名学、几何学、力学、光学等，其造诣都达到了当时的先进水平，也丰富了墨家的教育内容。

（三）教学思想

关于知识的来源，《经上》指明："知：闻、说、亲。"《经说上》又解释为："知：传受之，闻也；方不障，说也；身观焉，亲也。"就是说，人的知识来源有三种，即亲知、闻知、说知。三种知识来源中，以"亲知"及"闻知"中的"亲闻"为一切知识的根本，由于"亲知"往往只能知道一部分，"传闻"又多不可靠，所以必须重视"说知"，依靠推理的方法，来追求理性知识。这对于人们的认识事物，作了明确的分析。

墨翟关于认识客观事物的方法与检查认识的正确性问题，还提出了有名的三表或三法。他在《非命上》先提出"言有三表"，在《非命中》和《非命下》又提出"言有三法"。二者内容基本相同。三表或三法是"有本之者，有原之者，有用之者"。墨翟认为，判断事物的是非，需要论证有据，论据要有所本，"上本之于古者圣王之事"，就是本于古代圣王的历史经验。但仅凭古人的间接经验来证明还是不够的，必须"有原之者"，即"下原察百姓耳目之实"，就是考察广大群众耳目所接触的直接经验。第三表是"有用之者"，"于何用之？废以为刑政，观其中国家百姓人民之利"。就是当这一言论或判断当作政策法令实行之后，还要看它是否切合国家和人民的利益。这三表或三法是墨家判断事物是非、辨别知识真伪的标准。这也是墨家的逻辑学。儒墨都讲逻辑学。孔子主张"正名"，就是以"礼"为标准来判断是非利害；墨子主张用"本""原""用"三表法，就是上考历史，下察百姓耳目所实见实闻，再考察政令的实际效果是否对国家、百姓有利。对比起来，墨家的方法是较有进步意义的。

墨家重视思维的发展、注意逻辑概念的启迪。他们为了与不同的学派或学者论争，为了劝告"王公大人"勿做不义之事，必须辩乎言谈，以加强说服力。因此，墨翟创立了一些逻辑概念如"类"与"故"，应用类推和求故的思想方法进行论辩，以维护他的论点。例如"好攻伐之君"反对"非攻"，列举禹、汤、武王从事攻伐而皆立为圣王，以这些例子质问墨翟，他答曰："子未察吾言之类，未明其故者也。彼非所谓攻，谓诛也。"这里，墨翟指出"攻"与"诛"是不同类的概念，不容混淆。墨翟还嘲笑儒家用"同语反复"的答问方式。墨翟问儒家："何故为乐？"答曰："乐以为乐。"墨翟认为这等于问"何故为室？"而答以"室以为室。"以同样的东西解释同样的东西，正是逻辑学所指出的下定义时的典型错误。只有答以冬避寒、夏避暑、又可以为男女之别，才是正确回答为室之故。由于墨翟重视逻辑思维，辩析名理，不仅运用于论辩，而且运用于教学。

墨翟长于说教，除称说诗书外，多取材于日常社会生活和生产经验，或直称其事，或引做比喻，具体生动，较能启发门弟子的思想，亦较易为其他人所接受。例如，他以分工筑墙为喻，教弟子能谈辩者谈辩，能说书者说书，能从事者从事，然后义事成。又如，有二三弟子再向墨翟请求学射，他认为国士战且扶人，犹不可及，告诫弟子不可同时"成学"又"成射"。这些例子也说明，墨翟教学注意量力，既要求学生量力学习，也要求教者估计学生"力所能至"而施教。只有根据学生的具体情况，使能力不同的学生，在不同的基础上，做到可能"成学"者成学，可能"成射"者成射。对教师讲，这也是"因材施教"。至于不允许学生同时既"成学"又"成射"，也具有使学生学习要"专心致志"的意义。

墨翟还特别重视"强说人"的积极教育态度。一方面，就一般的"上说下教"

而论,他的"遍从人而说之",与儒家的"礼闻来学,不闻往教"恰成对比。在教育教学问题上,他坚决反对儒家所采取的"君子若钟,击之则鸣,弗击不鸣"以及"叩之以小者则小鸣,叩之以大者则大鸣"的被动答问的教学态度。墨翟主张教师要采取主动积极的态度,不仅有问必答,并须"不叩必鸣"。

(四)关于道德教育的思想

墨翟把道德修养放在教育工作的第一位。他重视劳动,反映了劳动人民的一些思想意识和道德品质。他主张:"赖其力者生,不赖其力者不生。"他提倡勤劳和节俭,反对"恶恭俭而好简易,贪饮食而惰从事"。他说:"俭节则昌,淫佚则亡。"

道德教育在于言传身教,在于感化。墨家弟子之众,成材之多,是这一学派成为显学的重要因素。《淮南子》赞叹墨家门徒"皆可使赴火蹈刃,死不旋踵",其原因是墨翟"化之所致"。所谓"化",即是感化,也即是言传身教,潜移默化。墨翟本人粗衣粝食,胼手胝足。他的弟子禽滑釐师事他三年,面目黧黑,手足也生老茧,役身给使,不敢提出什么要求,这种艰苦作风,得到墨翟的嘉许。严师出高徒,禽滑釐经过长期的熏陶,终成为墨家的巨擘。墨翟抑强扶弱,见义勇为,有人劝其不要"自苦而为义",他却认为天下莫为义,所以自己更急于为义身为学派之首,出处进退,以义自处,起示范带头的作用。在他的陶冶和感化之下,大多数弟子笃守"兼爱""非攻""赖力而生""以自苦为极"的准则,极端重视言行一致,往往闻风而动,不避艰险。这是墨家品德教育的重要特点。

墨家的品德教育、论辩教育和科学教育虽都有其一定的局限性,但却有共同的积极因素,即重视实践(行)和联系实际。墨翟强调"言足以迁行者常(尚)之,不足以迁行者勿常(尚),不足以迁行而常(尚)之,是荡口也"。这段话的要义是言必信,行必果,言行一致,说到做到。墨家反对"言过而行不及",认为话说得多与说得漂亮而不实行,就得不到好效果。只有"以身戴行",也就是说,只有把"兼爱交利"的道理,指导实践,见诸行动,才能成为"兼士",才能通过实际行动来教人。

墨家重行,重视实践,但并不是一般功利论者的观点。他们在重视功效或结果的同时,并不忽视行为的动机,而是要求把"志"(动机)与"功"统一起来考察。鲁君因选择太子而请教墨翟,他建议鲁君"合其志功而观焉"。就是在判断一个人的道德行为的同时,要把动机与结果结合起来。

墨学曾经是显学,《非儒》一篇对儒家作了严厉抨击。儒家孟轲则攻击墨翟兼爱是"无父""禽兽",但孟轲亦不得不肯定墨翟牺牲自我以救世的精神,说他

"摩顶放踵，利天下为之"。墨翟及其后学所倡导的学说和学风，在古代产生过巨大影响。但后来一则由于儒家的反对，二则由于后期墨家内部分裂，并卷入反时代潮流的政治活动，信誉丧失，其学派就趋于衰落了。墨家的一些含有唯物主义因素的、功利主义的、钻研科技的教育思想以及言必信、行必果的思想，是值得称道的。

三、道家教育思想

道家的创始人是老聃，而使道家真正成为一个学派的是庄周。道家鄙视和否定社会生活，仰慕自然，追求人格的独立和精神的逍遥，阐述了富有辩证法的自然主义教育的思想。

道家的兴盛是在战国时期。战国道家分为两派：一派是稷下黄老学派，这一派不墨守老子的理论，而是以道家思想为主，兼采各家之长，有选择地吸收法、儒、墨、阴阳、名家的一些思想因素，从而能够成为社会政治活动的一种指导思想。另一派以庄子为代表，他们继承了老子以人顺应自然的本性及个性发展规律为教育价值取向，以"无为"作为教育的基本特点，为现代教育提供了十分宝贵的理论基础。老子的教育思想大致有："道法自然"，顺应教育规律教学；提倡"行不言之教"；提倡平等，"一视同仁"；换位思考，辩证思维，修身养性，平和心态。

（一）对社会文明的批判及教育的作用

道家主张"绝学"和"愚民"。道家认为"道"是天地万物的本源，它永远不变地存在着，不停地在天地万物中间运行着。这体现在教育目的上，就是要求人们把"道"当作认识、追求、实现的总目标，一切教育思想和活动都围绕着"道"而展开。老子论述了"道"的本质特征："道恒无为，而无不为。""道"不依赖人们的主观意识，有自身运作规律，所以称"自然无为"。"无为"的反面是"人为"，而儒家的教育是最主要的"人为"活动。他说："大道废，有仁义。智能出，有大伪。六亲不和，有孝慈。国家昏乱，有贞臣。"就是说，儒家的仁义孝慈贞的教育都是人为的，不符合人类的本性。在道家看来，儒家所倡导的教育是破坏自然、违背人性的活动。

道家认为人的最佳状态即非有知识，也非有道德，而是如同婴儿般的无知无欲、无争无斗的质朴状态。社会文明的发展使人异化，摧残人的天性，背弃自然。

教育应是一个将人为影响逐个消减的过程，人须注意教育的副作用，教育中要减少人为干预、遵循自然发展，富于启发。没有教育就是最好的教育，从根本上否定了教育的作用。

（二）教育目的："逍遥"的理想人格

从教育的视角来看，老子"道法自然""绝仁弃义、绝巧去利"，主张一切应该依照办学规律和教育规律办事。教师教育学生，要了解学生的本性，从学生的客观实际出发，进行针对性的教育。道法自然的理念就是一切依照教学的规律和教育规律办事。道家认为仁义献身是以牺牲人的自然发展为代价，于是提出一种"无功""无名"、物我两忘的逍遥人格。

（三）教育方法：一视同仁、无为自化

老子提倡在教育中应该"行不言之教"。"不言之教"指通过自身的行为做榜样来感染和感化受教育者。老子希望教育者通过不言之教，使受教育者能够"无为自化"。在"不言之教"中，学生会深刻地反省自己的言行举止，以望"自胜者强"。

老子说："善者吾善之，不善者吾亦善之，德善信者吾信之，不信者吾亦信之，德信。"意思是说无论是品性善良的人还是品行不端的人，无论是有诚信的人还是没有诚信的人，我都以善良之心和诚信之义去对待他们，那么自然而然地我也能得到善良和诚信。由此可知，"道"平等地对待世间万物，不分高低贵贱。圣人对待世间万物也应该和"道"一样，一律平等，那么天下就能到处充满了善良与诚信，不会有邪恶与奸猾。在教学实践中，老子提倡"一视同仁"。要求教育者在教育过程中不要放弃任何一个受教育者，对待善者和不善者、信者和不信者要一视同仁，要有恒心，耐心地纠正不善者与不信者在发展中的错误思想和行为。

总之，道家认为"道法自然"，主张培养能体会自然之道的圣人，对于孔子提出的仁义道德持否定态度。道家轻视知识，主张以自然之道即"天道"为教育内容，要求人们完全听凭自然，对于传统文化也持反对态度，强调"绝学无忧"。这就从根本上否定了教育的作用，对后世教育的发展也产生了不良的影响。

四、法家教育思想

法家是一个以论述社会政治观点为主的学派，在学术渊源上与儒家有关，早期法家代表人物李悝与吴起就是孔子弟子子夏的学生。到李悝的学生商鞅时，法家与儒家开始趋于对立。商鞅辅佐秦孝公实施变法，使秦国迅速强大起来，其变法的指导思想就是法家理论，商鞅有《商君书》存世。战国末期法家的杰出代表韩非、

李斯都是荀子的学生，又和儒家彻底决裂。韩非可称战国时期法家的集大成者，著有《孤愤》《五蠹》《内外储》《说难》《显学》等书，使法家学说系统化。李斯则是秦始皇统一天下后实施法家政策的倡导者。

与道家一样，法家也并非完全不要教育，只是一味提倡法治教育而已。商鞅要求"更礼以教百姓""燔诗书而明法令"，以官吏"为天下师""学读法令"。他主张以法家思想作为"壹教"，以适应当时新兴地主阶级统一的政治需要，韩非发展了这种思想，明确提出："故明主之国，无书简之文，以法为教；无先王之语，以吏为师。"在韩非的思想中，除法教外，不要其他教育，除执掌法规的官吏以外，不要其他教师。法治教育固然必要，但教育绝不仅限于法教，教师绝不仅限于官吏，只讲以法为教，以吏为师，结果是以法代教，以吏代师，从而取消了普通教育。

法家的主张迎合专制统治的需要，重实力、讲实效的风格有可取之处。但法家一味推崇强权和暴力，蔑视文化教育和社会道德的作用，不仅会摧残思想文化教育的发展，对维护封建统治最终也是不利的，这已被后来大秦帝国二世而亡的历史所证明。

（一）商鞅的教育思想

商鞅变法是当时各国变法运动中比较彻底的一次，文化教育的改革是商鞅变法的内容之一。商鞅的文化教育思想与当时的儒家思想是对立的。他指责"儒学"为"虱子"。他说："礼乐""诗书""仁义""修善""孝悌"等都是祸国殃民的东西，如果用这些复古主义的教条来治理国家，就会"敌至必削，不至必贫"（《农战》）。敌人一来，国土就必被侵削；敌人不来，国家也必定贫穷。他同时痛斥那些"不作而食，不战而荣，无爵而尊"（《画策》）的奴隶主贵族和儒生都是"奸民"。必除之而后快。而当他们利用"诗""书"作为"以古非今"的舆论工具，企图进行反对活动的时候，商鞅则坚决主张采取"燔诗书而明法令"（《韩非子·和氏》）的手段，对他们进行打击和镇压。商鞅站在新兴地主阶级的立场上，特别重视为新兴地主阶级培养革新变法的人才。他提出："禁游宦之民而显耕战之士"（《韩非子·和氏》）。对待人才必须按"任其力不任其德""官爵必以其力"的原则大胆地培养、提拔和任用。

在教育内容方面，商鞅反对儒家以"礼、乐、诗、书"教育学生，反对向学生灌输"仁""义""礼""智"等道德准则。他认为"儒学"不过是一些"高言伪议"、不切实际的"浮学"。为了培养"耕战之士"和厉行"法治"的人才，商鞅主张学习法令和对耕战有用的实际知识。他提出"壹教"的教育纲领。"壹教"的实质就是执行新兴地主阶级的统一教育，它的主要内容是用新兴地主阶级的法令、政策统一人们的思想。商鞅认为："壹教则下听上"（《赏刑》）。他强调：一切的言论、行动必须以新兴地主阶级的"法"为标准。

为了加强和巩固地主阶级专政，商鞅强调"法治"教育是可以理解的，但是他漠视了学校在教育中的特殊作用，取消了专业的教师和文化知识的传授，这是违背文化教育发展的客观规律的。他对旧文化采取一概削除的简单粗暴的政策，这也是一个极大的错误。商鞅为了使秦国富强，他把农战作为治国之要。他奖励农战，主张加强农战教育。他说："吾教令：民之欲利者，非耕不得；避害者，非战不免"（《慎法》）。在教育途径方面，商鞅重视在通过农战的实际斗争中锻炼和增长人们的才干，并认为人们的智谋是在长期的作战中成长起来的。这些均具有朴素唯物主义的思想。但是由于时代和阶级的局限，他所实施的"法"教和奖励"农战"的政策，却包含着对劳动人民的压迫和剥削的一面。

（二）韩非子的教育思想

韩非（约公元前280—前233年），战国末期韩国人，是先秦法家思想的集大成者。他的法治思想为秦王朝建立统一的中央集权封建主义国家奠定了理论基础。

韩非总结了战国前期和中期阶级斗争的历史经验和教训，"儒以文乱法，侠以武犯禁，而人主兼礼之"（《五蠹》），是造成祸乱的重要原因，认为当时的"私学"和统治者是"二心"的。这种"私学"是新兴地主阶级实行"法治"的绊脚石。因此他断然主张采取"禁其行""破其群""散其党"的措施，即禁止办私学的人的行动自由、禁止言论和结社的自由。

韩非猛烈地批判和攻击法家以外的其他学派，特别是反对当时影响最大的儒家学派。他痛斥儒家的那一套"礼、乐、诗、书"的教条和"仁、义、孝、悌"的道德准则都是"愚诬之学""贫国之教""亡国之言"，是致使国贫兵弱乃至亡国的根源。在韩非看来，其他学派的理论都是互相矛盾的，只能造成人们的思想混乱，是非不分，统治者如果兼听他们的意见，就必然引起乱子。因此，韩非主张禁止这一切互相矛盾、只能惑乱人心的学说，而定法家于一尊。特别是要防止老百姓受到法家以外的其他学派思想的影响，要对他们的思想实行严格的控制。

韩非主张培养"智术之士"或"能法之士"（《孤愤》）。这些"智术能法之士"就是懂得和坚决实行法治路线的革新人物，并且是积极拥护"耕战"政策并为它进行斗争的战士。韩非对"智术能法之士"必须忠于封建国君"北面委质，无有二心"、能做到"能去私曲,就公法""有口不以私言,有目不以私视""远见而明察""强毅而劲直"的品质。就是说他应该在思想上具备进步的历史观和变革思想;在政治上具有敏锐的观察力;有执行法治路线的坚强毅力和刚直的品质。

为了使"法治"的思想能够在意识形态领域中占统治地位,韩非继承和发展了商鞅的"壹教"精神和措施,提出了著名的法家教育纲领。他说:"故明主之国,无书简之文,以法为教;无先王之语,以吏为师"(《五蠹》)。所谓"无书简之文""无先王之语",实质就是要废除、清算古代奴隶制的文化典籍和道德说教,特别是儒家所尊崇的"礼、乐、诗、书"和"仁、义、孝、悌"这一套东西,从而实现他的"以法为教"的主张。韩非继承和发展了商鞅"燔诗书而明法令"的思想和政策,把新兴地主阶级的法令、政策作为教育的主要内容。韩非的所谓"以吏为师",就是要选拔和任用一批忠于新兴地主阶级"法治"路线,能够"明法""知法""行法"的政治官吏担任教师,把解释和宣传法令、政策的权力掌握在经过严格和慎重选拔的官吏手中。韩非制定的法家教育路线和政策,是为封建地主阶级中央集权的政治服务的,为后来的秦王朝所接受并付诸实施。他取消文化知识的传授,抹煞了学校和教师在教育事业中的特殊地位和作用,这是违反文化教育事业发展的客观规律的。这一点是先秦法家教育思想中普遍存在的缺陷。

韩非和其他历史上的进步人物一样,也有他的时代和阶级的局限。他的"法治"理论是为维护和加强地主阶级统治服务的,有剥削和压迫劳动人民的一面。他把历史的发展看成少数"圣人"的创造,并认为:"民智,不可用。"这是无视劳动人民创造历史的伟大作用。他认为,人的自私自利是社会矛盾的根源,从而掩盖了被剥削阶级与剥削阶级之间的对立,这也是错误的。但是,在新兴地主阶级将在全国范围内进行统一的前夕,他为建立和巩固统一的中央集权的封建主义国家提出一条进步的政治路线和一些带有朴素唯物主义色彩的教育观点,在中国古代教育思想史上是有一定影响的。

五、其他教育思想

(一)颜之推的教育思想

北齐著名教育家颜之推(公元531—约595年),致力于家庭教育,经过多年的积累和研究写成《颜氏家训》一书,成为我国关于家庭教育的一部代表作,为后世提供了宝贵的经验。这本书强调教育体系应与儒学为核心,尤其注重对孩子的早期教育。此书还体现出传统教育思想中浓厚的"家庭伦理"观。

1. 士大夫教育

士大夫必须重视教育。首先,颜之推继承性三品说,即他把人性分为三等,即上智之人、下愚之人和中庸之人。"上智不教而成，下愚虽教无益，中庸之人，不教不知也。"他认为上智之人是无须教育的，因为上智是天赋的英才，不学自知、不教自晓。下愚之人"虽教无益"，尽管教他，都是无效果的，因为"下愚"是无法改变的。颜之推强调中庸之人必须受教育，因为不受教育就会无知识，陷于"不知"的愚昧状态。教育的作用就在于教育中庸之人，使之完善德性，增长知识。士大夫子弟绝大部分为"中庸之人"，只有通过接受教育才能得知识、明事理。其次，他从接受教育与否同个人前途的利害关系出发，强调士大夫受教育的必要性。在那兵荒马乱的年代，士大夫子弟"若能常保数百卷书，千载终不为小人也"。最后，他从"利"的角度，从知识也是一种谋生的手段等方面论述了知识教育的重要性。教育的目标在培养治国人才。关于士大夫教育的目的，颜之推指出："古之学者为人，行道以利世也；今之学者为己，修身以求进也。"行道的"道"自然是儒家之道，即儒家宣扬的那一套政治理想和道德修养的内容；"修身以求进"思想渊源于孔子的"修己以安人"，善于"为己"（有良好的道德修养）才能更有效地"利世也"（治国平天下）。从这一教育目的出发，颜之推批判当时士大夫教育的腐朽没落，严重脱离实际，培养出来的人庸碌无能，知识浅薄，缺乏任事的实际能力。他认为传统的儒学教育必须改革，培养的既不是难以应世经务的清谈家，也不是空疏无用的章句博士，而是于国家有实际效用的各方面的统治人才，它包括朝廷之臣、文史之臣、军旅之臣、藩屏之臣、使命之臣、兴造之臣。从政治家到各种专门人才，都应培养。这些人才应专精一职，具有"应世任务"的能力，是国家实际有用的人才。颜之推的这种观点，冲破了传统儒家的培养比较抽象的君子、圣人的教育目标，而以各种实用人才的培养作为教育的重要目标。

士大夫教育的内容是为了培养"行道以利世"的实用人才。颜之推提倡"实学"的教育内容。他认为培养出来的人才必须"德艺同厚"。所谓"德"，即恢复儒家的传统道德教育，加强孝悌仁义的教育。所谓"艺"，即恢复儒家的经学教育并兼及"百家之书"，以及社会实际生治所需要的各种知识和技艺。

关于"艺"的教育，当然是以"五经"为主。他认为学习"五经"主要是学习其中立身处世的道理，"夫圣贤之书，教人诚孝，慎言检迹，立身扬名，亦已备矣"。但读书不能只限于五经，还应博览群书，通"百家之言"。此外，他还重视学习"杂艺"。他认为在社会动荡的非常时期，学习"杂艺"可以使人在战乱"无人庇荫"的情况下"得以自资"，保全个体的生存和士族的政治、经济地位。颜之推倡导的"杂艺"内容相当广泛，主要包括文章、书法、弹琴、博弈、绘画、算术、卜筮、医学、习射、投壶等，这些技艺在生活中有实用意义，也有个人保健、娱乐的价值。但这些"杂艺""可以兼明,不可以专业"。值得注意的是,颜之推强调士大夫子弟要"知稼穑之艰难",学习一些农业生产知识,这与孔子轻视农业生产的态度有所不同。

2. 儿童教育

教育时机问题:颜之推认为家庭教育要及早进行,有条件的还应在儿童未出生时就实行胎教。儿童出生之后,便应以明白孝仁礼义的人"导习之"。稍长,看他"识人颜色,知人喜怒"之时,就该加意"教诲",该做的事就引导他去做,不该做的就不让他做。如此教育下去,到9岁以后,自可"少成若天性,习惯如自然。"

家庭教育的原则与方法:颜之推认为家庭教育应当从严入手,严与慈相结合,不能因为儿童细小而一味溺爱和放任,父母在子女面前要严肃庄重,有一定威信。他说:"父母威严而有慈,则子女畏慎而生孝矣。"他认为善于教育子女的父母,能把对子女的爱护和教育结合起来,便会收到良好的效果。相反,如果没有处理好两者关系,"无教而有爱",让孩子任性放纵,必将铸成大错。

家庭教育的内容:其一,重视家庭的语言教育。他认为语言的学习应该成为儿童教育的一项重要内容。在家庭教育中,子女学习正确的语言,是做父母的重要责任。一事一物、不经查考,不敢随便称呼。学习语言应注意规范,不应强调方言,要重视通用语言。其二,道德教育。颜之推承袭了孔孟以孝悌仁义等道德规范为主要内容的传统,十分注意对子女道德的教育。他认为士大夫子弟的教育应该"德艺周厚",以德育为根本。他指出知识教育是道德教育的基础,并为道德教育服务。颜之推对子女的道德教育,是以孝悌等人伦道德教育为基础,以树立仁义的信念为主要任务,以实践仁义为最终目的。他教育子女为实践仁义道德的准则,应不惜任何代价,以至牺牲生命。其三,志向教育。他认为立志尤为重要,士大夫子弟只有确立远大的志向、理想,才经得起任何磨难,坚持不懈,成就大业。他说:"有志尚者,遂能磨砺,以就素业。"他教育子女以实行尧舜的政治思想为志向,继承世代的家业,注重气节的培养,不以依附权贵、屈节求官为生活目标。

(二)朱熹的教育思想

1. 朱熹生平和简介

朱熹(公元1130—1200年),字元晦,号晦庵,别称紫阳,是我国南宋著名的哲学家、教育家。朱熹出生于福建南剑(今南平)尤溪县一个官宦世家。父亲朱松是程颐再传弟子罗从彦的学生,朱熹从小深受父亲教诲,成年后又师从父亲的同学李侗，故深得程学真传。同时又吸收了周敦颐、张载的思想，形成系统的理学思想体系，成为宋代理学集大成的人物。朱熹18岁就考中进士，担任过不少地方的官职。宁宗即位初，入朝兼任侍讲，但很快就被免职，后来还被列入伪学逆党，直至他去世9年后才得以翻案，被追赠为中大夫，谥号"文"。朱熹一生致力于教育和学术研究，在地方任职时总是重视教化，他一生编撰了多种教材，提出了许多有关教育的观点。重视家庭教育与小学教育是其教育主张的一大特点。他曾重建白鹿洞书院和岳麓书院，亲自参加书院的教学、管理工作。他亲撰的《白鹿洞书院揭示》也成为教规的范本。主要著作有《四书章句集注》《近思录》《朱文公文集》《朱子语类》等。

2. 教育的目的和作用

朱熹的教育思想建立在其理学思想基础之上，常常从人性论的观点出发论述教育的作用。他继承和发挥了二程、张载的人性说，认为人和万物一样，是理与气结合而成的，人性的主流，即禀受于"理"的部分，就是"天命之性"。他说："性者，人之所以得于天理也""性即理也"。天命之性是纯然至善的，是超越个体而普遍存在的。理和气结合在一起，就体现为"气质之性"。气质之性有善有恶，有清有浊，清明至善即为天理，昏浊不善则为人欲，而每一个人所秉受的气质之性各不相同。圣人之性清明至善，没有丝毫昏浊？无人欲之私，故圣人与天地同体，不教而自善。贤人之性次于圣人，通过教育也可达到"无异于圣人"的地步。中人之性则善恶混杂，介于君子和小人之间，"教化之行，挽中人而进于君子之域；教化之废，推中人而堕于小人之涂"。

3. 小学和大学的教育阶段与教育内容

朱熹在总结古代教育的基础上，对小学和大学的教育阶段划分及教育内容作了系统论述。人生8岁入小学，15岁入大学。小学和大学是不可割裂的两个学习阶段，即都是为了体认天理的，只是内容程度有所不同：小学学其事，大学明其理。小学是为大学打基础，大学是小学的深化。

朱熹将小学教育比做"打坯模"，强调要从儿童幼小时，就要进行良好的道德行为的训练。小学以"教事为"，具体说，就是"教之以洒扫、应对、进退之节，爱亲、敬长、隆师、亲友之道"。在儿童阶段空讲大道理是收不到效果的，最好是从具体的行为训练着手，形成良好的生活习惯，教育与生长发育融为一体，就可以"习与智长，化与心成"。朱熹编写《小学》一书，汇集古代圣贤"嘉言懿行"，并以日常生活中的人伦道德主题分立纲目，如君臣、父子、夫妇、长幼、朋友、心术、感化、衣服、饮食等，内容包括名儒的格言和前人的典范事例，对儿童进行生动形象的教育。又撰有《童蒙须知》，对儿童日常生活中应该遵守的礼仪、行为一一作了具体规范。

大学阶段是在小学之上的深造，即"学其小学所学之事之所以""是发明此事之理"。其纲领就是"教之以穷理、正心、修己、治人之道"。大学的教材主要是"四书"和"五经"。朱熹认为："四书"是大学的基本读物，是化入圣贤之学的门户，人人必须学好"四书"，至于进一步学习"五经"，那是专门研究的事了。所以，"四书"地位实际上超过了"五经"。

4. 教学和读书方法

追求至高至上的天理是程朱理学的修养目标，要达到这个目标，一方面要内省，明志养性，保持良好的精神状态；另一方面也要外求，认真学习，体认客观事物。朱熹认为涵养须用敬，"进学则在致知"。学习的首要内容自然还是儒家经典，因为它凝聚着天理的精蕴。朱熹指出："天下之物，莫不有理，而其精蕴则已具于圣贤之书，故必由是以求之。"读圣贤之书并非一般的增知识、长见识，而是要体认天理，朱熹概括为读书穷理。他说："为学之道，莫先欲穷理。穷理之要，必在于读书。读书之法，莫贵欲循序而致精。而致精之本，则又在于居敬而持志，此不易之理也。"这是朱熹对自己"平生为学"的总结。

朱熹去世后，他的弟子门人将朱熹有关读书的经验和见解整理归纳，成为"朱子读书法"六条，它是古代最有影响的读书方法论。在教育史上具有重要影响。六条的内容如下：循序渐进、熟读精思、虚心涵泳、切己体察、着紧用力、居敬持志。六条均反映了读书学习的基本规律和要求，在今天仍具有一定的参考价值。

5. 教师与教学

朱熹认为学习主要靠学者自己努力上进，自求自得。他对弟子说："读书是自己读书，为学是自己为学，不干别人一线事，别人助自家不得。"这是激励的话，不是说根本不需要教师。但教师应该发挥引导的功能。他说："指引者，师之功也。"教师的任务在于："作得个引路的人，作得个证明的人，有疑难处，同商量而已。"

在德育方面，朱熹主张教育者应以正面引导为主，尤其是对儿童，更应少说那不该做的事，以免起反面诱导作用。他指出："小学书中，多说那恭敬处，少说那防禁处。"尽量多作积极的指引鼓励，少作消极的禁止申斥。因此，教师要晓之以理，并以身则。他在《白鹿洞书院揭示》中说："苟知其理之当然，而责其身以必然，则夫规矩禁防之具，岂待他人设之，而后有所持循哉？"如果学生明白了道理，并且能自觉地身体力行，那么，也就用不着由别人给他们制定种种规矩禁令了。这些原则都是很有价值的。

(三) 王守仁的教育思想

王守仁（公元1472—1528年），是明中叶著名的哲学家、教育家。王守仁认为教育的目的是明人伦。他主张从致良知入手，通过教育，把个人的私欲灭掉，保存各人固有的天理良知，养成封建道德品性。教育就是要陶冶人格。操于其心者，其动妄；荡于其心者，其视浮；歉于其心者，其气馁；忽于其心者，其貌惰；傲于其心者，其色矜。

王守仁从致良知出发，在教学原则上提出许多值得重视的见解：一是重视躬行实践。认为真知必须行，应在行动中学习，以求真知；二是重视独立思考。认为教学是要引导学者各得其心，学习贵于自求自得，学问要旁人点化不如自己解化；三是主张循序渐进。他认为学习必须从本原上用力，渐渐盈科而进；四是主张因材施教。认为教师教人如医生治病，要辨症施治，夫良医之治病，随其病之虚实强弱，寒热内外，而斟酌加减，调理补泄之，要在去病而已。

王守仁坚持了我国古代儒家教育的传统，把道德教育与修养放在学校教育工作的首要地位。他说："学校之中，惟以成德为事，而才能之异，或有长于礼乐，长于政教，长于水土播植者，则就其成德，而因使益精其能于学校之中。"认为培养学生形成优良的品德，这是学校中最重要的工作。同时，在此基础上，也使学生的各种才能得到发展，日臻成熟。"夫三代之学，皆所以明人伦。"所谓"人伦"在王守仁看来，即是"父子有亲、君臣有义、夫妇有别，长幼有序、朋友有信，五者而已"。他说："唐虞三代之世，教者惟以此为教，而学者惟以此为学。当是之时，人无异见，家无异习。安此者谓之圣勉此者谓之贤而背此者，虽其启明如朱，亦谓之不肖。下至闾井田野，农工商贾之贱，莫不皆有是学，而惟以成其德行为务。"

第三节 古代科举制度

科举是中国古代读书人所参加的人才选拔考试，它是历代封建王朝通过考试选拔官吏的一种制度。由于采用分科取士的办法，所以叫作科举。中国科举制度是中国历史上的考试选拔官员的一种基本制度。他渊源于汉朝，创始于隋朝，确立于唐朝，完备于宋朝，兴盛于明清两朝，废除于清朝末年，历经隋、唐、宋、元、明、清。根据史书记载，从隋朝大业元年（公元605年）的进士科算起到光绪三十一年（公元1905年）正式废除，整整存在了1300周年。

中国科举制度的产生是历史的必然和一大进步，它所一直坚持的是"自由报名、公开考试、平等竞争、择优取仕"的原则，它对我国古代社会的选官制度，特别是对汉代的察举和征辟制、魏晋南北朝的九品中正制，是一个直接有力的替代和否定，给广大中小地主和平民百姓通过科举的阶梯而入仕以登上历史的政治舞台，提供了一个公平竞争的平台、机会和条件。科举制度之前的"察举"制，重视整体素质，一般由长官举荐，要求"人、门兼美"；而科举制度明显打破这一藩篱，强调知识才能，可以自由报考，"取士不问家室，一切以程文为去留"。因此说，科举制度是中国历史上，也是世界历史上最具开创性和平等性的官吏人才选拔制度。

一、历史长河中科举制度的沿革

（一）产生背景

秦朝以前，采用"世卿世禄"制度，后来逐步引入军功爵制。西周时，天子分封天下。周礼之下，社会阶级分明。管理国家由天子、诸侯、卿、士分级负责。而各阶层依照血缘世袭。到了东周，稳定的制度开始崩溃，于是有"客卿""食客"等制度以外的人才为各国的国君服务。

到了汉朝，分封制度逐渐被废，皇帝中央集权制度得以加强。皇帝为管理国家，需要提拔民间人才。当时采用的是察举制与征辟制，前者是由各级地方推荐德才兼备的人才，后者是中央和地方官府向社会征辟人才。由州推举的称为秀才，由郡推举的称为孝廉。察举制缺乏客观的评选准则，虽有连坐制度，但后期逐渐出现地方官员徇私，所荐者不实的现象。征辟制也存在着种种弊端。

魏文帝时，陈群创立九品中正制，由中央特定官员，按出身、品德等考核民间人才，分为九品录用。晋、六朝时沿用此制。九品中正制是察举制的改良，主要区别是将察举之权，由地方官改由中央任命的官员负责。但是，始终是由地方官选拔人才。魏晋时代，世族势力强大，常影响中正官考核人才，后来甚至所凭准则仅限于门第出身。于是造成"上品无寒门、下品无势族"的现象。不但堵塞了民间人才，还让世族得以把持朝廷人事，影响皇帝的权力。

（二）隋朝——中国古代科举制度的起源

中国古代科举制度最早起源于隋代。隋朝统一全国后，隋文帝为了适应封建经济和政治关系的发展变化，扩大封建统治阶级参与政权的要求，加强中央集权，于是把选拔官吏的权力收归中央，用科举制代替九品中正制。据史载，开皇三年（公元583年）正月，隋文帝曾下诏举"贤良"。开皇十八年（公元598年）七月，又令京官五品以上，总管，刺史，以"志行修谨""清平干济"二科举人。隋炀帝大业三年（公元607年）四月，诏令文武官员有职事者，可以"孝悌有闻""德行敦厚""结义可称""操履清洁""强毅正直""执宪不饶""学业优敏""文才秀美""才堪将略""膂力骄壮"等10科举人。大业五年（公元609年）正月，又诏令诸郡以"学业该通，才艺优洽""膂力骄壮，超绝等伦""在官勤慎，堪理政事""立性正直，不避强御"等4科举人。这些虽都是临时取人之法，尚未形成制度，但分科举人的特征，以具科举制的雏形。大业年间，隋炀帝还曾设置明经、进士二科，并以"试策"取士，这标志着科举制已经诞生了。

进士一词初见于《礼记·王制》篇，其本义为可以进受爵禄之义。当时主要考时务策，就是有关当时国家政治生活方面的政治论文，叫试策。这种分科取士，以试策取士的办法，在当时虽是草创时期，并不形成制度，但把读书、应考和做官三者紧密结合起来，揭开中国官吏选拔史上新的一页。唐玄宗时礼部官员沈既济对这个历史性的变化有过中肯的评价："前代选用，皆州郡察举……至于齐隋，不胜其弊……是以置州府之权而归之吏部。自隋罢外选，招天下之人，聚于京师春还秋往，乌聚云合。"

（三）唐朝——中国古代科举制度的完备

隋朝灭亡后，唐朝的帝王承袭了隋朝传下来的人才选拔制度，并做了进一步的完善。由此，科举制度逐渐完备起来。唐太宗、武则天、唐玄宗是完善科举制的关键人物。在唐朝，考试的科目分常科和制科两类。每年分期举行的称常科，由皇帝下诏临时举行的考试称制科。

常科的科目有秀才、明经、进士、俊士、明法、明字、明算等50多种。其中明法、明算、明字等科，不为人重视。俊士等科不经常举行，秀才一科，在唐初要求很高，后来渐废。所以，明经、进士两科便成为唐代常科的主要科目（进士考时务策和诗赋、文章，明经考时务策与经义。前者难，后者易）。

唐高宗以后进士科尤为时人所重。唐朝许多宰相大多是进士出身。常科的考生有两个来源，一个是生徒，另一个是乡贡。由京师及州县学馆出身，而送往尚书省受试者叫生徒；不由学馆而先经州县考试，及第后再送尚书省应试者叫乡贡。由乡贡入京应试者通称举人。州县考试称为解试，尚书省的考试通称省试，或礼部试。

礼部试都在春季举行，故又称春闱，闱也就是考场的意思。

明经、进士两科，最初都只是试策，考试的内容为经义或时务。后来两种考试的科目虽有变化，但基本精神是进士重诗赋，明经重帖经、墨义。所谓帖经，就是将经书任揭一页，将左右两边蒙上，中间只开一行，再用纸帖盖三字，令考试者填充。墨义是对经文的字句作简单的笔试。帖经与墨义，只要熟读经传和注释就可中试，诗赋则需要具有文学才能。进士科得第很难，所以当时流传有"三十老明经，五十少进士"的说法。

常科考试最初由吏部考功员外郎主持，后改由礼部侍郎主持，称"权知贡举"。进士及第称"登龙门"，第一名曰状元或状头。同榜人要凑钱举行庆贺活动，以同榜少年二人在名园探采名花，称探花使。要集体到杏园参加宴会，叫探花宴。宴会以后，同到慈恩寺的大雁塔下题名以显其荣耀，所以又把中进士称为"雁塔题名"。唐孟郊曾作《登科后》诗："春风得意马蹄疾，一朝看遍长安花。"所以，春风得意又成为进士及第的代称。常科登第后，还要经吏部考试，叫选试。合格者，才能授予官职。唐代大家柳宗元进士及第后，以博学宏词，被即刻授予"集贤殿正字"。如果吏部考试落选，只能到节度使那儿去当幕僚，再争取得到国家正式委任的官职。韩愈在考中进士后，三次选试都未通过，不得不去担任节度使的幕僚，才踏进官场。

唐代取士，不仅看考试成绩，还要有名人的推荐。因此，考生纷纷奔走于公卿门下，向他们投献自己的代表作，叫投卷。向礼部投的叫公卷，向达官贵人投的叫行卷。投卷确实使有才能的人显露头角，如诗人白居易向顾况投诗《赋得原上草》受到老诗人的极力称赞。但是弄虚作假，欺世盗名的也不乏其人。唐太宗重视人才的培养和选拔。他即位后，大大扩充了国学的规模，扩建学舍，增加学员。

武则天载初元年（公元690年）二月，亲自"策问贡人于洛成殿"，这是我国科举制度中殿试的开始，但在唐代并没有形成制度。

在唐代还产生了武举。武举开始于武则天长安二年（公元702年）。武举的考生来源于乡贡，由兵部主考。考试科目有马射、步射、平射、马枪、负重摔跤等。"高第者授以官，其次以类升"。而在唐代最著名的武状元便是郭子仪了。

在武则天时期，唐代武举制度的出现是对科举制度的重要发展和创新，是我国古代军官的选拔开始步入经常化和规范化的阶段，是典章制度史上的一个创举，也是我国封建军事迅速发展的有利条件。唐代武举制度的创立，改变了选文不选武的做法，完善和发展了古代科举制度，笼络和安置了武勇人才，打破了士族门阀荫袭世官的传统，开拓了"广收天下奇才异士"的新局面，加强了封建统治。它的创立对当时及后世各朝的世风、军事、政治、科举、武艺等产生了深远的影响。武举制度的创立与实际推行，在前世流风遗泽的基础上，推波助澜，使唐人习武蔚成风尚，文人学子也开始喜好武艺，从事击剑、骑射等活动，甚至还出现了"弃文从武"的现象。

唐玄宗时，诗赋成为进士科主要的考试内容。他在位期间，曾在长安、洛阳宫殿八次亲自面试科举应试者，录取很多有才学的人。开元年间，任用高官主持考试，提高了科举考试的地位，以后成为定制。

（四）宋朝——中国古代科举制度的改革时期

宋代的科举，大体同唐代一样，有常科、制科和武举。宋代"重文轻武"，所以也很重视科举考试，但后期导致选官过冗过滥。相比之下，宋代常科的科目比唐代大为减少，其中进士科仍然最受重视，进士一等多数可官至宰相，所以宋人以进士科为宰相科。宋吕祖谦说："进士之科，往往皆为将相，皆极通显。"当时有焚香礼进士之语。进士科之外，其他科目总称诸科。宋代科举，在形式和内容上都进行了重大的改革。

首先，宋代的科举放宽了录取和作用的范围。宋代进士分为三等：一等称进士及第；二等称进士出身；三等赐同进士出身。由于扩大了录取范围，名额也成倍增加。唐代录取进士，每次不过二三十人，少则几人、十几人。宋代每次录取多达二三百人，甚至五六百人。对于屡考不第的考生，允许他们在遇到皇帝策试时，报名参加附试，叫特奏名。也可奏请皇帝开恩，赏赐出身资格，委派官吏，开后世恩科的先例。

宋代确立了三年一次的三级考试制度。宋初科举，仅有两级考试制度。一级是由各州举行的取解试，一级是礼部举行的省试。宋太祖为了选拔真正踏实于封建统治而又有才干的人担任官职，为之服务，于开宝六年实行殿试。自此以后，殿试成为科举制度的最高一级的考试，并正式确立了州试、省试和殿试的三级科举考试制度。殿试以后，不须再经吏部考试，直接授官。宋太祖还下令，考试及第后，不准对考官称师门，或自称门生。这样，所有及第的人都成了天子门生。殿试后分三甲放榜。南宋以后，还要举行皇帝宣布登科进士名次的典礼，并赐宴于琼苑，故称琼林宴，以后各代仿效，遂成定制。宋代科举，最初是每年举行一次，有时一两年不定。至英宗治平三年，才正式定为三年一次。每年秋天，各州进行考试，第二年春天，由礼部进行考试。省试当年进行殿试。

从宋代开始，科举开始实行糊名和誊录，并建立防止徇私的新制度。从隋唐开科取士之后，徇私舞弊现象越来越严重。对此，宋代统治者采取了一些措施，主要是糊名和誊录制度的建立。糊名，就是把考生考卷上的姓名、籍贯等密封起来，又称"弥封"或"封弥"。宋太宗时，根据陈靖的建议，对殿试实行糊名制。后来，宋仁宗下诏省试、州试均实行糊名制。但是，糊名之后，还可以认识字画。根据袁州人李夷宾建议，将考生的试卷另行誊录。考官评阅试卷时，不仅不知道考生的姓名，连考生的字迹也无从辨认。这种制度，对于防止主考官徇情取舍的确产生了很大的效力。但是，到了北宋末年，由于政治日趋腐败，此项制度也就流于形式了。宋代在考试形式上的改革，不但没有革除科举的痼疾，反而使它进一步恶化。

宋代科举在考试内容上也作了较大的改革。宋代科举基本上沿袭唐制，进士科考帖经、墨义和诗赋，弊病很大。进士以声韵为务，多昧古今；明经只强记博诵，而其义理，学而无用。王安石任参知政事后，对科举考试的内容着手进行改革，取消诗赋、帖经、墨义，专以经义、论、策取士。所谓经义，与论相似，是篇短文，只限于用经书中的语句作题目，并用经书中的意思去发挥。王安石对考试内容的改革，在于通经致用。熙宁八年（公元1075年），宋神宗下令废除诗赋、贴经、墨义取士，颁发王安石的《三经新义》和论、策取士。并把《易官义》《诗经》《书经》《周礼》《礼记》称为大经，《论语》《孟子》称为兼经，定为应考士子的必读书。规定进士考试为四场：一场考大经，二场考兼经，三场考论，最后一场考策。殿试仅考策，限千字以内。王安石的改革，遭到苏轼等人的反对。后来随着政治斗争的变化，《三经新义》被取消，有时考诗赋，有时考经义，有时兼而有之，变换不定。

宋代的科考分为三级：解试（州试）、省试（由礼部举行）和殿试。解试由各地方进行，通过的举人可以进京参加省试。省试在贡院内进行，连考三天。为了防止作弊，考官俱为临时委派，并由多人担任。考官获任后要即赴贡院，不得与外界往来，称为锁院。考生到达贡院后，要对号入座，同考官一样不得离场。试卷要糊名、誊录，并且由多人阅卷。而殿试则于宫内举行，由皇帝亲自主持及定出名次。自宋代起，凡于殿试中进士者皆即授官，不需要再经吏部选试。南、北宋320年，总共开科118次。取进士2万人以上。严格和完善科举制度，形成进士科的空前繁荣。

（五）元朝——中国古代科举制度的中落时期

蒙古人不着重开科取仕，灭宋后一度不举办科举，至元仁宗延祐二年（公元1315年）才再次开办。

元代的科举制度基本沿袭宋代，用"经义""经疑"为题述文。科举分为地方的乡试和在京师进行的会试及殿试。元代科举只考一科，但分成左右榜。右榜供蒙古人、色目人应考；乡试时只考两场，要求相对简单。左榜供汉人、南人应考，乡试时考三场，要求相对严格。乡试、会试考获名单俱按种族分配。

元朝自仁宗至顺帝灭亡止，科举时办时废，共举办过16次，取士1000余人。但元科举所选人材通常并没有受到足够的重视，在元政府中产生的影响也不大。

元朝开始，蒙古人统治中原，科举考试进入中落时期，但以四书试士，却是元代所开的先例。

（六）明朝——中国古代科举制度的鼎盛时期

元朝灭亡后，明王朝建立，科举制进入了它的鼎盛时期。明代统治者对科举高度重视，科举方法之严密也超过了以往历代。

明代以前，学校只是为科举输送考生的途径之一。到了明代，进学校却成为了科举的必由之路。明代入国子监学习的，通称监生。监生大体有四类：生员入监读书的称贡监，官僚子弟入监的称荫监，举人入监的称举监，捐资入监的称例监。监生可以直接做官。特别是明初，以监生而出任中央和地方大员的多不胜举。明成祖以后，监生直接做官的机会越来越少，却可以直接参加乡试，通过科举做官。

参加乡试的，除监生外，还有科举生员。只有进入学校，成为生员，才有可能入监学习或成为科举生员。明代的府学、州学、县学、称作郡学或儒学。凡经过本省各级考试进入府、州、县学的，通称生员，俗称秀才。取得生员资格的入学考试叫童试，也叫小考、小试。童生试包括县试、府试和院试三个阶段。院试由各省学政主持，学政又名提督学院，故称这级考试为院试。院试合格者称生员，然后分别分往府、州、县学学习。生员分三等，有廪生、增生、附生。由官府供给膳食的称廪膳生员，简称廪生；定员以外增加的称增广生员，科称增生；于廪生、增生外再增名额，附于诸生之末，称为附学生员，科称附生。考取生员，是功名的起点。一方面、各府、州、县学中的生员选拔出来为贡生，可以直接进入国子监成为监生。一方面，由各省提学官举行岁考、科考两级考试，按成绩分为六等。科考列一、二等者，取得参加乡试的资格，称科举生员。因此，进入学校是科举阶梯的第一级。

明代正式科举考试分为乡试、会试、殿试三级。乡试是由南、北直隶和各布政使司举行的地方考试。地点在南、北京府、布政使司驻地。每三年一次，逢子、午、卯、酉年举行，又叫乡闱。考试的试场称为贡院。考期在秋季八月，故又称秋闱。凡本省科举生员与监生均可应考。主持乡试的有主考二人，同考四人，提调一人，其他官员若干人。考试分三场，分别于八月九日、十二日和十五日进行。乡试考中的称举人，俗称孝廉，第一名称解元。唐寅乡试第一，故称唐解元。乡试中举叫乙榜，又叫乙科。放榜之时，正值桂花飘香，故又称桂榜。放榜后，由巡抚主持鹿鸣宴。席间唱《鹿鸣》诗，跳魁星舞。

会试是由礼部主持的全国考试，又称礼闱。于乡试的第二年即逢辰、戌、未年举行。全国举人在京师会试，考期在春季二月，故称春闱。会试也分三场，分别在二月初九、十二、十五日举行。由于会试是较高一级的考试，同考官的人数比乡试多一倍。主考、同考以及提调等官，都由较高级的官员担任。主考官称总裁，又称座主或座师。考中的称贡士，俗称出贡，别称明经，第一名称会元。

殿试在会试后当年举行，时间最初是三月初一。明宪宗成化八年（公元1472年）起，改为三月十五。应试者为贡士。贡士在殿试中均不落榜，只是由皇帝重新安排名次。殿试由皇帝亲自主持，只考时务策一道。殿试毕，次日读卷，又次日放榜。录取分三甲：一甲三名，赐进士及第，第一名称状元、鼎元，二名榜眼，三名探花，合称三鼎甲。二甲赐进士出身，三甲赐同进士出身。二三甲第一名皆称传胪。一二三甲通称进士。进士榜称甲榜，或称甲科。进士榜用黄纸书写，故叫黄甲，也称金榜，中进士称金榜题名。

乡试第一名叫解元，会试第一名叫会元，加上殿试一甲第一名的状元，合称三元。连中三元，是科举场中的佳话。明代连中三元者仅洪武年间的黄观和正统年间的商辂二人而已。

殿试之后，状元授翰林院修撰，榜眼、探花授编修。其余进士经过考试合格者，叫翰林院庶吉士。三年后考试合格者，分别授予翰林院编修、检讨等官，其余分发各部任主事等职，或以知县优先委用，称为散馆。庶吉士出身的人升迁很快，英宗以后，朝廷形成非进士不入翰林，非翰林不入内阁的局面。

明代乡试、会试头场考八股文。而能否考中，主要取决于八股文的优劣。所以一般读书人往往把毕生精力用在八股文上。八股文以"四书五经"中的文句做题目，只能依照题义阐述其中的义理。措辞要用古人语气，即所谓代圣贤立言。格式也很死。结构有一定程式，字数有一定限制，句法要求对偶。八股文也称制义、制艺、时文、时艺、八比文、四书文。八股文即用八个排偶组成的文章，一般分为六段。以首句破题，两句承题，然后阐述为什么，谓之起源。八股文的主要部分，是起股、中股、后股、束股四个段落，每个段落各有两段。篇末用大结，称复收大结。八股文是由宋代的经义（主要来源于朱熹注解）演变而成。八股文的危害极大，严重束缚人们的思想，是维护封建专制统治的工具，同时也把科举考试制度本身引向绝路。明末著名学者顾炎武愤慨地说："八股盛而《六经》微，十八房兴而二十一史废。"又说："愚以为八股之害，甚于焚书。"

（七）清代——中国古代科举制度的灭亡

清代的科举制度与明代基本相同，但它贯彻的是民族歧视政策。满族人享有种种特权，做官不必经过科举途径。清代科举在雍正前分满汉两榜取士，旗人在乡试、会试中享有特殊的优特，只考翻译一篇，称翻译科。以后，虽然改为满人、汉人同试，但参加考试的仍以汉族人为最多。

科举制有诸多优点，其一，对所有参加科举的考生一视同仁；其二，营造了全民学习的风潮，推动了教育、科技、文学等全方位发展；其三，一批批学富五车的人才崭露头角，为国家效力，为民请命。对于中国传统文化的继承和发扬起到了巨大的推动和发展作用。

但是科举制度的发展过程中，弊端也显露无疑，明清时期的八股文，内容、格式过于死板，有的考生一辈子只读这几本书，变成了书呆子，原本全民学习的风潮变成禁锢思想的手铐，把无数文人的创新力和积极性都扼杀在摇篮里。科学技术也呈现闭门造车的现象，同西方快速发展的工业革命相差甚远。

清末，科举中的作弊现象非常猖獗，世风日下，靠读书挣不到出路的考生会考虑去大户人家做幕僚，为官宦世家出谋划策。当然，做幕僚也需要找关系。或者去做生意，做生意自然也需要本钱。这两个出路都不是好出路，科举制等级划分过于严重，下层民众永远没有鲤鱼过龙门的机会，社会资源被掌握在一小部分人手中，社会出现极度不公平，国家权力滥用严重。

事实上，清政府决定废除科举制度，是打算效仿西方教育、发展学校。在科举与学校的较量中，科举选拔功能的混乱和学校教育功能的部分丧失，导致科举与学校功能的严重冲突。至于科举和学校，政府和民众的态度不同，导致清政府废除科举，转移了社会矛盾的焦点。科举制存在的几千年中，为统治者实现稳定的政治统治提供了前提条件，许多考生循规蹈矩，不知变通，社会治理方式也生搬硬套，为专制统治服务的同时，社会发展也变得畸形。

科举制的废除，对清王朝的统治无疑是沉重的打击，废止科举这一举动使政治和文化同时紊乱，在一定程度上动摇了清王朝的政权基础。知识分子也不再以科举为唯一出路，政府失去了拉拢人才的最佳方式。同时，废止科学制度也动摇了旧有的统治秩序政治，使政治与教育相分离，民众与政府也站在了对立面。因此，科举制度犹如大厦轰然倒塌，封建社会延续几千年的选才方式消失殆尽，就在科举制度废除后不久，清朝也被推翻。

二、科举与教育

科举考试是取士之制，学校教育是养士之法，选才有赖于育才，两者互为依存，密不可分。学而优则仕，1300 年间，无论是中央还是地方学校的学生，只有通过科举考试，才能踏上仕途，科举考试操纵着学校教育的发展方向。科举是学校的教育目标，考试内容即学校的教学内容；取士标准就是学校的培养标准，学校追求的是中举及第。以考促学，以考促教，科举成为整个教育的重心。科举极大地激发了人们勤奋读书的热情，读书人数急剧上升，中央官学、州县学、书院及各种私塾的空前发展，有力地推动了社会教育和人民文化水平的的提高。

（一）学校

1. 中央官学

中央官学是朝廷直接设立和管辖的，旨在培养各种统治人才的学校。主要分为最高学府（太学、国子监）、专科学校（书学、算学、律学、医学、画学、武学等）和贵族学校（弘文馆、崇文馆、宗学、旗学等）。唐代中央官学繁盛，制度完备，南宋以后渐走下坡路，逐步衰败，已成为科举制度的附庸，名存实亡。清末，被学堂所代替。

北京国子监是元、明、清三代最高学府。从地方官学中选拔文行兼优的生员贡入国子监，因入监方式不同有岁、恩、拔、优、副之别。

2. 地方官学

地方官学始于汉代。隋唐时期州、县亦皆设学。宋代，考试选才兴学育才，地文官学发达。明清两朝府州县学遍布全国，学校教育与科举考试整合为一条龙，学校科举化，科举学校化。

3. 私学

私学是古代民间私人办的学校，始于春秋时期。有家塾、经馆、精舍、私塾、村塾、冬学、蒙学等。私学的教学主要为进入官学、书院以及应科举考试的准备。公元前 522 年，孔子创办了儒家学派的第一所私学。

4. 书院

书院是教育、学术研究的主要场所，是进行文化传播、普及文化和宣扬教化的基地。唐宋期间以私人创办、私人讲学为主，元明时官方加强了控制，到了清代基本官化。千余年来，书院与科举关系密切。

唐末以后逐渐兴起的高等教育机构——书院，是从"精舍""精庐""学馆"演化而来，最初是唐朝官方藏书校书之地，或私人读书治学之地。

明清也有官府创办的，但主要为私立公助，不同于私学，也不同于官学。书院是宋代教育的一个最重要的特色，是对传统官学教育的重大突破，将教育、教学活动与学术研究结合起来，成为著名学者授徒讲学、培养人才的学术机构。

元代对书院采取保护、提倡、扶植和控制的政策，书院迅速发展，遍及全国许多地区。明初重点兴办官学，对于书院未予重视，书院沉寂了近100年。直到明中叶，书院才复兴并进入极盛时期。

明代书院体现了非官方教育的发展，反映知识分子对文化专制的反抗，是明代教育中比较有生气的地方。

清初对书院进行"官学化"的管理，培植合适的读书人，又大搞文字狱迫害知识分子，书院逐步官学化，受政府遏制，几近沉寂，书院特质基本消亡。

书院是中国古代教育史中的一株奇葩，是中国士人的文化组织，是古代文明保存、传递和发展的重要组织形式，对民俗风情的培植、思维习惯及伦常概念的养成等都作出重大贡献。书院有许多显著的特点与优良传统，并由许多教育家继承、弘扬和发展；其注重教学与学术研究相结合；允许不同学派相互讲学，自由争鸣；注重学生自修与教师指导相结合，培养学生独立研究能力。

（二）教育与科举的关系

中国是一个具有悠久历史的国家，传统文化博大精深。在中国古代政治文化中，官吏选拔制度，尤其是中国古代科举制度，不仅对中国乃至世界都产生了十分巨大的影响。中国古代科举制是一种通过公开考试选拔官员的政治制度，是中国古代人事选拔制度发展过程中最成熟、最进步的一个阶段，也是世界上最早的文官考试制度。

拥有1300多年的历史，作为一种曾影响中国社会各个领域各个层次的政治制度，科举制度对加强当时的中央集权统治、维护国家统一、促进社会繁荣以及缓解社会矛盾等方面起到了积极作用。

1. 积极影响

（1）加强了中央集权统治，巩固了封建国家的统一

实行科举制度一方面把分散的人事选拔权完全回收中央，另一方面又使政权的社会基础更为扩大，适应了中国封建社会中后期强化中央集权的需要。使中国封建社会大一统的观念更加深入人心，增强了维护国家统一的向心力和凝聚力，更有利

于传统中央集权国家的发展。

(2) 为封建国家行政机器注入了新的活力，提高了管理效能

自隋唐以来，历代有作为的将相辅臣几乎都是科举出身的"学而优则仕"者，如范仲淹、王安石、林则徐等。在这些人才中，大多都意气风发，有远大抱负。由此可以看到，科举考试制度为国家选拔了一批又一批有才能的人士，为封建统治注入了新的活力，促进了封建管理阶层的新陈代谢。

(3) 弥补了人才选拔制度的不足，改善了封建社会的吏治状况

科举制度在很大程度上弥补了传统人事选拔方式上的不足，打破了官僚贵族世家对选官的垄断，通过实行公开报名、平等竞争、择优录取的原则，在较大的社会范围中开辟了一条入仕途径。通过科举考试制度，封建国家官吏队伍中知识分子的比例大大提高，他们中许多人能以封建礼教约束自己，敢于抵制官场腐败现象，这在客观上促进了吏治状况的改善。

(4) 促进了学校教育的发展

由于科举考试制度为广大学子提供了获取功名的机会，一方面大大激发了中下层阶级的进取精神，另一方面也在很大程度上促进了学校教育的发展。隋唐以后，随着社会的不断发展，科举制度和教育制度越来越紧密地结合在一起。科举考试的生源主要来自学校，而学校主要为培养应试士子而设立，学校教育的目的主要为统治阶级培养所需的人才。

(5) 为世界文明的发展作出了贡献

据记载，早在唐中宗时期，日本建立了模仿唐代制度的考试选官制度。16世纪以后，我国的考试制度越来越受到世界的瞩目。到19世纪中叶，中国的科举考试制度已为欧洲知识界普遍知晓。朝鲜和越南也曾长期实行科举制。毋庸置疑，科举制度西传欧美并影响世界是中国对世界文明的一大贡献。

2. 消极影响

科举制度在其产生积极作用的同时，也带来了许多消极影响。主要表现在以下几个方面：

(1) 考试内容

科举考试内容过分强调文学诗赋，而忽视了其他促进社会发展所需的各种文化知识，尤其是对自然科学知识的忽视，这对中国文化的畸形发展以及近代中国科学技术的落后，确实产生了消极的影响。

(2) 考试形式

科举考试制度随着时间的推移，其考试形式也日益走向僵化，因循守旧，漏洞

百出，特别是明清以后实行的八股文制度，完全脱离现实生活，无法培养士子们的实际能力，反而强化了人们投机取巧的考试心理，败坏了学风，腐蚀了心灵。

（3）科举制度的价值导向

科举制度虽然达到了选贤任能的目的，但它也把人的思想束缚、禁锢于一定范式中，民主意识被无情地扼杀了。同时，科举制度强调"万般皆下品，唯有读书高"的贵族观念，引导人们轻视社会各行业，轻视生产实践，使知识分子严重脱离社会实际生活，造成中华民族在表面的文化繁荣下日益空洞衰弱的颓唐之势。

科举制度作为有着1300多年历史的政治人才选拔制度，不可避免地对当代我国人才的培养、行政人员的选拔产生了影响，如何取其精华、去其糟粕，是值得我们现代领导和教育工作者认真审视的问题。

文化沙龙

一、调查交流

现在，社会上出现了一些现代"私塾"。有人认为这种现象是传统文化回归，是社会发展中的理性选择。但也有人认为这种现象是文明的倒退。请调查班级同学对此的看法并就"国学学什么""怎样学国学"等问题对"国学热"现象展开讨论和交流。

二、争鸣空间

当代社会，孩子的教育已经成为众多家庭不能承受之重。独生子女在家中缺乏可以交流的伙伴；父母忙碌，无暇照顾孩子的多方面需求，要么放纵孩子，要么简单地苛责孩子；电视网络、商业利润的追求遮蔽了教育的责任；农村家庭，年轻父母外出打工挣钱，由双方的老人照顾年幼的孩子。如果说，家庭教育是整个教育的根基，那么毫无疑问的是，这个根基现在已经不那么牢靠了。试谈谈家庭教育到底是强化了还是弱化了？如何重新发挥家庭的教育功能？如何使孩子在家庭中受到良好的教育？

三、妙笔生花

每年高考成绩揭晓后，胜者狂欢，败者落寞。其实，高考是开始而不是结束。失意者哭过之后请继续前行，胜利者笑完之后请珍惜大学生活。当代社会需要的不再是分数，而是实力。请以"做最好的自己"为题，写一篇演讲稿。

四、旧瓶新酒

自 20 世纪 60 年代以来，许多新的教育思想或主张开始陆续登场，相互竞争，相互激荡，像新自由主义教育思潮、批判教育学、解放教育学、后现代教育思潮、新实用主义教育思想等。"主体间性""生活世界""合法性""学校选择""文化抵制""霸权""赋权""对话""多样性""反讽""规训""服务""知识/权力"等来自不同知识领域的概念风靡中国教育界，为教育实践提供了一幅近乎全新的概念地图。你认为这说明了什么问题？你认为中国的传统教育与现代文明如何嫁接沟通呢？

五、知识拓展

1. 观看电影：《孔子》（周润发主演）
2. 阅读小说：《儒林外史》（吴敬梓著）

第六单元 中国传统生活

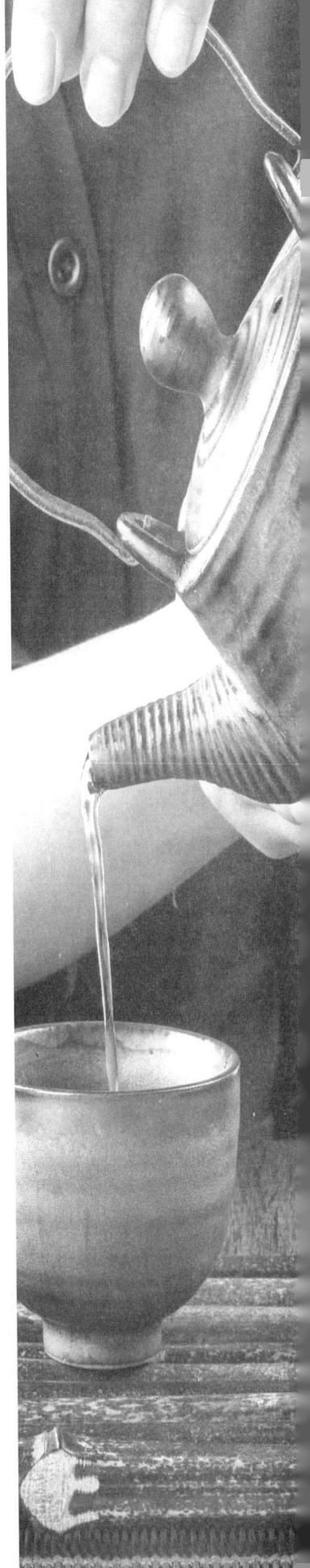

单元导语

    罗丹说:"生活中并不是缺少美,而是缺少发现美的眼睛。"当人们睁开双眼,环视寰宇,一个全新的宇宙,一个诗梦的境地,便开始生成。千百年来我们的先祖用他们独特的方式书写着人类诗意的栖居。当人类文明的脚步越走越快,蓦然回首,却发现我们丢失了一些东西。这些东西的丢失几乎是致命的。我们越来越在意服饰的材质却忽略了它的审美;越来越追求于食物的价值却遗忘了它的风味;越来越考量房子的品质却淡化了它的旨归;越来越讲究行走的迅捷却错过了路边的风景。今天,我们在这里翻开尘封的故书,去找寻那遗失的美好。

知识精讲

第一节 中国传统服饰

一、逝去的风韵——中国服饰历史

(一) 原始社会服饰

关于衣服的发明,《吕氏春秋》《世本》及稍晚的《淮南子》均提到,黄帝、胡曹或伯余创造了衣裳。若从出土文物方面考察,服饰史的源头可上溯到原始社会旧石器时代晚期。

旧石器时代,采集和渔猎是人们的衣食之源。1933年,在北京周口店山顶洞人(距今1.9万年左右)遗址中,发现1枚骨针和141件钻孔的石、骨、贝、牙装饰品。骨针长约82毫米,通体磨光,针孔窄小,针尖尖锐,证实当时已能利用兽皮一类自然材料缝制简单的衣服,中华服饰文化史可以视为由此发端。小石珠、穿孔兽牙等装饰品上有长期佩戴的磨蚀痕迹。其中5件出土时呈半圆形排列,可能是成串的项饰。

新石器时代除有笼统式服装外,还从一些陶塑遗物中发现有冠、靴、头饰、佩饰以及簪发椎髻用的骨、石、玉笄等。原始社会的部落长和巫师、卜人,在某种情形下,为了象征权威与特定身份,如同《易·系辞》所说"黄帝尧舜垂衣裳而天下治",衣服式样必不同于普通人,或已宽博拖沓,不大合乎日常生活需要。此外在军事性活动(包括围猎)和祭祀性活动中,主持人及参加者服饰也与常不同。这些,为服饰制度的发生发展奠定了基础。

(二) 商周服饰

由商代到西周,是中国奴隶社会的兴盛时期,也是区分等级的上衣下裳形制和冠服制度以及服章制度逐步确立的时期。

商代服饰。商代衣服材料主要是皮、革、丝、麻。由于纺织技术的进步,丝麻织物已占重要地位。商代人已能精细织造极薄的绸子。奴隶主和贵族,平时已穿色彩华美的丝绸衣服。衣料用色厚重,除使用丹砂等矿物颜料外,许多野生植物如槐花、栀子、栎斗和种植的蓝草、茜草、紫草等也已用作染料,为服饰材料和纹饰提供了空前的物质条件。奴隶、平民一般穿本色麻、葛布衣或粗毛布衣。

西周服饰。西周时,等级制度逐步确立,"非其人不得服其服"也就成为一种与之适应的冠服制度。周王朝并设"司服""内司服"官职,掌管王室服饰。根据文献记载和出土文物分析，中国冠服制度，初步建立于夏商时期，到周代已完善，春秋战国之交被纳入礼治。王室公卿为表示尊贵威严，在不同礼仪场合，顶冠既要冕弁有序，穿衣着裳也须采用不同形式、颜色和图案。

（三）春秋战国服饰

春秋战国时期周王室衰微，五霸七雄等诸侯国各自为政，一方面竞相发展生产，注重商品流通，一方面兼并弱小，掠夺土地和财富。特别是对大量技术工匠的掳掠占有和铁工具的推广应用，促进了各种手工业的发展。各方面竞争发展对纺织材料、服装剪裁工艺和装饰艺术进步发生重大影响，从而形成了百花齐放的服饰局面。

春秋战国时期织绣工艺的巨大进步，使服饰材料日益精细，品种名目日见繁多。河南襄邑的花锦和山东齐鲁的冰纨、绮、缟、文绣等风行全国，其价格比普通绢帛超出20多倍。南方吴越生产的细麻布，北方燕代生产的毛布、毡裘，西域羌胡族的细旃花罽（细密毛织物），楚国的大花纹刺绣、通幅大花纹织锦，无不精美绝伦。同时，周代往日"珠玉锦绣不鬻于市"的法规已被突破，更加促进了工艺的传播，使多样、精美的衣着服饰脱颖而出。

（四）秦汉服饰

秦统一中国后，进行了许多重大的改革。汉代政权巩固，经济发展，中国封建社会达到成熟期。出土文物显示，这一时期的衣料又较春秋战国时期丰富，也得到了新的发展。特别在汉代，随着舆服制度的建立，服饰的官阶等级区别也更加严格。

秦汉服装面料仍重锦绣。绣纹多有山云鸟兽或藤蔓植物花样，织锦有各种复杂的几何菱纹，以及织有文字的"登高明望四海""延年益寿"等通幅花纹。此外，绘花和印花织物、朱砂着色织物、超级细薄织物，在河北满城汉墓、长沙马王堆汉墓、广州南越王墓等处都有实物出土，不仅种类多、式样齐，纺织技术也达到很高水平。汉代法律规定，农民只许穿本色麻布衣，西汉后期允许服用青、绿色。但由于商业发展，许多禁令早为商人打破，帝王穿用的精美锦绣，商人却用来装饰墙壁。《汉书》提到，被买卖的奴婢也穿镶花边的丝履，满头金珠花钗，这与椎髻、穿短衣裤的农民形成鲜明对照。

西汉建元三年（公元前138年）、元狩四年（公元前119年），张骞奉命两次出使西域，开辟了中国与西方各国的陆路通道，成千上万匹丝绸源源外运，历魏晋隋唐,迄未中断,史称"丝绸之路"。于是,中华服饰文化传播世界。

(五) 魏晋南北朝服饰

魏晋服饰。汉末以后,频仍战乱使社会财力日显艰困,两汉冠服制度已难维持。以往的冠帽,这时已多用文人沿用的幅巾代替,有折角巾、菱角巾、紫纶巾、白纶巾等,不一而足。东汉末年张角起义即着黄巾而被史称"黄巾起义"。魏初,文帝曹丕制定九品官位制度,"以紫绯绿三色为九品之别"。这一制度此后历代相沿杂而用之,直到元明。部分文人轻蔑礼法,如南京西善桥出土砖刻所反映的竹林七贤饰着,宽衫大袖、散发袒胸,就是对礼教束缚的突破;"褒衣博带",成为魏晋世俗之尚。晋代的首服除幅巾为社会沿用之外,有官职的男子还戴小冠子,而冠上再加纱帽的称漆纱笼冠,本是两汉武士之制,传之又传,不仅用于男官员,并流传民间且男女通用。

南北朝服饰。南北朝时,北方少数民族入主中原,人民错居杂处,政治、经济、文化风习相互渗透,形成大融合局面,服饰也因此而发展。主要表现在:第一,传统的长衣和袍服已不大适应社会需要,而北方民族短衣打扮的袴褶渐成主流,不分贵贱、男女都可穿用。袴褶的上衣短身大袖或小袖;下衣喇叭裤,有的在膝弯处用长带系扎,名为缚袴。这种服装源出军中,服无定色,外面还可以穿裆衫(一种背心)。河南邓县学庄出土的砖刻上的人物着装,正是齐梁间有代表性的流行袴褶。第二,女子衣着"上俭下丰"。髻以假发相衬,西晋十字式大髻;东晋则做成两鬓抱面遮蔽眉额形状,缓鬓倾鬓以为盛饰;东晋末至齐梁间改为束发上耸成双环。衣着为襦裙套装,原始于汉代,晋代时具有了上衣短小、下裙宽大的特色。第三,足穿笏头履、高齿屐(一种漆画木屐),流行一时。

另一方面,少数民族服饰也受汉朝典章礼仪影响,穿起了汉族服装。其中最有代表性的是,鲜卑族北魏朝于太和十八年(公元494年)迁都洛阳后,孝文帝推行华化政策,改拓跋姓氏,率"群臣皆服汉魏衣冠"。原来鲜卑族穿着夹领小袖衣服,这次改革旧俗,史称"孝文改制",使秦汉以来冠服旧制得以延续,推动了中华服饰文化的发展。

(六) 隋唐服饰

隋唐时期,中国由分裂而统一,由战乱而稳定,经济文化繁荣,服饰的发展无论衣料还是衣式都呈现出一派空前灿烂的景象。

男子冠服。隋唐时期男子冠服特点主要是上层人物穿长袍,官员戴幞头,百姓着短衫。直到五代，变化不大。

随着国家的统一，隋唐朝廷都曾参照前朝旧制，改革舆服制度，规定天子、百官的官服用颜色来区分等级，用花纹表示官阶。隋代朝服尚赤，戎服尚黄，常服杂色。唐代以柘黄色为最高贵，红紫、蓝绿、黑褐等而下之，白色则没有地位。男子官服一般是头戴乌纱幞头；身穿圆领窄袖袍衫，衣长在膝下踝上，齐膝处设一道界线，称为横襕，略存深衣旧迹；腰系红鞓带，足登乌皮六合靴。从皇帝到官吏，样式几乎相同，差别只在于材料、颜色和皮带头的装饰。无官的地主阶级隐士、野老，则喜穿高领宽缘的直裰，表示承袭儒者宽袍大袖的深衣古制。普通百姓只能穿开衩到腰际的齐膝短衫和裤，不许用鲜明色彩。差役仆夫多带尖锥帽，穿麻练鞋，做事行路还须把衣角撩起扎在腰间。脚上只限穿编结的线鞋或草鞋。

女装。隋唐女装富有时装性，往往由争奇的宫廷妇女服装发展到民间，被纷纷仿效，又往往受西北民族影响而别具一格。

隋唐时期最时兴的女子衣着是襦裙，即短上衣加长裙，裙腰以绸带高系，几及腋下。这种始于汉代的套装，在魏晋时期裙腰日高，上衣日短，衣袖日窄；后来又走向另一极端，衣袖加阔到二三尺。隋统一后，上襦又时兴小袖，影响所及，贵族妇女内穿大袖衣，外面再披一件小袖衣，名披袄子。讲究的用金缕蹙绣，听任小袖下垂以为美，竟成一时风尚。唐代长期穿用小袖短襦和曳地长裙，但盛唐以后，贵族妇女衣着又转向阔大拖沓，衣袖竟大过4尺，长裙拖地4—5寸，不得不用法令加以限制。一般妇女穿青碧缬（印花或染花织物），着平头小花草履。

隋唐女子好打扮。从宫廷传开的"半臂"，有对襟、套头、翻领或无领式样，袖长齐肘，身长及腰，以小带子当胸结住。因领口宽大，穿时袒露上胸。半臂历久不衰，后来男子也有穿着的。当时还流行长巾子，系用银花或金银粉绘花的薄纱罗制作，一端固定在半臂的胸带上，再披搭肩上，旋绕于手臂间，名曰披帛。

唐初，妇女沿袭北齐、隋代旧习，骑马出行必用一种大纱帽隐蔽全身，叫作幂，后来发展成帷帽，帽形如斗笠，周围垂网帘至颈，或空出前部，靓妆露面。至今中国南方农村妇女仍有类似的遮阳帽。盛唐以后，帷帽废除，但都市妇女还有将部分纱罗贴在前额作为装饰的，名为透额罗。

（七）宋辽夏金元服饰

宋代服饰。宋代政权建立后，博士聂崇义于建隆二年（公元961年）上《三礼图》，奏请重新制订了服制。此后100多年间，又几度加以完善，且对民间多有禁例，"衣服递有等级，不敢略相陵躐"。然而由于宋代政治、经济等因素影响，

"衣服之章，上下混淆"，南宋时已不可遏制。社会上层衣服算是符合常规的，大致有官服、便服、遗老服等三式。

宋时服装大体有两类或两个特点：第一，对传统服装的继承和发展。以旋袄最有代表性，流行也最广泛。其款式与唐代齐膝短大衣式的胡服新装相近。其特色：一是直领，镶一道花边叫"领抹"，多用捻金线彩绣四季翻新花样，谓之"一年景"，绣作者皆出诸寺师姑之手，且设有专市占定东京大相国寺两廊交易；二是对襟，无纽常敞（故又称不对襟），任其露出腰腹围（尚鹅黄色，称腰上黄）；三是小袖，袖口及腕缩紧，不同于背子（背心）或半臂（半袖）。第二，对周邻少数民族服饰的吸收。以钓墩最有代表性。它是女子的袜裤，没有裤腰，两腿分离，与毡笠、弯头双色鞋及服装间色，都属当时契丹、女真风俗，士庶仿效，无法禁绝。朱熹曾为之感慨"今世之服，大抵皆胡服"，可见流行之广而盛。

宋代民间首服也有种种流行。男子流行幞头、幅巾，女子则流行花冠和盖头。妇女发式和花冠是当时对美追求的重点，最能表现宋代装束的变化。唐及五代的女子花冠已日趋精巧，宋代花冠再加发展变化，通常以花鸟状簪钗梳篦插于发髻之上，无奇不有。简单的，头发做成玉兰花苞式；复杂的，有飞鬟危巧的尖新式、如鸟张翼式，甚至重叠堆砌如一花塔。后一种大概是仿照当时特种牡丹花"重楼子"，用罗帛制作加于高髻之上，后来竟高过3尺，所用角梳也大过1尺2寸。高髻险装风气日盛，不得不用法律限制尺寸，但上行下效，禁令也无济于事，必待新花样出现成风，才能转移先前的爱好。至于后妃公主的凤冠，讲究用金翠珠玉做种种花样，有的用掐丝法表现一大群仙女随王母赴蟠桃宴故事，名"王母队"，等于把一台乐舞模型安放在头顶，后面还附有两个翘膀，下垂肩际，这种帽子叫等肩冠。还有盖头，是士大夫女眷出门必带之物，以巾蒙首，称幂首巾，南宋尤盛，因朱熹提倡，后人称"文公兜"；婚礼用销金盖头。

辽、西夏、金服饰。辽、西夏、金分别为中国古代契丹、党项、女真民族建立的政权，其服饰反映了在与汉民族进行长期文化交流中，各自传承民族传统的发展轨迹。

党项族妇女多着翻领胡服，领间刺绣精美。契丹、女真族一般穿窄袖圆领齐膝外衣，足下着长统靴，宜于马上作战射猎。妇女穿窄袖交领袍衫，长齐足背，都是左衽，正与汉人相反，所习惯穿用的钓墩传到内地曾广为流行。此外，黑龙江阿城金代贵族墓出土的男女服装中，还有一种前面连腰、后面敞开的分裆裤，裤口还附有可套于脚心的环带（其制式恰如现今的健美裤），前腰高及胸部、上有肩带，后附背带3对，可以结束在胸前，形制与江陵马山战国楚墓出土的绵袴非常相似，也许还与《汉书》提到的多带"穷袴"有关联。

当时北方民族男子发式一般髡发，即剃去顶发，余发散披或结辫下垂耳旁。有身份或交纳大量驼马财物的，才许可拢发裹巾，巾式类似唐代幞头。

元代服饰。元代于延祐元年（公元1314年）参酌古今蒙汉服制，对上下官民服色等做了统一规定。汉官服式仍多为唐式圆领衣和幞头。蒙古族官员则穿合领衣，戴四方瓦楞帽。中下层为便于马上驰骋，最时兴腰间多褶的辫线袄子（圆领紧袖袍，宽下摆、折褶、有辫线围腰）、戴笠子帽。

元代长衣通名为袍，其式样在北方男女区别并不大，但材料精粗贵贱，却差别悬殊。高级官服多采用鲜明红彩织金锦，且沿袭金制从花朵大小定品级高低，下级办事人只许用檀褐色罗绢。平民一般禁止用龙凤纹样和金、彩，只许用暗色纻丝。至元二十二年（公元1285年）还令"凡乐人、娼妓、卖酒的、当差的，不许穿好颜色衣"。由于禁令限制，反而促使劳动人民因地取材创造了种种不同的褐色，多达四五十种名目，后来还影响到帝王衣着破例采用褐色。

元代是由蒙古人统治，所以元代的服饰也比较特别。蒙古人多把额上的头发弄成一小绺，像个桃子，其他的就编成两条辫子，再绕成两个大环垂在耳朵后面，头上戴笠子帽。元代人的衣服主要是"质孙服"，是较短的长袍，比较紧、窄，在腰部有很多衣褶，这种衣服很方便上马下马。

元代的贵族妇女，常戴着一顶高高长长看起来很奇怪的帽子，这种帽子叫作"罟罟冠"。她们穿的袍子，宽大而且长，走起路来很不方便，常常要两个婢女在后面帮她们拉着袍角，一般的平民妇女，多是穿黑色的袍子。

（八）明清服饰

明代服饰。明代政权建立后，曾力图消除元代蒙古族服制对汉族的影响，"悉命复衣冠如唐制"，但当务之急是安定社会、发展生产，未能真正贯彻。至洪武二十六年（公元1393年）才确定了许多主要服饰。由于明代政府重视农业，推广植棉，棉布得到普及，普通百姓的衣着也得到了改善。

上层社会的官服是权力的象征，历来受到统治阶级的重视。自唐宋以来，龙袍和黄色就为王室所专用。百官公服自南北朝以来紫色为贵。明朝因皇帝姓朱，遂以朱为正色，又因《论语》有"恶紫之夺朱也"，紫色自官服中废除不用。样式近似唐代圆领服而尺寸宽大，盘领右衽，两侧各多出一块，称"襬"（摆）；衣料多用纻丝或纱、罗、绢，但颜色、花纹有别。最有特色的是用"补子"表示品级。补子是一块约40—50厘米见方的绸料，织绣上不同纹样，再缝缀到官服上，胸背各一。文官的补子用鸟，武官用走兽，各分九等。平常穿的圆领袍衫则凭衣服长短和袖子大小区分身份，长大者为尊。

明代官员的主要首服沿袭宋元幞头而稍有不同。皇帝戴乌纱折上巾，帽翅自后部向上竖起。官员朝服戴展翅漆纱幞头，帽翅长达 1 尺 2 寸；常服戴乌纱帽。入冬以后，皇帝还赐给百官毛皮暖耳，很像后世的耳套，平民不准使用；同时有披肩、围脖等御寒用品。受到诰封的官员妻、母，也有以纹、饰区别等级的红色大袖礼服和各式霞帔。此外，上层妇女中已着用高跟鞋，并有里高底、外高底之分。

明代普通百姓的服装或长、或短，或衫、或裙，基本上承袭了旧传统，且品种十分丰富。当时出现一种长身背心，状似士兵的罩甲，故名马甲，在青年妇女中尤为流行。服饰用色方面，平民妻女只能衣紫、绿、桃红等色，不得用大红、鸦青、黄等色，以免与官服正色相混；劳动大众只许用褐色。一般人的帽，除唐宋以来旧样依然流行外，朱元璋又亲自制订两种，颁行全国，士庶通用：一种是方桶状黑漆纱帽，称四方平定巾；一种是由六片合成的半球形小帽，称六合一统帽，取意四海升平、天下归一。后者留传下来，俗称瓜皮帽，系用黑色绒、缎等制成。

清代服饰。清王朝取代朱明，即以暴力手段推行剃发易服，按满族习俗统一男子服饰。顺治九年（公元 1652 年），钦定《服色肩舆条例》颁行，从此废除了浓厚汉民族色彩的冠冕衣裳。明代男子一律蓄发挽髻，着宽松衣，穿长统袜、浅面鞋；清时则剃发留辫，辫垂脑后，穿瘦削的马蹄袖箭衣、紧袜、深统靴。但官民服饰依律泾渭分明。

清代官服主要品种为长袍马褂。马褂为加于袍的外褂，因起源于骑马短衣而得名，特点是前后开衩、当胸钉石青补子一方（亲王、郡王用圆补）。补子的鸟兽纹样和等级顺序与明朝大同小异。清代官帽与前朝不同，凡军士、差役以上军政人员都戴似斗笠而小的纬帽，按冬夏季节有暖帽、凉帽之分，还视品级高低安上不同颜色、质料的"顶子"，帽后拖一束孔雀翎，又称花翎，高级的翎上有"眼"（羽毛上的圆斑），并有单眼、双眼、三眼之别，眼多者为贵，只有亲王或功勋卓著的大臣才被赏戴。皇帝有时还赏穿黄马褂，以示特别恩宠。影响所及，其他颜色的马褂遂在官员士绅中逐渐流行，成为一般的礼服。五品以上官员还项挂朝珠，用各种贵重珠宝、香木制成，构成清代官服的又一特点。

清代一般男子服饰有所谓京样高领长衫，腰身、袖管窄小，外套短褂、坎肩（背心），头戴瓜皮小帽，手持"京八寸"小烟管，腰带上挂满刺绣精美的荷包、扇袋、香囊等饰物，可算是时髦打扮，北京一带尤盛。很多地主、商人就如此装束。

清代女装，汉、满族发展情况不一。汉族妇女在康熙、雍正时期（公元1662—1735年）还保留明代款式，时兴小袖衣和长裙；乾隆以后，衣服渐肥渐短，袖口日宽或达1尺多，再加云肩，花样翻新无可底止；到晚清时，都市妇女已去裙着裤，衣上镶花边、滚牙子，多至十几道，有"七姐妹""十三太保""十八镶绲"诸名，一衣之贵大都花在这上面。满族妇女着"旗装"，梳旗髻（俗称两把头），穿"花盆底"旗鞋。至于后世流传的所谓旗袍，长期主要用于宫廷和王室。清代后期，旗袍也为汉族中的贵妇所仿用。

（九）近现代服饰

辛亥革命结束了2000多年的封建君主专制，中华民族的服饰进入了新时代。

在此之前，改良主义者康有为于清光绪二十年（公元1894年）、外交大臣伍廷芳于宣统初年（公元1909年），曾上书改革服制和服式。中国留学生也剪去辫子，改穿西装。1912年，民国政府首先颁行《剪辫通令》，随后参照西洋诸国服饰制度发布《服制条例》；20年代末，政府又颁《服制条例》，主要规定男女礼服和公务人员制服。随着中外交流的加强，五彩纷呈的服装终于冲垮了衣冠等级制度。传统的袍、衫、袄、裤、裙越来越多地接受西方服饰影响，并被许多新品种新款式取而代之。第一，男装：民国初年出现西装革履与长袍马褂并行不悖的局面。穿着中西装都戴礼帽，被认为是最庄重的服饰。20年代前后出现中山装，逐渐在城市普及。广大农村一直沿用传统的袄裤，头戴毡帽或斗笠，脚着自家缝纳的布鞋。第二，女装：辛亥革命带来了多样化，一身袄裤之外，又多穿用袄裙套装。20年代以来，妇女喜爱旗袍，旗袍逐渐成为时装而不衰。

中华人民共和国建立后，百废待举，党和政府及广大人民致力国家建设，服饰崇向简朴实用。20世纪50—70年代，中山装渐成男子主体服装，此外流行过军便装，人民装；女装受苏联影响，连衣裙风靡城市，此外还流行过列宁装等。但在农村，上衣下裤一直是大多数农民的传统装束。1978年后，中国实行改革开放政策，体现时代精神、具有中华民族特色的服饰如雨后春笋般发展起来。

第二节 中国美食天地

一、齿颊生香——中国食文化

中国菜肴在烹饪中有许多流派。其中最有影响和代表性的也为社会所公认的有鲁、川、粤、闽、苏、浙、湘、徽菜系，即人们常说的中国"八大菜系"。一个菜系的形成和它的悠久历史与独到的烹饪特色是分不开的，同时也受到这个地区的自然地理、气候条件、资源特产、饮食习惯等影响。有人把"八大菜系"用拟人化的手法描绘为：苏、浙菜好比清秀素丽的江南美女；鲁、徽菜犹如古拙朴实的北方健汉；粤、闽菜宛如风流典雅的公子；川、湘菜就像内涵丰富充实、才艺满身的名士。中国"八大菜系"的烹调技艺各具风韵，其菜肴之特色也各有千秋。

（一）鲁菜

宋代以后鲁菜就成为"北食"的代表。明清两代，鲁菜已成为宫廷御膳主体，对京、津及东北各地的影响较大，现今鲁菜是由济南和胶东两地的地方菜演化而成的。其特点是清香、鲜嫩、味纯，十分讲究清汤和奶汤的调制，清汤色清而鲜，奶汤色白而醇。济南菜擅长爆、烧、炸、炒，其著名品种有"糖醋黄河鲤鱼""九转大肠""汤爆双脆""烧海螺""烧蛎蝗""烤大虾""清汤燕窝"等。胶东菜以烹制各种海鲜而驰名，口味以鲜为主，偏重清淡，其著名品种有"干蒸加吉鱼""油爆海螺"等。新中国成立后，创新名菜的品种有"扒原壳鲍鱼""奶汤核桃肉""白汁瓤鱼""麻粉肘子"等。

"九转大肠"是山东济南的传统名菜。在清光绪年间，济南九华林酒楼店主，把猪大肠（直肠）经洗刷后，加香料用开水煮至硬酥，取出切段，加酱油、糖、香料等调味，首先制成了香肥可口的"红烧大肠"，赢得顾客的欢迎，逐渐闻名于世。后来在制作方法上又有所改进，即将洗净的大肠入开水锅中煮熟后，先入油锅中炸，然后再加调料和香料烹制，使"红烧大肠"的味道更为鲜美。

九转大肠

(二) 川菜

川菜起源于春秋战国时的蜀国，在秦末汉初就初现端倪。唐宋时发展迅速，明清已富有名气，现今川菜馆遍布世界。正宗川菜以四川成都、重庆两地的菜肴为代表。重视选料，讲究规格，分色配菜，主次分明，鲜艳协调。其特点是酸、甜、麻、辣香、油重、味浓，注重调味，离不开三椒（即辣椒、胡椒、花椒）和鲜姜，以辣、酸、麻脍炙人口，为其他地方菜所少有，形成川菜的独特风味，享有"一菜一味，百菜百味"的美誉。烹调方法擅长于烤、烧、干煸、蒸。川菜善于综合用味，收汁较浓，在咸、甜、麻、辣、酸五味基础上，加上各种调料，相互配合，形成各种复合味，如家常味、咸鲜味、鱼香味、荔枝味、怪味等 23 种。代表菜肴的品种有"大煮干丝""黄焖鳗""怪味鸡块""麻婆豆腐"等。

麻婆豆腐是我国八大菜系之一的川菜中的名品。主要原料是豆腐，其特色在于麻、辣、烫、香、酥、嫩、鲜、活八字，称之为八字箴言。它是清同治初年成都市北郊万福桥一家小饭店店主陈森富（一说名陈富春）之妻刘氏所创制。刘氏面部有麻点，人称陈麻婆。她创制的烧豆腐，则被称为"陈麻婆豆腐"，其饮食小店后来也以"陈麻婆豆腐店"为名。清末诗人冯家吉《锦城竹枝词》云："麻婆陈氏尚传名，豆腐烘来味最精，万福桥边帘影动，合沽春酒醉先生。"麻婆豆腐由于名声卓著，已流传全国，乃至日本、新加坡等国家。

麻婆豆腐

（三）粤菜

西汉时就有粤菜的记载，南宋时受御厨随往羊城的影响，明清发展迅速，20世纪随对外通商，吸取西餐的某些特长，粤菜也推向世界，仅美国纽约就有粤菜馆数千家。粤菜是以广州、潮州、东江三地的菜为代表而形成的。菜的原料较广，花色繁多，形态新颖，善于变化，讲究鲜、嫩、爽、滑，一般夏秋力求清淡，冬春偏重浓醇。调味有所谓五滋（香、松、臭、肥、浓）、六味（酸、甜、苦、咸、辣、鲜）之别。其烹调擅长煎、炸、烩、炖、煸等，菜肴色彩浓重，滑而不腻。著名的菜肴品种有"三蛇龙虎凤大会""龙王夜宴""五蛇羹""盐焗鸡""蚝油牛肉""烤乳猪""干煎大虾碌"和"冬瓜盅"等。

"龙王夜宴"是著名的广东菜，此菜虾肉嫩爽鲜香，可根据不同调料变化口味。龙虾入沸水煮5分钟，去肉留头尾。将虾肉、石斑肉、螺片、带子用味精、糖、料酒、胡椒粉略腌。用七成热油炒虾肉1分钟后加姜末、蒜茸，稍后取出。虾肉连同虾头尾依次摆放盘中，淋油并佐以芥末和酱油拌食。

龙王夜宴

（四）闽菜

闽菜起源于福建省闽候县。它是以福州、泉州、厦门等地的菜肴为代表发展起来的。它以色调美观，滋味清鲜而著称。烹调方法擅长于炒、溜、煎、煨，尤以"糟"最具特色。由于福建地处东南沿海，盛产多种海鲜，如海鳗、蛏子、鱿鱼、黄鱼、海参等，因此，多以海鲜为原料烹制各式菜肴，别具风味。著名菜肴品种有"佛跳墙""醉糟鸡""酸辣烂鱿鱼""烧片糟鸡""太极明虾""清蒸加力鱼""荔枝肉"等。

佛跳墙原名福寿全。光绪二十五年（公元1899年），福州官钱局一官员宴请福建布政使周莲，他为巴结周莲，令内眷亲自主厨，用绍兴酒坛装鸡、鸭、羊肉、猪肚、鸽蛋及海产品等10多种原、辅料，煨制而成，取名福寿全。周莲尝后，赞不绝口。

后来，衙厨郑春发学成烹制此菜方法后加以改进，到郑春发开设"聚春园"菜馆时，即以此菜轰动榕城。有一次，一批文人墨客来尝此菜，当福寿全上席启坛时，荤香四溢，其中一秀才心醉神迷，触发诗兴，当即漫声吟道："坛启荤香飘四邻，佛闻弃禅跳墙来"。从此即改名为"佛跳墙"。

佛跳墙

（五）苏菜

苏菜起始于南北朝时期，唐宋以后，与浙菜，成为"南食"两大台柱之一。苏菜是由苏州、扬州、南京、镇江四大菜为代表而构成的。其特点是浓中带淡，鲜香酥烂，原汁原汤浓而不腻，口味平和，咸中带甜。其烹调技艺擅长于炖、焖、烧、煨、炒。烹调时用料严谨，注重配色，讲究造型，四季有别。苏州菜口味偏甜，配色和谐；扬州菜清淡适口，主料突出，刀工精细，醇厚入味；南京、镇江菜口味和醇，玲珑细巧，尤以鸭制的菜肴负有盛名。著名的菜肴品种有"淮阳狮子头""清汤火方""鸭包鱼翅""松鼠桂鱼""西瓜鸡""盐水鸭"等。

松鼠桂鱼是苏州地区的传统名菜，在江南各地一直将其列为宴席上的上品佳肴。据说早在乾隆皇帝下江南时，苏州就有"松鼠鲤鱼"了，乾隆曾品尝过。后来便发展成了"松鼠桂鱼"。

《调鼎集》中有关于"松鼠鱼"的记载："取季鱼，肚皮去骨，拖蛋黄，炸黄，作松鼠式。油、酱油烧。"季鱼，应是季花鱼，即桂鱼。这条记载间接证明了苏州乾隆年间有"松鼠鲤鱼"的传说是可能的。因为《调鼎集》中的不少菜肴均是清乾、嘉时的，其次可以说明今天的"松鼠桂鱼"正是在"松鼠鱼"的基础上发展起来的。不同的是，古代的"松鼠鱼"是挂的蛋黄糊，而今天的"松鼠鱼"是拍干淀粉；古代的"松鼠鱼"是在炸后加"油、酱油"烧成的，今天则在炸好后直接将制好的卤汁浇上去的。此外，今天的"松鼠鱼"在造型上更为逼真，其味酸甜可口，这些都是古代的"松鼠鱼"所难以比拟的。

松鼠桂鱼

（六）浙菜

浙菜以杭州、宁波、绍兴、温州等地的菜肴为代表发展而成。其特点是清、香、脆、嫩、爽、鲜。浙江盛产鱼虾，又是著名的风景旅游胜地，湖山清秀，山光水色，淡雅宜人，故其菜如景，不少名菜，来自民间，制作精细，变化较多。烹调技法擅长炒、炸、烩、溜、蒸、烧。久负盛名的菜肴有"西湖醋鱼""生爆鳝片""东坡肉""龙井虾仁""干炸响铃""叫化童鸡""清汤鱼圆""干菜焖肉""大汤黄鱼""爆墨鱼卷""锦绣鱼丝"等。

东坡肉

东坡肉属于浙菜系，成品薄皮嫩肉，色泽红亮，味醇汁浓，酥烂而形不碎，香糯而不腻口。东坡肉选料很讲究，要选择皮猪肉为主要原料，猪肉要选择肥瘦相间的，先焯水定型后再切方块烹制，特点是使用绍兴黄酒为主要炖煮材料，小火长时间慢炖，味道才地道。

这道菜据说是苏东坡发明的，苏东坡的《炖肉歌》道："黄州好猪肉，价贱如粪土。富者不肯吃，贫者不解煮。慢着火、少着水，柴火罨焰烟不起，待它自熟莫催它，火候足时它自美。"

（七）湘菜

湘菜以湘江流域、洞庭湖区和湘西山区的菜肴为代表发展而成。其特点是用料广泛，油重色浓，多以辣椒、熏腊为原料，口味注重香鲜、酸辣、软嫩。烹调方法擅长腊、熏、煨、蒸、炖、炸、炒。其著名菜肴品种有"腊味合蒸""东安子鸡""麻辣子鸡""红煨鱼翅""汤泡肚""冰糖湘莲""金钱鱼"等。

"麻辣子鸡"是湖南长沙百年老店"玉楼东"的看家名菜，它始创于清朝的同治年间，是湘菜中的一道代表菜。我国的湖南省，受地理位置和潮湿气候的影响，人们大都喜爱吃辣椒和生姜，因此辣菜在湘菜中占据的比重很大。"麻辣子鸡"是湖南菜中的典型代表，此菜的麻、辣、香，最能体现湖南地区人们的口味，自这道菜问世以来，深受湖南人的喜爱。

麻辣子鸡

（八）徽菜

徽菜以沿江、沿淮、徽洲三地区的地方菜为代表构成。其特点是选料朴实，讲究火功，重油重色，味道醇厚，保持原汁原味。徽菜以烹制山野海味而闻名，早在南宋时，"沙地马蹄鳖，雪中牛尾狐"，就是那时的著名菜肴了。其烹调方法擅长烧、焖、炖。著名的菜肴品种有"符离集烧鸡""火腿炖甲鱼""腌鲜桂鱼""火腿炖鞭笋""雪冬烧山鸡""奶汁肥王鱼""毛峰熏鲥鱼"等。

二、茶香馥郁——中国茶文化

（一）茶的种类

中国是世界上茶类最齐全、品种最丰富的国家。从古至今，经历了咀嚼鲜叶、生煮羹饮、晒干收藏、蒸青做饼、炒青散茶的演化、发展过程，逐渐形成了现代的绿茶、红茶、黑茶、乌龙茶、黄茶、白茶及再加工茶类。

1. 绿茶

绿茶是不经过发酵的茶，即将鲜叶经过摊晾后直接下到一二百度高温的热锅里炒制，以保持其绿色的特点。属于绿茶的茶叶主要有西湖龙井茶、日照绿茶、雪青茶、碧螺春茶、黄山毛峰茶、庐山云雾茶、六安瓜片茶、蒙顶茶、太平猴魁茶、顾渚紫笋茶、信阳毛尖茶、竹叶青茶、平水珠茶、西山茶、雁荡毛峰茶、华顶云雾茶、涌溪火青茶、敬亭绿雪茶、峨眉峨蕊茶、都匀毛尖茶、恩施玉露茶、婺源茗眉茶、雨花茶、莫干黄芽茶、五山盖米茶、普陀佛茶、西农毛尖茶等。

2. 红茶

红茶与绿茶恰恰相反，是一种全发酵茶（发酵程度大于80%）。红茶的名字得自其汤色为红色。属于红茶的茶叶主要有祁门红茶、滇红茶、英德红茶、正山小种红茶等。

3. 黑茶

黑茶原来主要销往边区，像云南的普洱茶就是其中一种。普洱茶又分两种：一种是传统普洱茶，也就是生茶，是以云南特有的大叶种晒青毛茶，经蒸压自然干燥一定时间贮放形成的特色茶；另一种也就是现代普洱茶，也就是熟茶，是经过潮水微生物固态发酵形成的。普洱茶具有降脂、减肥和降血压的功效，在东南亚和日本很普及。不过真要说减肥，效果最显著的还是乌龙茶。

4. 乌龙茶

乌龙茶就是青茶，是一类介于红绿茶之间的半发酵茶。乌龙茶在六大类茶中工艺最复杂费时，泡法也最讲究，所以喝乌龙茶也被人称为喝工夫茶。属于乌龙茶的茶叶主要有武夷岩茶、安溪铁观音茶、凤凰单丛茶、冻顶乌龙茶等。

5. 黄茶

著名的君山银针茶就属于黄茶，黄茶的制法有点像绿茶，不过中间需要闷黄工序。属于黄茶的茶叶主要有君山银针茶、沩山毛尖茶、霍山黄芽茶、霍山黄大茶等。

6. 白茶

白茶则主要是通过萎凋、干燥制成的。白茶外形、香气和滋味都是非常好的。

属于白茶的茶叶主要有白毫银针茶、白牡丹茶等。

7. 再加工茶

以各种毛茶或精制茶再加工而成的茶称为再加工茶，包括花茶、紧压茶、液体茶、速溶茶及药用茶等。

（二）茶艺与茶道

茶艺与茶道精神，是中国茶文化的核心。我们这里所说的"艺"，是指制茶、烹茶、品茶等艺茶之术；我们这里所说的"道"，是指艺茶过程中所贯彻的精神。有道而无艺，那是空洞的理论；有艺而无道，节则无精、无神。茶艺，有名，有形，是茶文化的外在表现形式；茶道，就是精神、道理、规律、本源与本质，它经常是看不见、摸不着的，但你却完全可以通过心灵去体会。茶艺与茶道结合，艺中有道，道中有艺，是物质与精神高度统一的结果。蔡荣章先生认为："如要强调有形的动作部分，则使用'茶艺'，强调茶引发的思想与美感境界，则使用'茶道'""指导'茶艺'的理念，就是'茶道'"。

茶艺、茶道的内涵、外延均不相同，应严格区别二者，不要混同。

妙玉论茶

那妙玉便把宝钗和黛玉的衣襟一拉，二人随她出去，宝玉悄悄的随后跟了来。只见妙玉让她二人在耳房内，宝钗坐在榻上，黛玉便坐在妙玉的蒲团上。妙玉自向风炉上扇滚了水，另泡了一壶茶来。宝玉便走了进来笑道："偏你们吃体己茶。"二人都笑道："你又赶了来饕餮茶吃。这里并没你的。"妙玉刚要去取杯，只见道婆收了上面的茶盏来。妙玉忙命："将那成窑的茶杯别收了，搁在外头去罢。"宝玉会意，知为刘姥姥吃了，她嫌脏不要了。又见妙玉另拿出两只杯来。一个旁边有一耳，杯上镌着"瓟斝"三个隶字，后有一行小真字是"晋王恺珍玩"，又有"宋元丰五年四月眉山苏轼见于秘府"一行小字。妙玉便斟了一斝递与宝钗。那一只形似钵而小，也有三个垂珠篆字，镌着"杏犀䀉"。妙玉斟了一与黛玉。仍将前番自己常日吃茶的那只绿玉斗来斟与宝玉。宝玉笑道："常言'世法平等'，他两个就用那样古玩奇珍，我就是个俗器了。"妙玉道："这是俗器？不是我说狂话，只怕你家里未必找的出这么一个俗器来呢。"宝玉笑道："俗说'随乡入乡'，到了你这里，自然把那金玉珠宝一概贬为俗器了。"妙玉听如此说，十分欢喜，遂又寻出一只九曲十环一百二十节蟠虬整雕竹根的一个大出来，笑道："就剩了这一个，你可吃的了这一海？"宝玉喜的忙道："吃得了。"妙玉笑道："你虽吃得了，也没这些茶你糟踏。岂不闻'一杯为品，二杯即是解渴的蠢物，三杯便是饮牛饮驴了'。你吃这一海便成什么？"说的宝钗、黛玉、宝玉都笑了。妙玉执壶，只向海内斟了约有一杯。宝玉细细吃了，果觉轻淳无比，赏赞不绝。妙玉正色道："你这遭吃的茶是托她两个福，独你来了我是不给你吃的。"宝玉笑道："我深知道的，我也不领你的情，只谢他二人便是了。"妙玉听了方说："这话明白。"黛玉因问："这也是旧年的雨水？"妙玉冷笑道："你这么个人，竟是大俗人，连水也尝不出来。这是五年前我在玄墓蟠香寺住着，收的梅花上的雪，共得了那一鬼脸青的花瓮一瓮，总舍不得吃，埋在地下，今年夏天才开了。我只吃过一回，这是第二回了。你怎么尝不出来？隔年蠲的雨水那有这样轻淳，如何吃得。"黛玉知她天性怪僻，不好多话，亦不好多坐，吃完茶便约着宝钗走了出来。

（摘自曹雪芹著：《红楼梦》第四十一回："贾宝玉品茶栊翠庵，刘姥姥醉卧怡红院"，人民文学出版社 2005 年版）

（三）茶与诗词

"诗因茶而诗兴更浓，茶因诗而茶名愈远。"茶文化的出现，把人类的精神和智慧带到了更高的境界。茶与文化关系至深，涉及面很广，内容也很丰富。这里既有精神文明的体现，又有意识形态的延伸，无疑它有益于提高人们的文化修养和艺术欣赏水平。

所谓茶叶诗词，大体上可分为狭义和广义两种。狭义的茶叶诗词指"咏茶"诗词，即诗词的主题是茶，这种茶叶诗词数量略少；广义的茶叶诗词不仅包括咏茶诗词，而且也包括"有茶"诗词，即诗词的主题不是茶，但是诗词中提到了茶，这种茶叶诗词数量就很多。现在一般讲的，都是指广义的茶叶诗词。我国的广义茶叶诗词，据估计，唐代约有 500 首，宋代多达 1000 首，再加上金、元、明、清以及近代，总数当在 2000 首以上，真可谓美不胜收、琳琅满目了。

在我国早期的诗、赋中，赞美茶的首推晋代诗人杜育的《荈赋》。诗人以饱满的热情歌颂了祖国山区孕育的奇产——茶叶。诗中云，茶树受着丰壤甘霖的滋润，满山遍谷，生长茂盛，农民成群结队辛勤采制。

荈赋

灵山惟岳，奇产所钟。瞻彼卷阿，实曰夕阳。厥生荈草，弥谷被岗。承丰壤之滋润，受甘霖之宵降。月惟初秋，农功少休；结偶同旅，是采是求。水则岷方之注，挹彼清流；器择陶简，出自东瓯；酌之以匏，取式公刘。惟兹初成，沫成华浮，焕如积雪，晔若春敷。若乃淳染真辰，色绩春霜，白黄若虚。调神和内，倦解慵除。

茶有益神思，佐人以宁静，涤烦生清，茶饮形式的文雅儒秀，内涵的博大精深，使茶成为唐诗宋词中被文人吟唱不已的主题之一。

诗人卢仝《走笔谢孟谏议寄新茶》（又名《七碗茶诗》）被誉为影响最大的茶诗。诗人把饮茶感受的全过程从"喉吻润"到"两腋习习清风生"生动形象地展现出来，传诵至今，成为茶诗中脍炙人口的千古绝唱。

第一部分写孟谏议派人送茶。如下：

日高丈五睡正浓，军将打门惊周公。
口云谏议送书信，白绢斜封三道印。
开缄宛见谏议面，手阅月团三百片。
闻到新年入山里，蛰虫惊动春风起。
天子须尝阳羡茶，百草不敢先开花。
仁风暗结珠蓓蕾，先春抽出黄金芽。
摘鲜焙芳旋封裹，至精至好且不奢。
至尊之余合王公，何事便到山人家？

第二部分是诗的主体，写煎茶过程和饮茶感受。煮出的茶，白花浮光，何等赏心悦目；接着写喝下七碗茶的不同体会，产生不同境界；喝至第三碗便浮想联翩，才思文涌，七碗吃下去，真要飘飘欲仙了。如下：

柴门反关无俗客，纱帽笼头自煎吃。
碧云引风吹不断，白花浮光凝碗面。
一碗喉吻润，二碗破孤闷。
三碗搜枯肠，唯有文字五千卷。
四碗发轻汗，平生不平事，尽向毛孔散。
五碗肌骨清，六碗通仙灵。
七碗吃不得也，唯觉两腋习习清风生。
蓬莱山，在何处？
玉川子，乘此清风欲归去。

第三部分写笔者扎根民间，心系黎民，笔触一转，想到茶农。如下：

山中群仙司下土，地位清高隔风雨。
安得知百万亿苍生命，堕在颠崖受辛苦。
便为谏议问苍生，到头还得苏息否？

这是一首古典茶诗的旷世之作，诗人以其对茶的深刻理解和作诗的神来之笔，为后世叙述茶对人们是如此的重要。诗中告述我们，诗人紧闭柴门独自煎茶，谢绝俗客打扰，茶汤升腾起氤氲之气似碧云般凝结于茶碗表面，微风吹也吹不散。

唐代诗人元稹，官居同中书门下平章事，与白居易交好，常常以诗唱和，所以人称"元白"。元稹有一首宝塔诗，题名《一字至七字诗·茶》，不但在咏茶诗中颇为少见，就是在其他诗中也是不可多得的。如下：

茶
香叶，嫩芽，
慕诗客，爱僧家。
碾雕白玉，罗织红纱。
铫煎黄蕊色，碗转曲尘花。
夜后邀陪明月，晨前命对朝霞。
洗尽古今人不倦，将至醉后岂堪夸。

诗人们以茶明志，以茶助文，以茶会友，以茶联谊。茶色、茶香、茶性、茶品、茶情、茶景、茶事，几乎没有不入诗的。诗人笔下，有借茶的高洁以喻志的；有咏茶涤烦疗渴、提神助兴、激发文思之奇效的；有抒发饮茶后心境的；有描述品味煎茶过程中感官满足和精神愉悦的。这些诗词从不同侧面展示了茶文化的多姿多彩。

三、琼浆玉液——中国酒文化

酒，作为客观物质的存在，是一个变化多端的精灵。它炽热似火，冷酷像冰；它缠绵如梦萦，狠毒似恶魔；它柔软如锦缎，锋利似钢刀；它无所不在，力大无穷；它可敬可泣，该杀该戮；它能叫人超脱旷达，才华横溢，放荡无常；它能叫人忘却人世的痛苦忧愁和烦恼到绝对自由的时空中尽情翱翔；它也能叫人肆行无忌，勇敢地沉沦到深渊；它也可以让人丢掉面具，原形毕露，口吐真言。

然而，在人类文化的历史长河中，它已不仅是一种客观物质存在，更是一种文化象征，即酒精神的象征。中国是酒的王国，品种之多，产量之丰，堪称世界之最。在中国，饮酒之风历经数千年而不衰。中国是酒文化的盛地，饮酒的意义远不止生理性消费与口腹之乐。在许多场合，酒作为一个文化符号，用来表示一种礼仪，一种气氛，一种情趣，一种心境。

（一）酒的历史

我国是酒的故乡，也是酒文化的发源地，是世界上酿酒最早的国家之一。酒的酿造，在我国已有相当悠久的历史。在中国数千年的文明发展史中，酒与文化的发展基本上是同步进行的。

大体上，古酒分两种：一为果实谷类酿成的有色酒，二为蒸馏酒。有色酒起源于古代，据《神农本草》所载，酒起源于远古与神农时代。《世本八种》（增订本）陈其荣谓："仪狄始作，酒醪，变五味，少康（一作杜康）作秫酒。"仪狄、少康皆夏朝人，即夏代始有酒。陆柞蕃著《粤西偶记》，关于果实花木之酒有如下记载：（广西）平乐等府深山中，猿猴极多，善采百花酿酒。樵子入山，得其巢穴者，其酒多至数石，饮之香美异常，名猿酒。

数千年来，中国的酿酒事业在历史的变迁中，分支分流以至于酿造出了许多更具有地方特色、更能反映当地风土人情的各类名酒。不同地域和不同民族的酒礼酒俗，无不构造出一个博大精深的名酒古国。

晋人江统在《酒诰》里载有："酒之所兴，肇自上皇，有饭不尽，委余空桑，郁积成味，久蓄气芳。本出于此，不由奇方。"说明煮熟了的谷物，丢在野外，在一定自然条件下，可自行发酵成酒。人们受这种自然发酵成酒的启示，逐渐发明了人工酿酒。我国最晚在夏代已能人工造酒。如《战国策》："帝女令仪狄造酒，进之于禹。"据考古发掘，在龙山文化遗址中已有许多陶制酒器，在甲骨文中也有记载。藁城县台西村商代墓葬出土之酵母，在地下3000年后，出土时还有发酵作用。汉代班固在《白虎通·考点》中亦有芳香的药酒意思的解释。在河南省罗山县蟒张镇天湖村商代墓地发现了我国现存最早的古酒，它装在一件青铜所制的容器内，密封良好，至今还能测出成分，证明每100毫升酒内含有8239毫克甲酸乙醋，并有果香气味，说明这是一种浓郁型香酒，与甲骨文所记载的相吻合。周代酿酒已发展成独立的且具相当规模的手工业作坊，并设置有专门管理酿酒的"酒正""酒人""郁人""浆人""大酋"等官职。酒，是人类各民族、民众在长期的历史发展过程中，创造的一大饮料。世界上最古老的实物酒是伊朗撒玛利出土的葡萄酒，距今有3000多年，仍芳醇弥人；中国最古老的实物酒是西安出土的汉代御酒，据专家考证系粮食酒，至今仍香醇可饮。中国甲骨文中早就出现了酒字和与酒有关的醴、尊、酉等字。从中可以佐证酒的存在之久。至于文史中的记载更是不胜举，如中国第一部诗歌总集《诗经》中有"即醉以酒，即饱以德"；《周易》《周礼》《礼记》《左传》等典籍中，"酒者可以养老也""酒以成礼"等。

（二）酒的礼仪

1. 斟酒的礼仪

通常，酒水应当在饮用前斟入酒杯。有时，主人为了表示对来宾的敬重、友好，还会亲自为其斟酒。

在侍者斟酒时，勿忘道谢，但不必拿起酒杯。可是在主人亲自来斟酒时，则必须端起酒杯致谢，必要时，还须起身站立，或欠身点头为礼。有时，亦可向其回敬以"叩指礼"。即以右手拇指、食指、中指捏在一起，指尖向下，轻叩几下桌面。这种方法适用于中餐宴会上，它表示的是在向对方致敬。

主人为来宾所斟的酒，应是宴会上最好的酒，并应当场启封。斟酒时要注意三点：其一，要面面俱到，一视同仁，切勿有挑有拣，只为个别人斟酒。其二，要注意顺序。可以依顺时针方向，从自己所坐之处开始，也可以先为尊长、佳宾斟酒。其三，斟酒需要适量。白酒与啤酒均可以斟满，而红酒则无此讲究，要是斟得过满乱流，显然未必合适，而且也是浪费。

除主人与侍者外，其他宾客一般不宜自行为他人斟酒。

2. 敬酒的礼仪

敬酒，亦称祝酒。它具体所指的是，在正式宴会上，由主人向来宾提议，为了某种事由而饮酒。在敬酒时，通常要讲一些祝愿、祝福之言。在正式的宴会上，主人与主宾还会郑重其事地发表一篇专门的祝酒辞。因此，敬酒往往是酒宴必不可少的一个程序。

敬酒，可以随时在饮酒的过程中进行。频频举杯祝酒，会使现场氛围热烈而欢快。不过，要是致正式的祝酒词的话，则应在特定的时间进行，并以不影响来宾用餐为首要考虑。

通常，致祝酒辞最适合在宾主入席后、用餐前开始。有时，也可以在吃过主菜之后、甜品上桌之前进行。

不管是致正式的祝酒辞，还是在普通酒宴上讲话，均应内容越短越好，千万不要连篇累牍，长篇大论，喋喋不休，让他人等候良久。

在他人敬酒或致辞时，其他在场者应一律停止用餐或饮酒，应坐在自己座位上，面向对方认真地倾听。

3. 喝酒的礼仪

姿势要正确。端起酒杯，先欣赏酒的颜色，闻一闻酒香，然后轻抿一口，慢慢品味。有教养的人喝酒时不会让他人听到自己的吞咽声，更不会为了显示自己的酒量，举起酒杯便一饮而尽。

酒量要适宜。鉴于酒后容易失言或失礼，在宴请饮酒中，主客双方都应严格控制喝酒的数量。切忌见到美酒佳肴或陶醉于宴请的热烈气氛中而忘乎所以，开怀畅饮。在正式宴请中，饮酒量应控制在平时酒量的一半以下。

拒喝酒要得体。在宴请过程中不会喝酒或不打算喝酒的人，不应一概拒绝，至少应喝一点果汁或饮料，否则会影响他人的兴致和宴会的气氛。拒绝喝酒的方式多样，可以主动要一些饮料，并说明自己不喝酒的原因，也可以让斟酒者在自己面前的杯子里少斟一点酒，不要为了拒绝而东躲西藏，更不要把酒杯扣在餐桌上，或把已倒入杯中的酒偷偷倒在地上。按照礼节，杯子里的酒是可以不喝的，而空着杯子是不合适的。

劝酒要适度。对于确实不会喝酒的人不宜劝酒，对于虔诚的穆斯林绝对不能劝酒，因为饮酒有违穆斯林教规。对于会饮酒者，也应适可而止。劝酒劝得死去活来，不把人灌醉不罢休是不礼貌的，更不要在客人的软饮料里斟烈性酒，勉强他人喝酒令人不快，有违宴请初衷。

（三）酒的文学

酒能使人精神亢奋，思维活跃，幻想丰富。在酒精的刺激下引发人的想象，使一个现实生活中严谨刻板的人冲破理性的藩篱而进入感性的王国，展开想象的翅膀，进入文学的境界。同时，酒又能让人袒露真实的情怀，这正是文学家们必备的先决条件。在中国连绵几千年的文学创作中，文学家们不乏以精妙语言论述酒与文学的关系。

1. 酒与诗歌

中国是一个以诗传世的古国，又是一个盛产名酒的古国。诗，是人类精神劳动产生的高雅的文学奇葩；酒，是人类物质生产的精华琼浆。在中国，从远古以来，诗与酒就交织在一起，结下了不解之缘，从而形成了独具中国特色的"中国诗酒文化"。

古往今来，在中国诗酒文化形成的过程中，涌现出许多传诵至今的佳话。魏晋时代，曹操的"对酒当歌，人生几何""何以解忧，唯有杜康"，成为广为传诵的名句。东晋诗人陶渊明的诗有一半谈到酒，如"试酌百情远，垂觞忽忘天"。

唐代，诗歌大盛，诗人们嗜酒成风。代表人物首推诗仙李白，其中"李白斗酒诗百篇"，更是成为诗酒交融的名句。"酒渴思吞海，诗狂欲上天"的杜甫在为众诗人画像的《饮中八仙歌》中生动地描绘李白："李白斗酒诗百篇，长安市上酒家眠，天子呼来不上船，自称臣是酒中仙。"这位诗仙在《将进酒》中吟道"人生得意须尽欢，莫使金樽空对月"；在《把酒问月》中唱到"唯愿当歌对酒时，月光长照金樽里"。与李白同时代的爱酒诗人，还有贺知章、孟浩然、王昌龄、白居易、刘禹锡、元稹、李商隐、皮日休等等。从唐代诗人嗜酒、诗歌繁荣，可以看出诗酒交融的盛况。

2. 酒与词作

在人世间的诸多情感中，最炽烈、最真诚、最持久的当属爱情。情深意挚的引用在词史上也是俯拾即是。宋代著名女词人李清照为思念小别的丈夫而作的《醉花阴》，借黄昏时东篱把酒、赏菊吟诗的生活片段，生动塑造了一位不堪忍受离别之苦的少妇形象：

醉花阴

薄雾浓云愁永昼，瑞脑消金兽。佳节又重阳，玉枕纱厨，半夜凉初透。
东篱把酒黄昏后，有暗香盈袖。莫道不消魂，帘卷西风，人比黄花瘦。

北宋词人柳永在《雨霖铃》中借酒将离别之情写得淋漓尽致：

雨霖铃

寒蝉凄切，对长亭晚，骤雨初歇。都门帐饮无绪，留恋处兰舟催发。执手相看泪眼，竟无语凝噎。念去去千里烟波，暮霭沉沉楚天阔。

多情自古伤离别，更那堪冷落清秋节。今宵酒醒何处？杨柳岸晓风残月。此去经年，应是良辰好景虚设。便纵有千种风情，更与何人说？

3. 酒与散文

文学家贾平凹先生将喝酒的趣味与人生的思想与闲适自得融入一体，在笔尖挥洒着写意的人生，在文章里描绘着自己的诗情画意。

喝酒

我在城里工作后，父亲便没有来过，他从学校退休在家，一直照管着我的小女儿。从来我的作品没有给他寄过，姨前年来，问我是不是写过一个中篇，说父亲听别人说过，曾去县上几个书店、邮局跑了半天去买，但没有买到。我听了很伤感，以后写了东西，就寄他一份，他每每又寄还给我，上边用笔批了密密麻麻的字。给我的信上说，他很想来一趟，因为小女儿已经满地跑了，害怕离我们太久，将来会生疏的。但是，一年过去了，他却未来，只是每一月寄一张小女儿的照片，叮咛好好写作，说："你正是干事的时候，就努力干吧，农民扬场趁风也要多扬几锨呢！但听说你喝酒厉害，这毛病要不得，我知道这全是我没给你树个好样子，我现在也不喝酒了。"接到信，我十分羞愧，便发誓再也不去喝酒，回信让他和小女儿一定来城里住，好好孝顺他老人家一些日子。

但是，没过多久，我惹出一些事来，我的作品在报刊上引起了争论。争论本是正常的事，复杂的社会上却有了不正常的看法，随即发展到作品之外的一些闹哄哄的什么风声雨声都有。我很苦恼，也更胆怯，像乡下人担了鸡蛋进城，人窝里前防后挡，唯恐被撞翻了担子。茫然中，便觉得不该让父亲来，但是，还未等我再回信，在一个雨天他却抱着孩子搭车来了。

老人显得很瘦，那双曾患过白内障的眼睛，越发比先前滞呆。一见面，我有点惶恐，他看了看我，就放下小女儿，指着我让叫爸爸。小女儿斜头看我，怯怯地刚走到我面前，突然转身又扑到父亲的怀里，父亲就笑了，说："你瞧瞧，她真生疏了，我能不来吗？"

父亲住下了，我们睡在西边房子，他睡在东边房子。小女儿慢慢和我们亲热起来，但夜里却还是要父亲搂着去睡。我叮咛爱人，把什么也不要告诉父亲，一下班回来，就笑着和他说话，他也很高兴，总是说着小女儿的可爱，逗着小女儿做好多本事给我们看。一到晚上，家里来人很多，都来谈社会上的风言风语，谈报刊上连续发表批评我的文章，我就关了西边门，让他们小声点，父亲一进来，我们就住了口。可我心里毕竟是乱的，虽然总笑着脸和父亲说话，小女儿有些吵闹了，就忍不住斥责，又常常动手去打屁股。这时候，父亲就过来抱了孩子，说孩子太嫩，怎么能打，越打越会生分，哄着到东边房子去了。我独自坐一会儿，觉得自己不对，又不想给父亲解释，便过去看他们。一推门，父亲在那里悄悄流泪，赶忙装着眼花了，揉了揉，和我说话，我心里愈发难受了。

从此，我下班回来，父亲就让我和小女儿多玩一玩，说再过一些日子，他和孩子就该回去了。但是，夜里来的人很多，人一来，他就又抱了孩子到东边房子去了。这个星期天,一早起来,父亲就写了一个条子贴在门上:"今日人不在家",要一家人到郊外的田野里去逛逛。到了田野,他拉着小女儿跑,让叫我们爸爸、妈妈。后来,他说去给孩子买些糖果,就到远远的商店去了。好长的时候,他回来了,腰里鼓囊囊的,先掏出一包糖来,给了小女儿一把,剩下的交给我爱人,让她们到一边去玩。又让我坐下,在怀里掏着,是一瓶酒,还有一包酱羊肉。我很纳闷:父亲早已不喝酒了,又反对我喝酒,现在却怎么买了酒来?他使劲用牙启开了瓶盖,说:"平儿,我们喝些酒吧,我有话要给你说呢。你一直在瞒着我,但我什么都知道了。我原本是不这么快来的,可我听人说你犯了错误了,不知道到底是什么情况,怕你没有经过事,才来看看你。报纸上的文章,我前天在街上的报栏里看到了,我觉得那没有多大的事。你太顺利了,不来几次挫折,你不会有大出息呢!当然,没事咱不寻事,出了事但不要怕事,别人怎么说,你心里要有个主见。人生是三节四节过的,哪能一直走平路?搞你们这行事,你才踏上步,你要安心当一生的事儿干了,就不要被一时的得所迷惑,也不要被一时得失所迷惘。这就是我给你说的,今日喝喝酒,把那些烦闷都解了去吧。来,你喝喝,我也要喝的。"

他先喝了一口,立即脸色通红,皮肉抽搐着,终于咽下了,嘴便张开往外哈着气。那不能喝酒却硬要喝的表情,使我手颤着接不住他递过来的酒瓶,眼泪唰唰地流下来了。

喝了半瓶酒,然后一家人在田野里尽情地玩着,一直到天黑才回去。父亲又住了几天,他带着小女儿便回乡下去了。但那半瓶酒,我再没有喝,放在书桌上,常常看着它,从此再没有了什么烦闷,也没有从此沉沦下去。

(摘自《贾平凹散文》,人民文学出版社 2005 年版)

第三节 中国古代建筑

一、中国古代建筑简介

从陕西半坡遗址发掘的方形及圆形浅穴式房屋发展看,已有六七千年的历史。修建在崇山峻岭之上、蜿蜒万里的长城,是人类建筑史上的奇迹;建于隋代的河北赵县的安济桥(即赵州桥),在科学技术同艺术的完美结合上,早已走在世界桥梁科技的前列;现存的高达67.1米的山西应县佛宫寺木塔,是世界现存最高的木结构建筑;北京明清两代的故宫,则是世界上现存规模最大、建筑精美、保存完整的大规模建筑群。至于我国的古典园林,其独特的艺术风格,使它成为中国文化遗产中的一颗明珠。这一系列现存的技术高超、艺术精湛、风格独特的建筑，在世界建筑史上自成系统，独树一帜，是我国古代灿烂文化的重要组成部分。它们像一部部石刻的史书，让我们重温着祖国的历史文化，激发起我们的爱国热情和民族自信心，同时它也是一种可供人观赏的艺术，给人以美的享受。

中国古代建筑主要分为框架式结构和庭院式组群布局两种。河北赵县安济桥就是框架式结构的一个代表。这也是中国古代建筑在建筑结构上最重要的一个特征。因为中国古代建筑主要是木构架结构，即采用木柱、木梁构成房屋的框架，屋顶与房檐的重量通过梁架传递到立柱上，墙壁只起隔断的作用，而不是承担房屋重量的结构部分。"墙倒屋不塌"这句古老的谚语，概括地指出了中国建筑这种框架结构最重要的特点。这种结构，可以使房屋在不同气候条件下，满足生活和生产所提出的千变万化的功能要求。同时，由于房屋的墙壁不负荷重量，门窗设置有极大的灵活性。此外，由这种框架式木结构形成了宫殿、寺庙及其他高级建筑才有的一种独特构件，即屋檐下的一束束的"斗拱"。它是由斗形木块和弓形的横木组成，纵横交错，逐层向外挑出，形成上大下小的托座。这种构件既有支承荷载梁架的作用，又有装饰作用。只是到了明清以后，由于结构简化，将梁直接放在柱上，致使斗拱的结构作用几乎完全消失，变成了几乎是纯粹的装饰品。

第二种是庭院式组群布局。从古代文献记载，中国古代建筑在平面布局方面有一种简明的组织规律，这就是每一处住宅、宫殿、官衙、寺庙等建筑，都是由若干单座建筑和一些围廊、围墙之类环绕成一个个庭院而组成的。一般地说，多数庭院都是前后串连起来，通过前院到达后院，这是中国封建社会"长幼有序，内外有别"的思想意识的产物。家中主要人物，或者应和外界隔绝的人物（如贵族家庭的少女），就往往生活在离外门很远的庭院里，这就形成一院又一院层层深入的空间组织。宋朝欧阳修《蝶恋花》词中有"庭院深深深几许？"的字句，古人曾以"侯门深似海"形容大官僚的居处，就都形象地说明了中国建筑在布局上的重要特征。同时，这种庭院式的组群与布局，一般都是采用均衡对称的方式，沿着纵轴线（也称前后轴线）与横轴线进行设计。比较重要的建筑都安置在纵轴线上，次要房屋安置在它左右两侧的横轴线上，北京故宫的组群布局和北方的四合院是最能体现这一组群布局原则的典型实例。这种布局是和中国封建社会的宗法和礼教制度密切相关的。它最便于根据封建的宗法和等级观念，使尊卑、长幼、男女、主仆之间在住房上也体现出明显的差别。

中国的这种庭院式的组群布局所造成的艺术效果，与欧洲建筑相比，有它独特的艺术魅力。一般地说，一座欧洲建筑，是比较一目了然的。而中国的古建筑，却像一幅中国画长卷，必须一段段的逐渐展看，不可能同时全部看到。走进一所中国古建筑也只能从一个庭院走进另一个庭院，必须全部走完才能看完。北京的故宫就是最杰出的一个范例，人们从天安门进去，每通过一道门，进入另一庭院；由庭院的这一头走到那一头，一院院、一步步景色都在变换，给人以深切的感受。故宫的艺术形象也就深深地留在人们的脑海中了。

二、中国古代建筑的发展历史

（一）原始雏形

早在50万年前的旧石器时代，中国原始人就已经知道利用天然的洞穴作为栖身之所，北京、辽宁、贵州、广东、湖北、浙江等地均发现有原始人居住过的崖洞。到了新石器时代，黄河中游的氏族部落，利用黄土层为墙壁，用木构架、草泥建造半穴居住所，进而发展为地面上的建筑，并形成聚落。长江流域，因潮湿多雨，常有水患兽害，因而发展为干栏式建筑。对此，古代文献中也多有"构木为巢，以避群害""上者为巢，下者营窟"的记载。据考古发掘，在距今六七千年前，中国古代人已知使用榫卯构筑木架房屋（如浙江余姚河姆渡遗址），黄河流域也发现有不少原始聚落（如西安半坡遗址、临潼姜寨遗址）。这些聚落、居住区、墓葬区、制陶场，分区明确，布局有致。木构架的形制已经出现，房屋平面形式也因造做与功用不同而有圆形、方形、吕字形等。这是中国古建筑的草创阶段。

公元前21世纪夏朝建立，标志着原始社会结束，经过夏、商、周三代，而春秋、战国，在中国的大地上先后营建了许多都邑，夯土技术已广泛使用于筑墙造台。如河南偃师二里头早商都城遗址，有长、宽均为百米的夯土台，台上建有八开间的殿堂，周围以廊。此时木构技术较之原始社会已有很大提高，已有斧、刀、锯、凿、钻、铲等加工木构件的专用工具。木构架和夯土技术均已经成熟。西周兴建了丰京、镐京和洛阳的王城、成周；春秋、战国的各诸侯国均各自营造了以宫室为中心的都城。这些都城均为夯土版筑，墙外周以城濠，辟有高大的城门。宫殿布置在城内，建在夯土台之上，木构架已成为主要的结构方式，屋顶已开始使用陶瓦，而且木构架上饰用彩绘。这标志着中国古代建筑已经具备了雏形，不论夯土技术、木构技术还是建筑的立面造型、平面布局，以及建筑材料的制造与运用，色彩、装饰的使用，都达到了雏形阶段。为中国古代建筑以后的发展打下了基础。

(二) 第一个高潮

公元前221年，秦始皇吞并了韩、赵、魏、楚、燕、齐六国之后，建立起中央集权的大帝国，随之动用全国的人力、物力在咸阳修筑都城、宫殿、陵墓。今人从阿房宫遗址（有待考证）和始皇陵东侧大规模的兵马俑列队埋坑，可以想见当时建筑之宏大雄伟。此外，又修筑通达全国的驰道，筑长城以防匈奴南下，凿灵渠以通水运。这些巨大工程，动辄调用民力几十万，几乎都是同时并进，秦帝国终因奢欲过甚，穷用民力，二世而亡。

汉代继秦，经过约半个多世纪的休养生息之后，又进入大规模营造建筑时期。汉武帝刘彻先后五次大规模修筑长城，开拓通往西亚的丝绸之路；又兴建长安城内的桂宫、光明宫和西南郊的建章宫、上林苑。西汉末年还在长安南郊建造明堂、辟雍。东汉光武帝刘秀依东周都城故址营建了洛阳城及其宫殿。

总之，秦、汉500年间，由于国家统一，国力富强，中国古建筑在自己的历史上出现了第一次发展高潮。其结构主体的木构架已趋于成熟，重要建筑物上普遍使用斗栱。屋顶形式多样化，庑殿、歇山、悬山、攒尖、囤顶均已出现，有的被广泛采用。制砖及砖石结构和拱券结构有了新的发展。

(三) 持续发展和佛教

两晋、南北朝是中国历史上一次民族大融合时期。在此期间，传统建筑持续发展，并有佛教建筑传入。西晋统一中国不久，就爆发了"八王之乱"，处于西北部边境的几个少数民族领袖率部进入中原，先后建立了十几个政权，史称十六国时期。到了西元460年，北魏才统一了中国北方，继而又分裂。在南方，晋室南迁建立了东晋政权，接着先后出现了宋、齐、梁、陈四个朝代。这就是历史上的南北朝时期。自此，中国南北两方社会经济才逐渐复苏，北朝营建了都城洛阳，南朝营建了建康城。这些都城、宫殿均系在前代基础上持续营造，规模气势远逊于秦、汉。

东汉时传入中国的佛教此时发展起来，南北政权广建佛寺，一时间佛教寺塔盛行。据记载，北魏建有佛寺3万多所，仅洛阳就建有1367座佛寺。南朝都城建康也建有佛寺500多所。在不少地区还开凿石窟寺，雕造佛像。重要石窟寺有大同云冈石窟、敦煌莫高窟、天水麦积山石窟、洛阳龙门石窟、太原天龙山石窟、峰峰南响堂山和北响堂山石窟等。这就使这一时期的中国建筑，融进了许多传自印度（天竺）、西亚的建筑形制与风格。

（四）第二个高潮

隋、唐时期的建筑，既继承了前代成就，又融合了外来影响，形成为一个独立而完整的建筑体系，把中国古代建筑推到了成熟阶段，并远播朝鲜、日本。

隋朝虽然是一个不足40年的短命王朝，但在建筑上颇有作为。它修建了都城大兴城，营造了东都洛阳，经营了长江下游的江都（扬州）。开凿了南起余杭（杭州），北达涿郡（北京），东始江都，西抵长安（西安），长约2500千米的大运河。还动用百万人力，修筑万里长城。隋朝大业年间（公元605—618年），名匠李春在现今河北赵县修建了一座世界上最早的敞肩券大石桥安济桥（赵州桥）。

唐代前期，经过100多年的稳定发展，经济繁荣，国力富强，疆域远拓，于开元年间（公元714—741年）达到鼎盛时期。在首都长安与东都洛阳继续修建规模巨大的宫殿、苑囿、官署。在全国，出现了许多著名地方城、商业和手工业城，如广陵（扬州）、泉州、洪州（南昌）、明州（宁波）、益州（成都）、幽州（北京）、荆州（江陵）、广州等。由于工商业的发展，这些城市的布局出现了许多新的变化。

唐代在都城和地方城镇兴建了大量寺塔、道观，并继承前代续凿石窟佛寺，遗留至今的著名的五台山佛光寺大殿、南禅寺佛殿、西安慈恩寺大雁塔、荐福寺小雁塔、兴教寺玄奘塔、大理千寻塔，以及一些石窟寺等。此期间，建筑技术更有新的发展，木构架已能正确地运用材料性能，建筑设计中已知运用以"材"为木构架设计的标准，朝廷制定了营缮的法令，设置有掌握绳墨、绘制图样和管理营造的官员。

（五）宋、辽、金

从晚唐开始，中国又进入300多年分裂战乱时期。先是梁、唐、晋、汉、周五个朝代的更替和十个地方政权的割据，接着又是宋与辽、金南北对峙，因而中国社会经济遭到巨大的破坏，建筑也从唐代的高峰上跌落下来，再没有长安那么大规模的都城与宫殿了。由于商业、手工业的发展，城市布局、建筑技术与艺术，都有不少提高与突破。譬如城市渐由前代的里坊制演变为临街设店、按行成街的布局。在建筑技术方面，前期的辽代较多地继承了唐代的特点，而后期的金代，建筑上则继承辽、宋两朝的特点而有所发展。在建筑艺术方面，自北宋起，就一变唐代宏大雄浑的气势，而向细腻、纤巧方面发展，建筑装饰也更加讲究。

北宋崇宁二年（公元1103年），朝廷颁布并刊行了《营造法式》。这是一部有关建筑设计和施工的规范书，是一部完善的建筑技术专书。颁刊的目的是为了加强对宫殿、寺庙、官署、府第等官式建筑的管理。书中总结历代以来建筑技术的经验，制定了"以材为祖"的建筑模数制。对建筑的功限、料例作了严密的限定，以作为编制预算和施工组织的准绳。这部书的颁行，反映出中国古代建筑到了宋代，在工程技术与施工管理方面已达到了一个新的历史水平。

（六）最后高潮

元、明、清三朝统治中国达600多年，其间除了元末、明末短时割据战乱外，大体上保持着中国统一的局面。由于中国古代社会的发展已近尾声，社会经济、文化发展缓慢，因此建筑的历史也只能是最后的发展高潮了。元代营建大都及宫殿，明代营造南、北两京及宫殿。在建筑布局方面，较之宋代更为成熟、合理。明清时期大事兴建帝王苑囿与私家园林，形成中国历史上一个造园高潮。喇嘛教建筑的营造，完全是出于清廷的政治需要，一时间蒙、藏、甘、青等地广建喇嘛庙，仅承德一地就建有11座。这些庙宇规模宏大，严整精美，是中国古代建筑发展史上的一个奇迹。明清两代距今最近，许多建筑佳作得以保留至今，如京城的宫殿、坛庙，京郊的园林，两朝的帝陵，江南的园林，遍及全国的佛教寺塔、道教宫观，及民间住居、城垣建筑等，构成了中国古代建筑史的光辉华章。

三、中国古代建筑的特点

（一）方正严整

中国古代建筑多以众多的单体建筑组合而成为一组建筑群体，大到宫殿，小到宅院，莫不如此。它的布局形式有严格的方向性，常为南北向，只有少数建筑群因受地形地势限制采取变通形式，也有由于宗教信仰或风水思想的影响而变异方向的。方正严整的布局思想，主要是源于中国古代黄河中游的地理位置与儒学中正思想的影响。

中国古代建筑群的布置总以一条主要的纵轴线为主，将主要建筑物布置在主轴线上，次要建筑物则布置在主要建筑物前的两侧，东西对峙，组成为一个方形或长方形院落。这种院落布局既满足了安全与向阳防风寒的生活需要，也符合中国古代社会宗法和礼教的制度。当一组庭院不能满足需要时，可在主要建筑前后延伸布置多进院落，在主轴线两侧布置跨院（辅助轴线）。曲阜孔庙在主轴线上布置了十进院落，又在主轴线两侧布置了多进跨院。它在奎文阁前为一条轴线，奎文阁以后则为并列的三条轴线。至于坛庙、陵墓等礼制建筑布局，那就更加严整了。这种严整的布局并不呆板僵直，而是将多进、多院落空间，布置成为变化的颇具个性的空间系列。像北京的四合院住宅，它的四进院落各不相同。第一进为横长倒座院，第二进为长方形三合院，第三进为正方形四合院，第四进为横长罩房院。四进院落的平面各异，配以建筑物的不同立面，在院中莳花植树，置山石盆景，使空间环境清新活泼，宁静宜人。

（二）山水园景

中国古典园林的一个重要特点是有意境，它与中国古典诗词、绘画、音乐一样，重在写意。造景家用山水、岩壑、花木、建筑表现某一艺术境界，故中国古典园林有写意山水园之称。从造景艺术创作来说，它摄取万象，塑造典型，托寓自我，通过观察、提炼，尽物态，穷事理，把自然美升华为艺术美，以之表现自己的情思。赏景者在景的触发中引起某种情思，进而升华为一种意境，故赏景也是一种艺术再创作。这个艺术再创作，是赏景者借景物抒发感情，寄寓情思的自我表现过程，是一种精神升华，使人心性开涤，达到高一层的思想境界。

在中国古典园林中，景的意境大体分为治世境界、神仙境界、自然境界。儒学讲求实际，有高度的社会责任感，关心社会生活与人际关系，重视道德伦理价值和治理国家的政治意义，这种思想反映到园林造景上就是治世境界。老庄思想讲求自然恬淡和炼养身心，以静观、直觉为务，以浪漫主义为审美观，艺术上表现为自然境界。佛、道两教追求涅槃与幻想成仙，园林造景上反映为神仙境界。治世境界多见于皇家苑囿，如圆明园40景中约有一半属于治世境界，几乎包含了儒学的哲学、政治、经济、道德、伦理的全部内容。自然境界大半反映在文人园林之中，如宋代苏舜钦的沧浪亭、司马光的独乐园。神仙境界则反映在皇家园林与寺庙园林中，如圆明园中的蓬岛瑶台、方壶胜境、青城山古常道观的会仙桥、武当山南岩宫的飞升岩。

中国古代建筑艺术的精神内涵特征有三。其一，艺术价值高的建筑，也同时发挥着维系、加强社会政治伦理制度和思想意识的作用。其二，植根于深厚的传统文化，表现出鲜明的人文主义精神。其三，总体性、综合性很强。往往动用一切因素和手法综合成一个整体形象，从空间组合到色彩装饰都是整体的有机组成部分，抽掉其中任何一项都会影响建筑的整体效果。

（三）木构架为主

中国古代建筑惯用木构架作房屋的承重结构。木构梁柱系统约在西元前的春秋时期已初步完备并广泛采用，到了汉代发展得更为成熟。木构架结构大体可分为抬梁式、穿斗式、井干式，以抬梁式采用最为普遍。抬梁式结构是沿房屋进深在柱础上立柱，柱上架梁，梁上重叠数层瓜柱和梁，再于最上层梁上立脊瓜柱，组成一组屋架。平行的两组构架之间用横向的枋联结于柱的上端，在各层梁头与脊瓜柱上安置檩，以联系构架与承载屋面。檩间架椽子，构成屋顶的骨架。这样，由两组构架可以构成一间，一座房子可以是一间，也可以是多间。

斗栱是中国木构架建筑中最特殊的构件。斗是斗形垫木块，栱是弓形短木，它们逐层纵横交错叠加成一组上大下小的托架，安置在柱头上用以承托梁架的荷载和向外挑出的屋檐。到了唐、宋时期，斗栱发展到高峰，从简单的垫托和挑檐构件发展成为联系梁枋置于柱网之上的一圈"井"字格形复合梁。它除了向外挑檐，向内承托天花板以外，主要功能是保持木构架的整体性，成为大型建筑不可或缺的部分。宋以后木构架开间加大，柱身加高，木构架结点上所用的斗栱逐渐减少。到了元、明、清，柱头间使用了额枋和随梁枋等，构架整体性加强，斗栱的形体变小，不再起结构作用了，排列也较唐宋更为丛密，装饰性作用越发加强了，成为显示等级差别的饰物。

木构架的优点包括：第一，承重结构与维护结构分开，建筑物的重量全由木构架承托，墙壁只起维护和分隔空间的作用。第二，便于适应不同的气候条件，可以因地区寒暖之不同，随意处理房屋的高度、墙壁的厚薄、选取何种材料，以及确定门窗的位置和大小。第三，由于木材的特有性质与构造节点有伸缩余地，即使墙倒而屋不塌，有利于减少地震损害。第四，便于就地取材和加工制做。古代黄河中游森林茂密，木材较之砖石便于加工制作。

（四）装修与装饰

中国古代建筑对于装修、装饰极为讲究，凡一切建筑部位或构件，都要美化，所选用的形象、色彩因部位与构件性质不同而有区别。

台基和台阶本是房屋的基座和进屋的踏步，但给以雕饰，配以栏杆，就显得格外庄严与雄伟。屋面装饰可以使屋顶的轮廓形象更加优美。如故宫太和殿，重檐庑殿顶，五脊四坡，正脊两端各饰一龙形大吻，张口吞脊，尾部上卷，四条垂脊的檐角部位各饰有九个琉璃小兽，增加了屋顶形象的艺术感染力。

门窗、隔扇属外檐装修，是分隔室内外空间的间隔物，但是装饰性特别强。门窗以其各种形象、花纹、色彩增强了建筑物立面的艺术效果。内檐装修是用以划分房屋内部空间的装置，常用隔扇门、板壁、多宝格、书橱等，它们可以使室内空间产生既分隔又连通的效果。另一种划分室内空间的装置是各种罩，如几腿罩、落地罩、圆光罩、花罩、栏杆罩等，有的还要安装玻璃或糊纱，绘以花卉或题字，使室内充满书卷气味。

天花即室内的顶棚，是室内上空的一种装修。一般民居房屋制作较为简单，多用木条制成网架，钉在梁上，再糊纸，称"海墁天花"。重要建筑物如殿堂，则用木支条在梁架间搭制方格网，格内装木板，绘以彩画，称"井口天花"。藻井是比天花更具有装饰性的一种屋顶内部装饰，它结构复杂，下方上圆，由三层木架交构组成一个向上隆起如井状的天花板，多用于殿堂、佛坛的上方正中，交木如井，绘有藻纹，故称藻井。

在建筑物上施以彩绘是中国古代建筑的一个重要特征，是建筑物不可缺少的一项装饰艺术。它原是施之于梁、柱、门、窗等木构件之上用以防腐、防蠹的油漆，后来逐渐发展演化而为彩画。古代在建筑物上施用彩画，有严格的等级区分，庶民房舍不准绘彩画，就是在紫禁城内，不同性质的建筑物绘制彩画也有严格的区分。其中绘玺彩画属最高的一级，内容以龙为主题，施用于外朝、内廷的主要殿堂，格调华贵。旋子彩画是图案化彩画，画面布局素雅灵活，富于变化，常用于次要宫殿及配殿、门庑等建筑上。再一种是苏式彩画，以山水、人物、草虫、花卉为内容，多用于园苑中的亭台楼阁之上。

四、中国古代建筑的类型

中国古代建筑主要有宫殿、坛庙、寺观、佛塔、民居和园林建筑等。其中宫殿与园林建筑的成就最为突出。因此，本书这里着重介绍宫殿建筑和古典园林艺术。

（一）宫殿

中国由于经历了漫长的封建社会，历代帝王为了满足其骄奢淫逸的生活和维护其统治的威严，往往大兴土木，营建各种宫室殿堂。秦始皇统一中国后兴建的阿房宫，就已达到惊人的规模。西汉初年修建的未央宫，宫城周围达8900米。汉高祖刘邦曾因见到这座宫殿建筑的奢华而动怒，主持这一工程规划的萧何说："天子以四海为家，非壮无以重威。"这说明统治阶级已经认识到，规模宏大的宫殿建筑也可以作为巩固其政权的一种工具。萧何的这个看法，使以后历代帝王更加重视都城和宫殿建筑。因此，秦汉以后，宫殿建筑始终在中国古代建筑中占有重要的位置。可惜许多宫殿建筑都已成为遗迹。现在保存下来的规模最大、最完整、也是最精美的宫殿建筑，首推北京的故宫。

整个故宫规模宏大，极为壮观。仅以宫殿的核心部分紫禁城为例，它东西长760米，南北长960米，占地72万多平方米。根据宫廷建筑的一般习惯，故宫也可以分为皇帝处理政务的外朝和皇帝起居的内廷两大部分。故宫中的乾清门，就是外朝和内廷之间的分界线。外朝以"三大殿"——太和殿、中和殿、保和殿为主，前有太和门，两侧有文华殿和武英殿两组宫殿。内廷以"后三宫"——乾清宫、交泰殿、坤宁宫为主，它的两侧是供嫔妃居住的东六宫和西六宫，也就是人们常说的"三宫六院"。故宫的这种总体布局，突出地体现了传统的封建礼制"前朝后寝"的制度。而整个故宫的设计思想更是突出地体现了封建帝王的权力和森严的封建等级制度。例如，主要建筑除严格对称地布置在中轴线上外，特别强调其中的"三大殿"。在这"三大殿"中又重点突出举行朝会大典的太和殿（俗称金銮殿）。为此，在总体布局上，"三大殿"不仅占据了故宫中最主要的空间，而且它前面的广场面积达2.5公顷，有力地衬托出太和殿是整个宫城的主脑。再加上太和殿又位于高8米分作三层的汉白玉石殿基上，每层都有汉白玉石刻的栏杆围绕，并有三层石雕"御路"。使太和殿显得更加威严无比，远望犹如神话中的琼宫仙阙，气象非凡。至于内廷及其他部分，由于它们从属于外朝，故布局比较紧凑。

此外，还应当指出的是，故宫是最能体现建筑是一种时间与空间的持续性艺术的最好例子。人们从天安门一步步走进故宫，穿过端门和午门时，两旁是一间间重复出现的朝房，再进去就是太和门和"三大殿"，这一系列建筑、特别是其中的三大殿仿佛是一部乐章中的一个重要乐段。然后又出现"后三宫"。它们是大同小异建筑的不断重复，可说是又一个乐段，或者说是乐曲主题的"变奏"。而每一座宫殿的本身，也都是由许多构件形成的重复。至于东西两侧比较低矮的廊、庑、楼、门等建筑则犹如配合主调的伴奏。这样，人们漫步故宫中的感受，是在时间进程中对一系列连续的空间序列印象所产生的总和，这与乐曲的艺术效果是很相象的，所以，整个故宫，就象一部大型的、凝聚的乐章。

整个故宫建筑是为体现帝王的政治权力而服务的，因而不可避免地产生严正而刻板的缺点。但是，从故宫建筑群的整个建筑艺术来说，它体现了我国古代建筑艺术的特殊风格和杰出成就，是世界上最优秀的建筑群之一。而这一杰作，从明代永乐年间创建后的500余年中，不断重建、改建，动用的人力和物力是难以估计的，真可谓"穷天下之力奉一人"。所以，宏伟壮丽的故宫是我国古代劳动人民智慧和血汗的结晶。

（二）古典园林

中国现存的著名古典园林数量不少，多数是明、清两代的遗物。而中国古典园林的精华则集中在江南。前人有所谓"江南园林甲天下，苏州园林甲江南"的评语。中国建筑界也认为："中国古典园林精华萃于江南，重点则在苏州，大小园墅数量之多、艺术造诣之精，乃今天世界上任何地区所少见。"之所以形成这一情况，主要是因为从春秋以来，苏州一直是我国南方的重要城市，它具有物质丰裕、文化发达、山明水秀的优越条件，自晋室南迁以后直至清代，历代贵族官僚不断地在苏州建造供他们享受的园林。因此，苏州现存的古典园林数量相当可观。在刘敦桢的《苏州古典园林》一书中论述的古典园林就有15处（拙政园、留园、狮子林、沧浪亭、网师园、怡园、耦园、艺圃、环秀山庄、拥翠山庄、鹤园、畅园、壶园、残粒园、王洗马巷庭院），其中，最为著名的拙政园、留园、狮子林、沧浪亭和网师园，都是全国重点文物保护单位。此外，在江南其他地方至今也保存着一些著名的古典园林。而北京的颐和园和北海公园、河北承德的避暑山庄，就是北方地区最著名的古典园林。不论是南方的还是北方的古典园林，也不论是封建帝王的皇家宫苑，还是官僚、地主、富商的私人花园，尽管由于地区和园主在政治、经济上所处的地位不尽相同，而在园林的规模、风格等方面表现出各自的特点。在园林布置和造景的艺术手法上有许多共同之处。这些共同之处，构成了具有浓厚的诗情画意的中国古典园林艺术。

中国古典园林的园景主要是模仿自然。首先，即用人工的力量来建造自然的景色，达到"虽有人作，宛自天开"的艺术境界。所以，园林中除大量的建筑物外，还要凿池开山，栽花种树，用人工仿照自然山水风景，或利用古代山水画为蓝本，参以诗词的情调，构成许多如诗如画的景。所以，中国古典园林是建筑、山池、园艺、绘画、雕刻以至诗文等多种艺术的综合体。中国古典园林的这一特点，主要是由中国园林的性质决定的。造园，除了满足居住上的享乐需要外，更重要的是追求幽美的山林景色，以达到身居城市而仍可享受山林之趣的目的。

其次，中国古典园林因受长期封建社会历史条件的限制，绝大部分是封闭的，即园林的四周都有围墙，景物藏于园内。而且，除少数皇家宫苑外，园林的面积一般都比较小。要在一个不大的范围内再现自然山水之美，最重要也是最困难的是突破空间的局限，使有限的空间表现出无限丰富的园景。在这方面，中国古典园林有很高的艺术成就，成为中国古典园林的精华所在。

一般来说，中国古典园林突破空间局限，创造丰富园景的最重要的手法，是采取曲折而自由的布局，用划分景区和空间以及"借景"的办法。

所谓曲折而自由的布局，是同欧洲大陆一些国家的园林惯用的几何形图案的布局相对而言的。这种曲折而自由的布局，在面积较小的江南私家园林表现得尤其突出。它们强调幽深曲折，所谓"景贵乎深，不曲不深"，讲的就是这种手法。例如，苏州多数园林的入口处，常用假山、小院、漏窗等作为屏障，适当阻隔游客的视线，使人们一进园门只是隐约地看到园景的一角，几经曲折才能见到园内山池亭阁的全貌。以布局紧凑、变化多端、有移步换景之妙为特点的苏州留园，在园门入口处就先用漏窗，来强调园内的幽深曲折。至于园内的对景，也不象西方庭园的轴线对景方式，而是随着曲折的平面，移步换景，依次展开。有的则在走廊两侧墙上开若干个形状优美的窗孔和洞门，人们行经其间，它就象取景框一样，把园内的景物象一幅幅风景画那样映入优美的窗孔和洞门。

至于划分景区的手法，则是通过巧妙地利用山水、树木、花卉、建筑等，把全园划分为若干个景区，各个景区都有自己的特色，同时又着重突出能体现这一园林主要特色的重点景区。例如，苏州最大的园林拙政园，全园包括中、西、东三个部分，其中中部是全园的精华所在。同时，水的面积约占全园五分之三，亭榭楼阁，大半临水，造型轻盈活泼，并尽量四面透空，以便尽收江南水乡的自然景色。园内的空间处理，妙于利用山、池、树木、亭、榭，少用围墙。故园内空间处处沟通，互相穿插，形成丰富的层次。再如北京的颐和园，它的规模很大，全园面积约3.4平方千米，它可以分成许多个景区，其中有些景区还形成大园中包小园，如谐趣园。但在这许多景区中，昆明湖与万寿山则是它的精华所在。正是这些重点的景区构成了这些园林的主要特色。各个园林不论其大小，只要主要景区很有特色，即使其他方面略有欠缺，也仍可给人以深刻的印象。

至于"借景"这种艺术手法，更是中国古典园林突破空间局限、丰富园景的一种传统手法。它是把园林以外或近或远的风景巧妙地引"借"到园林中，成为园景的一部分。这种手法在我国古典园林中运用得非常普遍，而且具有很高的成就。例如，现存苏州古典园林中建园历史最早的沧浪亭，它的重要特色之一便是善于借景。因为园门外有一泓清水绕园而过，该园就在这一面不建界墙，而以有漏窗的复廊对外，巧妙地把河水之景"借"入园内。再如北京的颐和园，为了"借"附近玉泉山和较远的西山的景，除了在名为"湖山真意"处充分发挥借景手法的艺术效果外，在其他方面也作了精心的设计。如颐和园的西堤一带，除了用六座形式不同的桥点景外，没有高大的建筑屏挡视线。昆明湖的南北长度也正适合将园内看得见的西山群峰全部倒映湖中。同时，两堤的桃柳，恰到好处地遮挡了围墙，园内园外的界限无形之中消失了。西山的峰峦、两堤的烟柳、玉泉山的塔影，都自然地结合成一体，成为园中的景色，园的空间范围无形中扩大了，景物也更加丰富了。呈现在人们眼前的是一幅以万寿山佛香阁为近景、两堤和玉泉山为中景、西山群峰为远景的锦绣湖山诗境画卷。中国古典园林的这种借景手法，在《园冶》一书中，总结为五种方法，即"远借、邻借、仰借、俯借、应时而借"。

上面提到的一些实例，主要属于借园外之景，是"远借"。所谓"邻借、仰借、俯借、应时而借"，主要是指园林之内的借景。所谓"邻借"是指园内距离不远的景物，彼此对景，互相衬托，互相呼应。如颐和园中"知春亭"附近的亭、桥、柳、石等互相因借，显得协调而优美。"仰借"一般是指园林中的碧空白云、或明月繁星等天象。不过，象仰望山峰、瀑布、苍松劲柏、宏伟壮丽的建筑也可称为仰借。如进入北京北海公园的正门，抬头即可仰望出类独秀的白塔；"俯借"则是指如凭栏望湖光倒影、临轩观池鱼游跃等；"应时而借"是指善于利用一年四季或一月之间不同的时辰景色的变化——如春天的花草、夏日的树荫、秋天的红叶、冬天的雪景、早晨的朝霞旭日、傍晚的夕阳余晖……，都可应时而借。如苏州的以精巧幽深见长的网师园，园中的重要景区"殿春簃"就是根据宋人芍药诗里的两句"多谢化工怜寂寞，尚留芍药殿春风"，借春末的芍药花来造景的。

最后，中国古典园林特别善于利用具有浓厚的民族风格的各种建筑物，如亭、台、楼、阁、廊、榭、轩、舫、馆、桥等，配合自然的水、石、花、木等组成体现各种情趣的园景。以常见的亭、廊、桥为例，它们所构成的艺术形象和艺术境界都是独具匠心的。如亭，不仅是造型非常丰富多彩，而且它在园林中间起着"点景"与"引景"的作用。如苏州西园的湖心亭、拙政园别有洞天半亭、北京北海公园的五龙亭。再如加廊，它在园林中间既是引导游客游览的路线，又起着分割空间、组合景物的作用。如当人们漫步在北京颐和园的长廊之中，便可饱览昆明湖的美丽景色；而苏州拙政园的水廊，则轻盈婉约，人行其上，宛如凌波漫步；苏州怡园的复廊，用花墙分隔，墙上的形式各异的漏窗（又称"花窗"或"花墙洞"），使园有界非界，似隔非隔，景中有景，小中见大，变化无穷，这种漏窗在江南古典园林中运用极广，这是古代建筑匠师们的一个杰出创造。因为本来比较单调枯燥的墙面，经过漏窗的装饰，不仅增添了丰富的变化，那一个个各不相同的漏窗图案在墙面上成为一幅幅精美的装饰纹样，而且通过巧妙地运用一个"漏"字，使园林景色更为生动、灵巧，增添了无穷的情趣。苏州的西园、狮子林的漏窗都充分地体现了这一特色。至于中国园林中的桥，则更是以其丰富多姿的形式，在世界建筑艺术上大放异彩。最突出的例子是北京颐和园的十七孔桥、玉带桥。它们各以其生动别致的造型，把颐和园的景色装点得更加动人。此外，江苏扬州瘦西湖的五亭桥、苏州拙政园的廊桥则又是另一种风格，成为这些园林中最引人注目的美景之一。

第四节　中国传统节日

一、中国传统节日介绍

（一）春节

1. 春节简介

春节是指汉字文化圈传统上的农历新年，传统名称为新年、大年、新岁，但口头上又称度岁、庆新岁、过年。古时春节曾专指节气中的立春，也被视为一年的开始，后来改为农历正月初一开始为新年，一般认为至少要到正月十五（上元节）新年才结束。

春节俗称"年节"，是中华民族最隆重的传统佳节。自汉武帝太初元年始，以夏年（农历）正月初一为"岁首"（即"年"），年节的日期由此固定下来，延续至今，年节古称"元旦"。1911年辛亥革命以后，开始采用公历（阳历）计年，遂称公历1月1日为"元旦"，称农历正月初一为"春节"。岁时节日，亦被称为"传统节日"，它们历史悠久、流传面广，具有极大的普及性、群众性、甚至全民性的特点。年节是除旧布新的日子，年节虽定在农历正月初一，但年节的活动却并不止于正月初一这一天。从腊月二十三（或二十四日）小年节起，人们便开始"忙年"：扫房屋、洗头沐浴、准备年节器具，等等。所有这些活动，有一个共同的主题，即"辞旧迎新"。人们以盛大的仪式和热情，迎接新年，迎接春天。

2. 春节习俗

（1）扫尘

"腊月二十四，掸尘扫房子"。据《吕氏春秋》记载，我国在尧舜时代就有春节扫尘的风俗。按民间的说法：因"尘"与"陈"谐音，新春扫尘有"除陈布新"的含义，其用意是要把一切穷运、晦气统统扫出门。这一习俗寄托着人们破旧立新的愿望和辞旧迎新的祈求。每逢春节来临，家家户户都要打扫卫生，清洗各种器具，拆洗被褥窗帘，洒扫六闾庭院，掸拂尘垢蛛网，疏浚明渠暗沟。到处洋溢着欢欢喜喜搞卫生、干干净净迎新春的欢乐气氛。

（2）守岁

除夕守岁是最重要的年俗活动之一，守岁之俗由来已久。最早记载见于西晋周处的《风土志》：除夕之夜，各相与赠送，称为"馈岁"；酒食相邀，称为"别岁"；长幼聚饮，祝颂完备，称为"分岁"；大家终夜不眠，以待天明，称曰"守岁"。自汉代以来，新旧年交替的时刻一般为夜半时分。

(3) 贴春联

春联也叫门对、春贴、对联、对子、桃符等,它以工整、对偶、简洁、精巧的文字描绘时代背景,抒发美好愿望,是我国特有的文学形式。每逢春节,无论城市还是农村,家家户户都要精选一幅大红春联贴于门上,为节日增加喜庆气氛。这一习俗起于宋代,在明代开始盛行,到了清代,春联的思想性和艺术性都有了很大的提高。

春联的种类比较多,依其使用场所,可分为门心、框对、横披、春条、斗方等。"门心"贴于门板上端中心部位;"框对"贴于左右两个门框上;"横披"贴于门楣的横木上;"春条"根据不同的内容,贴于相应的地方;"斗斤"也叫"门叶",为正方菱形,多贴在家具、影壁中。

(4) 放爆竹

中国民间有"开门爆竹"一说。即在新的一年到来之际,家家户户开门的第一件事就是燃放爆竹,以哔哔叭叭的爆竹声除旧迎新。爆竹是中国特产,亦称"爆仗""炮仗""鞭炮"。其起源很早,至今已有2000多年的历史。放爆竹可以创造出喜庆热闹的气氛,是节日的一种娱乐活动。随着人们环保意识和安全意识的提高,燃放烟花爆竹造成的空气、噪声、固体废弃物等项污染和火灾事故日益被人们所诟病,许多地方政府已经出台禁止燃放的规定。

(二) 清明

1. 清明简介

清明,农历二十四节气之一。每年4月5日前后太阳到达黄经15°时开始;《月令七十二候集解》:"三月节……物至此时,皆以洁齐而清明矣。"故清明节总是在公历4月4日、4月5日、4月6日三天中的一天。

《历书》中写道:"春分后十五日,斗指丁,为清明,时万物皆洁齐而清明,盖时当气清景明,万物皆显,因此得名。"清明节与中元节、重阳节、除夕是中国传统节日里祭祖的四大节日。

2. 清明习俗

(1) 踏青

踏青,又叫探春、寻春、郊游。其含义就是脚踏青草,在郊野游玩,观赏春色。三月清明,春回大地,自然界到处呈现一派生机勃勃的景象,正是郊游的大好时光。我国民间长期保持着清明踏青的习惯。清明前后正是踏青的好时光,所以成为清明节习俗的一项重要内容。

(2) 扫墓

扫墓，原本是清明的前一天（或前三天）寒食的习俗，唐代以来逐渐合并于清明。才成了清明节的习俗。明《帝京景物略》载："三月清明日，男女扫墓，担提尊榼，轿马后挂楮锭，粲粲然满道也。拜者、酹者、哭者、为墓除草添土者，焚楮锭次，以纸钱置坟头。望中无纸钱，则孤坟矣。哭罢，不归也，趋芳树，择园圃，列坐尽醉。"其实，扫墓在秦以前就有了，但不一定是在清明之际，清明扫墓则是秦以后的事，到唐朝才开始盛行。《清通礼》云："岁，寒食及霜降节，拜扫圹茔，届期素服诣墓，具酒馔及芟剪草木之器，周胝封树，剪除荆草，故称扫墓。"并相传至今。到了当代中国社会墓葬已大多改为方形小石室的公墓。有《清明》诗云："乍温复清雨如麻，郊野草青行迹加。或向陵园寻志石，思亲敬献墓头花。"（摘自《载敬堂集·江南靖士诗稿》）清明祭扫仪式本应亲自到墓地去举行，但由于每家经济条件和其他条件不一样，所以祭扫的方式也就有所区别。

(3) 祭拜

祭拜，有的给先人叩头行礼；有的围坐聚餐饮酒；有的则放起风筝，甚至互相比赛，进行娱乐活动。妇女和小孩们还要就近折些杨柳枝，将撤下的蒸食供品用柳条穿起来。有的则把柳条编成箩圈状，戴在头上，谓"清明不戴柳，来生变黄狗"。此即是扫墓又是郊游，兴尽方归。据说，插柳的风俗，也是为了纪念"教民稼穑"的农事祖师神农氏的。有的地方，人们把柳枝插在屋檐下，以预报天气，古谚有"柳条青，雨蒙蒙；柳条干，晴了天"的说法。黄巢起义时规定，以"清明为期，戴柳为号"。起义失败后，戴柳的习俗渐被淘汰，只有插柳盛行不衰。杨柳有强大的生命力，俗话说："有心栽花花不发，无心插柳柳成荫。"柳条插土就活，插到哪里，活到哪里，年年插柳，处处成阴。

(4) 植树

清明是在寒食后的一天，属于气清景明、万物皆显、草木吐绿的时节。悼念之后当仰起头迈向未来，冬天之后就是春天。人们在寒食之时，祭祀哀思；寒食之后，就出去踏青、放风筝、荡秋千，插几枝柳，看它日后成荫。而且在寒食之时，偶尔会不小心把山上的草木烧掉了；寒食过去，清明到来，是时候多种些树木补上了。先人的精神，当像山上的树木，是长青的；人的生命，也当像新种下的树木，在春风中成长、向上。因此清明也是我国传统的植树节。

(三) 端午节

1. 端午节简介

端午节为每年农历五月初五，又称端阳节、午日节、五月节等。端午节起源于中国，最初是人们祛病防疫的节日，后来传说爱国诗人屈原因不满楚国统治集团的腐败在这一天跳江死去，同时成为中国人民纪念屈原的传统节日。端午节围绕品德高尚、爱国忧民、才华横溢的楚国大夫屈原而展开，传播至华夏各地，追怀华夏民族的高洁情怀。

时至今日，端午节在中国人民生活中仍是一个十分盛行的隆重节日。国家非常重视非物质文化遗产的保护，2006年5月20日，该民俗经国务院批准列入第一批国家级非物质文化遗产名录。

2. 端午节习俗

（1）吃粽子

"粽子香，香厨房。艾叶香，香满堂。桃枝插在大门上，出门一望麦儿黄。这儿端阳，那儿端阳，处处都端阳。"这是旧时流行甚广的一首描写过端午节的民谣。总体上说，各地人民过端午节的习俗大同小异，而端午节吃粽子，古往今来，中国各地都一样。如今的粽子更是多种多样，璀璨纷呈。现今各地的粽子，一般都用箬壳包糯米，但内含的花色则根据各地特产和风俗而定，著名的有桂圆粽、肉粽、水晶粽、莲蓉粽、蜜饯粽、板栗粽、辣粽、酸菜粽、火腿粽、咸蛋粽等。

（2）划龙舟

龙舟一词，最早见于先秦古书《穆天子传》卷五："天子乘鸟舟、龙舟浮于大沼。"在《九歌·湘君》中"驾飞龙今北征，遭吾道兮洞庭""石濑浅浅，飞龙兮翩翩"，学者们也认为"飞龙"即龙舟。《湘君》即描写湘人驭驾龙舟，将玉佩沉入江中（与抛粽子入江相仿）悼念某位历史人物之诗。这即与"魂舟"暗合，与楚国《人物御龙帛画》之像暗合，可互为印证。《荆楚岁时记》载："五月五日，谓之浴兰节。……是日，竞渡，竞采杂药。"此后，历代诗赋、笔记、志书等记载竞渡就数不胜数了。

在划龙船时，又多有唱歌助兴的龙船歌流传。如湖北秭归划龙船时，有完整的唱腔，词曲根据当地民歌与号子融汇而成，唱歌声雄浑壮美，扣人心弦，即"举楫而相和之"之遗风。又如广东南雄县的龙船歌，是在四月龙船下水后唱到端午时止，表现内容十分广泛。

（3）挂艾草、菖蒲、榕枝

端午节在门口挂艾草、菖蒲（蒲剑）或石榴、胡蒜，都有其他原因。通常将艾、榕、菖蒲用红纸绑成一束，然后插或悬在门上。因为菖蒲天中五瑞之首，象征驱除不祥的宝剑，因为生长的季节和外形被视为感"百阴之气"，叶片呈剑型，插在门口可以避邪。所以方士们称它为"水剑"，后来的风俗则引申为"蒲剑"，可以斩千邪。

(4) 饮雄黄酒

端午有饮雄黄酒的习俗，从前在长江流域地区极为盛行。古语曾说"饮了雄黄酒，病魔都远走"。雄黄是一种矿物质，俗称"鸡冠石"，其主要成分是硫化砷，并含有汞，有毒。一般饮用的雄黄酒，只是在白酒或自酿的黄酒里加入微量雄黄而成，无纯饮的。雄黄酒有杀菌驱虫解五毒的功效，中医还用来治皮肤病。在没有碘酒之类消毒剂的古代，用雄黄泡酒，可以祛毒解痒。未到喝酒年龄的小孩子，大人则给他们的额头、耳鼻、手足心等处涂抹上雄黄酒，意在消毒防病，虫豸不叮。

(四) 七夕节

1. 七夕节简介

每年农历七月初七这一天是我国汉族的传统节日七夕节。因为此日活动的主要参与者是少女，而节日活动的内容又是以乞巧为主，故而人们称这天为"乞巧节"或"少女节""女儿节"。七夕节是我国传统节日中最具浪漫色彩的一个节日，也是过去姑娘们最为重视的日子。在这一天晚上，妇女们穿针乞巧，祈祷福禄寿活动，礼拜七姐，仪式虔诚而隆重，陈列花果、女红，各式家具、用具都精美小巧、惹人喜爱。2008年6月14日，七夕节被国务院列入第二批国家非物质文化遗产名录。现又被认为是"中国情人节"。

2. 七夕节习俗

(1) 穿针乞巧

这是最早的乞巧方式，始于汉，流于后世。《西京杂记》说："汉彩女常以七月七日穿七孔针于开襟楼，人具习之。"南朝梁宗谋《荆楚岁时记》说："七月七日，是夕人家妇女结彩楼穿七孔外，或以金银愉石为针。"《舆地志》说："齐武帝起层城观，七月七日，宫人多登之穿针。世谓之穿针楼。"五代王仁裕的《开元天宝遗事》说："七夕，宫中以锦结成楼殿，高百尺，上可以胜数十人，陈以瓜果酒炙，设坐具，以祀牛女二星，妃嫔各以九孔针五色线向月穿之，过者为得巧之侯。动清商之曲，宴乐达旦。土民之家皆效之。"元陶宗仪的《元氏掖庭录》说："九引台，七夕乞巧之所。至夕，宫女登台以五彩丝穿九尾针，先完者为得巧，迟完者谓之输巧，各出资以赠得巧者焉。"

(2) 种生求子

旧时习俗，在七夕前几天，先在小木板上敷一层土，播下粟米的种子，让它生出绿油油的嫩苗，再摆一些小茅屋、花木在上面，做成田舍人家小村落的模样，称为"壳板",或将绿豆、小豆、小麦等浸于磁碗中,等它长出数寸的芽,再以红、蓝丝绳扎成一束,称为"种生",又叫"五生盆"或"生花盆"。南方各地也称为"泡巧",将长出的豆芽称为巧芽,甚至以巧芽取代针,抛在水面乞巧。还用蜡塑各种形象,如牛郎、织女故事中的人物,或秃鹰、鸳鸯等动物之形,放在水上浮游,称之为"水上浮"。又有蜡制的婴儿玩偶,让妇女买回家浮于水土,以为宜子之祥,称为"化生"。

(3) 拜织女

"拜织女"纯是少女、少妇们的事。她们大都是预先和自己朋友或邻里们约好五六人,多至十来人,联合举办。举行仪式时在月光下摆一张桌子,桌子上置茶、酒、水果、五子(桂圆、红枣、榛子、花生、瓜子)等祭品。又有鲜花几朵,束红纸,插瓶子里,花前置一个小香炉。然后,约好参加拜织女的少妇、少女们,斋戒一天,沐浴停当,准时都到主办者的家里,于案前焚香礼拜后,大家一起围坐在桌前,一面吃花生、瓜子,一面朝着织女星座,默念自己的心事。如少女们希望长得漂亮或嫁个如意郎、少妇们希望早生贵子等,都可以向织女星默祷。

(五) 中秋节

1. 中秋节简介

中秋节,中国传统节日之一,为每年农历八月十五,传说是为了纪念嫦娥奔月。八月为秋季的第二个月,古时称为仲秋,因处于秋季之中和八月之中,故民间称为中秋,又称秋夕、八月节、八月半、月夕、月节,又因为这一天月亮满圆,象征团圆,又称为团圆节。

2. 中秋节习俗

(1) 中秋祭月

在我国是一种十分古老的习俗。据史书记载,早在周朝,古代帝王就有春分祭日、夏至祭地、秋分祭月、冬至祭天的习俗。其祭祀的场所称为日坛、地坛、月坛、天坛。分设在东南西北四个方向。北京的月坛就是明清皇帝祭月的地方。《礼记》记载:"天子春朝日,秋夕月。朝日之朝,夕月之夕。"这里的夕月之夕,指的正是夜晚祭祀月亮。这种风俗不仅为宫廷及上层贵族所奉行,随着社会的发展,也逐渐影响到民间。

(2) 民间拜月

相传古代齐国丑女无盐,幼年时曾虔诚拜月,长大后,以超群品德入宫,但未被宠幸。某年八月十五赏月,天子在月光下见到她,觉得她美丽出众,后立她为皇后，中秋拜月由此而来。月中嫦娥，以美貌著称，故少女拜月，愿"貌似嫦娥，面如皓月"。

在古代有"秋暮夕月"的习俗。夕月，即祭拜月神。设大香案，摆上月饼、西瓜、苹果、红枣、李子、葡萄等祭品，其中月饼和西瓜是绝对不能少的。西瓜还要切成莲花状。在月下，将月亮神像放在月亮的那个方向，红烛高燃，全家人依次拜祭月亮，然后由当家主妇切开团圆月饼。切的人预先算好全家共有多少人，在家的，在外地的，都要算在一起，不能切多也不能切少，大小要一样。

(3) 中秋宴俗

古时汉族的中秋宴俗，以宫廷最为精雅。如明代宫廷时兴吃螃蟹。螃蟹用蒲包蒸熟后，众人围坐品尝，佐以酒醋。食毕饮苏叶汤，并用之洗手。宴桌周边，摆满鲜花、大石榴以及其他时鲜，演出中秋的神话戏曲。清宫多在某一院内向东放一架屏风，屏风两侧搁置鸡冠花、毛豆技、芋头、花生、萝卜、鲜藕。屏风前设一张八仙桌，上置一个特大的月饼，四周缀满糕点和瓜果。祭月完毕，按皇家人口将月饼切作若干块，每人象征性地尝一口，名曰"吃团圆饼"。清宫月饼之大，令人难以想象。像末代皇帝溥仪赏给总管内务大臣绍英的一个月饼，便是"径约二尺许，重约二十斤"。

(六) 重阳节

1. 重阳节简介

重阳节，农历九月初九，二九相重，称为"重九"。汉中叶以后的儒家阴阳观，有六阴九阳。九是阳数，固重九亦叫"重阳"。民间在该日有登高的风俗，所以重阳节又称"登高节"。还有重九节、茱萸、菊花节等说法。由于九月初九"九九"谐音是"久久"，有长久之意，所以常在此日祭祖与推行敬老活动。明朝以前本来有登高看老人星的皇室活动，永乐皇帝迁都北京后纬度过高看不到该星就演变成只登高不看星了，随后人们也遗忘了看星的这个初衷。因为人们对老人的越来越推重，故此节日又被称为老人节。

2. 重阳节习俗

(1) 登高

重阳节首先有登高的习俗，金秋九月，天高气爽，这个季节登高远望可达到心旷神怡、健身祛病的目的。

(2) 赏菊

重阳日，历来就有赏菊花的风俗，所以古来又称菊花节。农历九月俗称菊月，节日举办菊花大会，倾城的人潮赴会赏菊。从三国魏晋以来，重阳聚会饮酒、赏菊赋诗已成时尚。在汉族古俗中，菊花象征长寿。

（3）饮菊花酒

重阳佳节，我国有饮菊花酒的传统习俗。菊花酒，在古代被看作重阳必饮、祛灾祈福的"吉祥酒"。

汉代就已有了菊花酒。魏时曹丕曾在重阳赠菊给钟繇，祝他长寿。晋代葛洪在《抱朴子》中记河南南阳山中人家，因饮了遍生菊花的甘谷水而延年益寿的事。梁简文帝《采菊篇》中则有"相呼提筐采菊珠，朝起露湿沾罗襦"之句，亦采菊酿酒之举。直到明清，菊花酒仍然盛行，在明代高濂的《遵生八笺》中仍有记载，是盛行的健身饮料。

文化沙龙

一、调查交流

1. 很多茶的名称都蕴涵着一个美丽的传说。请查阅资料，了解中国十大名茶和它们背后的故事。

2. 《红楼梦》中很多细节都展现了中国传统茶文化，请梳理《红楼梦》中所品用的茶，说说每次写茶的用意与妙处。

二、争鸣空间

中国文人雅士除了舞文弄墨之外，共同的嗜好便是饮酒，且常以海量自夸。三国时期的诗人嵇康自号酒徒，唐代诗人李白自号酒中仙，宋代文学家欧阳修自号醉翁。谈谈你对这些文人饮酒的看法。

三、妙笔生花

请以小组为单位，设计一份大学生对传统节日看法的调查问卷并用DV摄制考察过程后形成调研报告。

四、旧瓶新酒

随着《舌尖上的中国》的热播，这部系列纪录片所运用的解说语——舌尖体也一炮走红。

美国版：入冬了，缅因州人民吃了一次麦当劳一号餐，远在千里之外的南国佛罗里达人民更喜欢二号餐，而远离大城市的田纳西山区中的山民吃了个三号餐，而同样处于海边的加州人民却更喜欢四号餐。

德国版：入冬了，中部的图林根居民吃了一次图林根烤肠；南部的慕尼黑居民选择慕尼黑白肠；而距离不远的纽伦堡居民更加喜欢纽伦堡香肠；东边的柏林居民则将咖喱肠作为他们的饮食。

人大版：从踏入人民大学的那一刻起，女人街，这个位于学校东门对面的小巷子就成了人大学生生活中密不可分的一部分，社团活动、毕业聚餐、平时闲逛，均少不了它。"私家菜""永吉抄手""第一家""三角烧"……许多耳熟能详的店名陪伴着一届又一届的他们从入学到毕业。

请用"舌尖体"介绍你家乡的美食或者学校周边的美食。

五、知识拓展

1. 观看：《舌尖上的中国》（纪录片，陈晓卿等导演）
2. 观看：《茶，一片树叶的故事》（纪录片，王冲霄执导）

参考文献

[1] 胡恒庆. 中国传统文化[M]. 北京：中国人民大学出版社，2017.

[2] 龚鹏程. 中国传统文化十五讲[M]. 北京：北京大学出版社，2006.

[3] 龚贤. 中国传统文化概论[M]. 广州：世界图书出版公司，2011.

[4] 钱发平. 儒家简史[M]. 北京：华龄出版社，2005.

[5] 张岱年，方克立. 中国文化概论（第2版）[M]. 北京：师范大学出版社，2005.

[6] 孟宪承. 中国古代教育史资料[M]. 上海：华东师范大学出版社，2010.

[7] 孙培青. 中国教育史（修订本）[M]. 华东师范大学出版社，2000.

[8] 许可. 传统文化简明读本[M]. 北京：中国书籍出版社，2017.

[9] 杨仲全，李晓鲁，王静怡. 琴棋书画[M]. 北京：人民出版社，2012.

[10] 邓红学，熊伟业. 中国传统文化概观[M]. 上海：复旦大学出版社，2017.

[11] 徐乐军，熊畅. 中华传统文化[M]. 北京：高等教育出版社，2018.

[12] 张健. 中国传统文化[M]. 北京：高等教育出版社，2007.

[13] 李向明. 职业人文基础[M]. 北京：高等教育出版社，2009.